China's Education: Research & Review

丁　钢　主编

CSSCI来源集刊

中国教育：研究与评论

China's Education: Research & Review

国际性中国教育研究集刊

第15辑

教育科学出版社
·北　京·

编者之语

面对国际上众多学科理论的发展，我们时常会惊讶为何其理论会如此层出不穷。其实，回顾西方理论的发展历程，我们不难发现，这些理论的呈现正是扎根于深入的经验研究之中，不断推进而持续的经验研究孕育了各种理论如雨后春笋般地不断涌现。

从教育理论与经验的关系而言，两者的研究都不可或缺。理论必须是可检验的，因而必须有明确的经验内容，必须依靠经验研究的支持；而经验研究当以理论为旨归，并促进理论的建立、检验或修改。理论可以扩展经验发现的认知范围，以及知识的积累，而经验研究在理论发展中则可以帮助澄清概念，防止理论概念过于抽象和模糊。当经验研究引出新的资料和新的经验，就有可能调整原有的理论结构而产生新的理论。尤其随着经验研究运用新的方法，理论就可能调整以前的视角和研究领域或重新定位，并导致新理论的产生。

可以说，理论概念与经验研究的相结合是教育学研究范式的内在机制。

因此，无论我们为提升教育学科的本身的理论力量，还是推进教育学科原创性研究，我们都必须在广阔的国际视野中，加强对本土经验实践进行持续而深入地研究。否则，我们就将在教育理论乃至实践的发展中失去话语权。

目　录

学术研究与交流

研究报告与评论

专题研究与讨论

CONTENTS

ACADEMIC RESEARCH & EXCHANGE

PROJECT-BASED RESEARCH & REVIEW

TOPICS OF CURRENT RESEARCH

《中国教育：研究与评论》
国际性中国教育研究集刊
教育科学出版社，北京

CHINA'S EDUCATION: RESEARCH & REVIEW

The International Referred Journal of Chinese Education Studies

Educational Science Publishing House, Beijing

半个世纪的中国缘：约翰·霍金斯与中国的第一次邂逅

A Surprising Twist of Fate：John Hawkins' First Trip to China Half a Century Ago

荀　渊（Xun Yuan）
华东师范大学高等教育研究所
Institute of Higher Education，East China Normal University

廖学红（Liao Xuehong）
加州大学洛杉矶分校
Graduate School of Education & Information Studies，
University of California，Los Angeles

任友群（Ren Youqun）
华东师范大学教育科学学院
School of Educational Science，East China Normal University

内容提要：1966 年 8 月，来自美国伊利诺伊州并就读于夏威夷大学的约翰·霍金斯，由于一次偶然的机会踏上了中国的土地，不但得以见到当时的国家领导人，在人民大会堂就中国革命作了精彩的演讲，还亲眼见证了刚刚开始的“文化大革命”的场景。在中国的广州、北京、杭州、上海的所见所闻，使他感受到了新中国的与众不同，并从此与中国结下了不解之缘。

Abstract: In August 1966, John Hawkins, an undergraduate at the Hawaii University got a very special opportunity to visit China. He not only had conversations with some great Chinese leaders, but gave a speech on China's Revolution to Chinese audience in the Great Hall of the People. He also experienced the Cultural Revolution which had begun three months before he arrived in China. What he had seen and heard in Guangzhou, Beijing, Hangzhou and Shanghai influenced him so deeply that since then, he developed a close relationship with China and Chinese people.

【约翰·N. 霍金斯教授小传】

约翰·N. 霍金斯（John N. Hawkins）教授，1944 年 5 月 18 日生于美国伊利诺伊州乡村小镇思德林（Sterling）的一户普通美国人家庭。1967 年在美国夏威夷大学获得亚洲研究本科学位，1969 年在加拿大英属哥伦比亚大学获得东亚研究硕士学位，1973 年在美国范德堡大学（Vanderbilt University）获得哲学博士学位，专业是东亚研究和比较教育。

自 1973 年起，约翰·霍金斯教授即任教于加州大学洛杉矶分校（UCLA）教育学院。在 UCLA 期间，1975 年至 1978 年，出任教育学院课程调查中心（Curriculum Inquiry Center）的主任；1978 年至 1985 年，出任教育学院教育系副主任、主任；1988 年至 1999 年，担任加州大学洛杉矶分校国际研究与海外项目（International Studies and Overseas Programs①）主任；2002 年，出任新组建的国际与发展教育中心（Center for International & Development Education）的主任。

霍金斯教授还曾担任多个政府机构、基金会和非政府组织的顾问，如美日基金会（the U. S. –Japan Foundation）、埃索基金会

① International Studies and Overseas Programs 已更名为 International Institute。

（Exxon Foundation）、国际劳工组织（the International Labor Organization）、联合国教科文组织（United Nations Educational, Scientific and Cultural Organization, UNESCO）、美国国际开发署（Agency for International Development, USAID）、福特基金会（Ford Foundation）、东西方中心（East West Center）、洛克菲勒基金（Rockefeller Foundation）、世界银行（World Bank）等。同时，霍金斯教授还是多个国家性或国际性教育组织的成员，并获得多个荣誉性称号与奖项。1986 年，霍金斯教授在日本东京被授予日本私立大学与学院协会（the National Association of Private Colleges and Universities, Tokyo, Japan, FMICA）的荣誉成员。1987 年，霍金斯教授成为日本全球教育蓝丝带委员会的成员（the National Blue Ribbon Committee on Global Education）。1989 年，日本横滨市市长邀请霍金斯教授在该市市政规划委员会作题为"高等教育国际化"的讲座，并授予他横滨市"城市钥匙"的荣誉。1994 年，日本横滨市学习与评价中心授予他"杰出外籍学者奖"（Outstanding Foreign Scholar Award）。1997 年，因他在法国文化领域作出的贡献，霍金斯教授被法国总理朱佩授予"谢瓦利埃·丹斯·欧莱雅棕榈学术奖"（Chevalier dans l'Ordre des Palmes Academiques）。2010 年 3 月，美国比较与国际教育学会（Comparative and International Education Society）因其 1984 年曾担任学会主席并对该学会所作的卓越贡献，授予霍金斯教授该学会"荣誉会员"称号。

霍金斯教授的《毛泽东与教育：思想与教学》（*Mao Tse-tung and Education: His Thoughts and Teachings*）入选加州大学伯克利分校墨菲特本科生图书馆"最重要的、最基本的和该领域阅读量最大的"图书。他与托马斯·拉贝尔（Thomas LaBelle）合编的《教育与跨族群关系：国际视野》（*Education and Intergroup Relations: An International Perspective*）一书，在美国教育研究协会（the American Educational Studies Association）1988 年年会上，被授予"近年最杰出的著作之一"荣誉。

作为美国国际比较教育学领域的亚洲专家，约翰·霍金斯教授在亚洲教育领域的研究成绩是有目共睹的。然而，在中国学界，很少有人知道，约翰·霍金斯教授早在1966年“文革”伊始就与中国这片土地结下了不解之缘。约翰·霍金斯教授与他的大学同学乔治·萨兰特（George Sarant），是中华人民共和国1949年成立后，在中美两国尚未建立外交关系时，最早以美国普通民众身份从美国来中国访问的美国人。

一、夏威夷的大学生活

由于一直不喜欢东北部寒冷的冬季，1963年，在北伊利诺伊大学就读两年后，年轻的约翰·霍金斯转学到夏威夷大学。之所以选择到夏威夷，约翰看中的是那里四季温热的气候。由于在约翰的出生地——伊利诺伊州的思德林镇并没有多少亚裔，约翰最初对亚洲研究——后来他的主修科目——并没有特别的兴趣。在去夏威夷之前从未接触过亚裔的约翰惊讶地发现，亚裔在夏威夷几乎随处可见。

夏威夷大学为学生提供了几乎所有亚洲语种的语言课程。按照要求，约翰必须从众多的语种中选修一门语言课程。此前，约翰学习了一点日语和韩语，但是在一位华裔朋友的影响下，他最终还是选择学习汉语。当然，这可能也与高中时代曾经同他一起练习马拉松的一位学长毕业后去了耶鲁学中文有关。冥冥之中似乎已有安排，约翰不但很快就喜欢上了中文，越学越有兴趣，甚至还把主修从欧洲史改成了亚洲史，尤其关注中国史的研究。约翰至今还记得，教他中文的老师是一位曾在北大任教的中国人。

当时学习汉语的学生，会有机会去台湾学习中国的语言、历史和文化。尽管大家都知道中美关系紧张，但一些年轻人还是忍不住要问：为什么不能去中国大陆，看看那里到底发生了什么？为什么不能安排他们到中国大陆去学习？当时，事实上欧美各国都有人访问过中国，如澳大利亚人、新西兰人、法国人等，只有美国人被拒之门外。约翰从美国方面得到的信息是，中国方面不给美国人签证。但是，在当时的美国护照上，列举了美国护照无效的一些国家①，中国却赫然在列。显然，美国政府似乎并不支持美国公民访问中国。对此，约翰和他的同学们也不能确信，问题到底出在美国政府还是中国政府，而且似乎他们也改变不了什么。

离开伊利诺伊到夏威夷时，约翰快 20 岁了，已经开始对某些敏感问题有了独立思考的能力。当时正是 20 世纪 60 年代初，越南战争开始升级，美国军队开始扩大募兵范围，大量约翰的同龄人，包括他高中时代的同学在内，都被送到了越南战场。为此，美国国内的反战情绪也开始逐渐升温。由于读大学可以免于被征募，约翰得以有可能思考这场战争的价值。到夏威夷大学后，约翰开始阅读一些原始文献，逐渐了解了越南战争是如何发生的，以及美国政府是如何卷入这场战争的。年轻的约翰渐渐认识到，美国政府一直在撒谎，一直在捏造参战的原因。事实上，曾经担任美国国防部长的罗伯特·麦克纳马拉（Robert Strange McNamara）后来在一本书中就指出，美国政府当时一直在对美国人民撒谎。②

正是基于对越南战争的认识，约翰开始怀疑美国政府对那些非美国盟友国家的一贯看法。也正是从那时起，约翰开始积极参与学校反战社团的活动，随后还担任了学生社团“争取民主社会”（Students for a Democratic Society，SDS）夏威夷大学分社的副主席。夏威夷是美国重要的海军基地，也是美国驻守太平洋的第七舰队的驻地。因

① 当时的美国护照上写着“本护照在以下国家或者下列国家中社会主义政权控制的地区无效。”

② 罗伯特·麦克纳马拉（Robert Strange McNamara，1916 年 6 月 9 日—2009 年 7 月 6 日），美国商人、政治家，共和党人，出生于加利福尼亚州旧金山湾区，曾任美国国防部长（1961—1968 年）和世界银行行长（1968—1981 年）。在 1995 年出版回忆录《回顾：越战的悲剧与教训》（*In Retrospect*：*The Tragedy and Lessons of Vietnam*），反思越战。在该书的前言中，麦克纳马拉写道：“我们错了，错的可怕。”（We were wrong，terribly wrong.）该书曾是 20 世纪 90 年代美国的畅销书，其中文版于 1996 年 10 月由作家出版社翻译出版。

此，约翰的社团经常能够邀请一些军方人士到大学里演讲，讨论为什么会有越南战争，为什么要轰炸这个东南亚的小国家。这使他们有机会和军方的一些高层对话，从而也更加怀疑美国政府卷入越南战争的意图，以及美国政府对中国的态度是否恰当。特别是进入 1965 年，随着战争的升级，美军开始轰炸北越，战火一度蔓延到中越边境。一些美国军人开始叫嚣要入侵中国，消灭中国。他们开始轰炸连接中越的桥梁，几乎要与中国开战。很多人，包括约翰的老师也开始认为，对中国的战争一旦爆发，就意味着第三次世界大战，因为苏联和其他一些国家也会参与其中。在约翰看来，当时的美国政府在此问题上显得过于轻率。

因为参与反战，同时通过课程学习和阅读一些书籍，约翰开始和当时在夏威夷的来自越南、柬埔寨、老挝和日本等东南亚国家的学生建立了友谊。约翰还结识了他的第一任女友——一位来自菲律宾的华裔女生雅培（Yap）。与他们的交往使约翰更清楚地意识到，美国的亚洲政策显然背离了当时亚洲国家的现实情况与需要。而且，正是由于美国政府政策与宣传的导向，大多数美国人都对中国革命、毛泽东的社会主义路线和朝鲜战争持怀疑和批评的态度。在他们看来，中国之所以贫穷落后，原因就在于实行了共产主义。而没有实行共产主义的台湾，恰好在 20 世纪 60 年代进入了一个经济快速发展期。约翰觉得，当时的美国人对中国的描述和研究，总体上确实比较消极。但是，随着阅读量的增加，约翰开始不再轻信一些杂志上对中国的描述。让他心存疑惑的是，1949 年后还没有美国人到过中国，谁能确信自己读到的那些东西就是准确的呢？不过，从一些“二战”后曾经去过中国的加拿大人和欧洲人的文章里，约翰还是看到了一个与美国媒体的描述完全不同的中国：计划经济、社会主义、人民公社等。年轻的约翰意识到，中国正在发展一种新的经济体系，这种新体系或许运转有效，或许不那么有效，但是还没有证据显示，中国经济当时存在很大的问题。即便可能与亚非拉其他发展中国家不同，但毕竟中国仍然还只是一个发展中国家。正是这些问题，促使约翰开始想更多地了解中国，甚至想要到那里去看看。

在夏威夷，约翰还结识了同是 SDS 成员的乔治·萨兰特。乔治来自纽约，就读于夏威夷大学政治学系。他对中国非常感兴趣，在中学时就学过中文，在夏威夷大学也参加了“争取民主社会”学生社团，并主管该社的财务。1966 年，恰逢第十二届禁止原子弹氢弹世界大会①在东京召开，夏威夷当地的该会分会委员会决定派两名代表去参加这次会议，约翰和乔治被大家集体推选，代表夏威夷大学的学生和该委员会参加在东京的会议。

就是这样一个偶然的机会，无意中把约翰带到了中国，也让他的人生轨迹从此有了改变。从严格意义上讲，约翰和乔治不是新中国成立后第一批访问中国的美国人②，但是，毫无疑问，在没有任何官方

① 作为核武器唯一的受害国，日本在“二战”后即掀起了以和平与独立、和平与反战为特征的和平运动。1954 年 3 月 1 日，美国在比基尼岛进行氢弹试验时，日本 23 名渔民遭受了核辐射伤害，其中 1 名死亡。事件发生后，东京一些家庭主妇掀起了禁止原子弹、氢弹试验签名运动，很快得到了日本国内 3 000 多万人以及国外 6.7 亿人的响应并签名。在反核和平运动的压力和影响下，日本各地方议会相继通过禁止原子弹氢弹试验决议。日本国会也于 1956 年 2 月，一致通过《要求禁止原子弹试验》的决议。1955 年，超党派的日本“禁止原子弹氢弹协议会”成立，并于同年 8 月 6 日在广岛召开了第一次禁止原子弹氢弹世界大会。但是，进入 20 世纪 60 年代，由于美苏两个超级大国开始从核武竞赛转向通过谈判限制核武器在世界范围内的扩散，中国外交也从“一边倒”战略逐步转向了同时与美、苏两个超级大国对抗而积极寻求第三世界支持的强硬外交路线。中国政府不仅大力资助第三世界国家，而且逐渐开辟民间外交途径，邀请对中国友好的西方国家公民访问中国。1964 年 8 月 22 日，毛泽东就亲自接见了参加第十届禁止原子弹氢弹世界大会的代表。

② 1960 年，毛泽东邀请了居住在瑞士的美国公民埃德加·斯诺（Edgar Snow）访问中国，并登上了天安门，成为第一位参加中国国庆典礼的美国公民。但是，斯诺的身份非常特殊，不仅仅是因为他那本《西行漫记》为西方世界打开了了解中国共产党及其革命的真实状况的窗口，也因为斯诺一直是被看做毛泽东和中国人的朋友。他当时虽然是美国公民，但 1959 年被迫移居瑞士洛桑。身为记者的斯诺先生是以路易·艾黎的客人身份访问中国的。同时，斯诺与美国《展望》杂志也签订了一个合同，同意作为《展望》杂志临时记者，把他将在中国采访的见闻发表在这本杂志上。（乔松都. 2008. 乔冠华与龚澎——我的父亲母亲：埃德加·斯诺重访中国（一）［M］. 北京：中华书局：3.）

背景或者政治意图的情况下，约翰和乔治无疑是最早访问新中国的普通美国大学生和公民。

二、东京的中国朋友

至1966年，作为"二战"后具有全球性影响的、代表左翼力量的和平会议，禁止原子弹氢弹世界大会已成功举办了十二届。作为新兴的第三世界大国，中国政府一直派团参加这一会议。但是，1964年10月16日，中国成功试爆了第一颗原子弹，从而成为第一个拥有核武器的发展中国家。由日本左翼力量主导的禁止原子弹氢弹世界大会，迫于此时已与中国交恶的苏联政府的压力，开始对中国派团参加大会持消极态度。到1966年7月27日，日方突然宣布拒绝参加第十二届禁止原子弹氢弹世界大会的中国代表团团长刘宁一入境，从而引发了日本国内和世界各国代表的一片反对声。①

第一次到东京参加这一大会的约翰和乔治，很快也知道了这一

① 据《人民日报》1966年8月1日编发新华社7月29日电讯："日本各界谴责日政府无理拒绝刘宁一团长入境，坚决反对佐藤政府亲美联苏敌视中国"。报道称，日本社会党书记长成田知巳、日本妇女团体联合会会长栉田蕗等相继发表谈话，强烈谴责日本政府无理拒绝中国出席第十二届禁止原子弹氢弹世界大会代表团团长刘宁一入境。成田知巳还强调指出，这是佐藤政府"推行敌视中国政策的露骨表现"。8月5日，《人民日报》再次编发报道，"日本各团体紧急集会抗议佐藤政府拒绝刘宁一团长入境，坚决为加强日中人民团结友好而斗争到底。"报道称，8月2日晚，"由日中友好协会、日中文化交流协会、日中贸易促进会、日本国际贸易促进协会、国会议员促进日中贸易联盟、日本地方议员促进国际贸易联盟、中国遣返人员联络委员会、中国人俘虏殉难者慰灵实行委员会、日中佛教交流恳谈会、日本恢复日中邦交联络会议、日本记者会议、日本国民救援会、日本青年法学家协会、日中输出入协会等十五个团体主办的紧急抗议集会，抗议日本政府悍然拒绝中国代表团团长刘宁一到日本出席禁止原子弹氢弹世界大会。

本文引用的《人民日报》内容，除非特别注明，都来自《人民日报》（1946—2003）网络版（http://rmrbw.net/index.php）。

消息。实际上，在抵达东京后，约翰就已经能够明显感觉到，日本政府非常在意中国试爆核武器。会议主办方同样表现出一种不安，并且确实不想让中国代表团参会。当时的约翰无法真正了解那时日本各方政治势力及政府对这次会议的态度和当时的局势，一些重要的细节可能永远也无法追溯，因为看不到当时的任何档案。据约翰猜测，一种可能是当时的会议主办方——日本“禁止原子弹氢弹协议会”要求日本政府不给中国代表团团长签发签证。不过，约翰记得，大部分中国代表团成员还是拿到了签证。然而，在中国代表团顺利抵达日本后，却被会议主办方拒于会场之外。这让与会的其他各国代表非常不满。为了表示抗议，来自英国、澳大利亚、新西兰、法国、比利时等国的代表决定开会讨论这一问题。他们一致认为，中国代表团既然已经抵达东京，就应该参加会议，主办方必须告诉大家到底发生了什么。① 但是，作为会议主办方的日方却没有参加这次讨论，而且起初还拒绝提供会场。当然，会议还是在酒店的一个房间里顺利召开了。约翰还记得，他们整个晚上都在那个房间里，日方也不给他们提供水和食物。从一些年长的、已经参加了好几次会议的代表那里，约翰了解到，是作为会议主办方的日本社会党和自由民主党不想让中国代表团参加此次会议。至于原因，他们猜想日方可能是迫于苏联代表团的压力。因为会议举办方和苏联共产党有着密切的联系，日本共产党与苏联共产党同样关系密切。尽管日本“禁止原子弹氢弹协议会”也有自己的领导层，参会者也未必全是社会党和自由民主党党员，但大部分日本代表都与日本共产

① 据《人民日报》1966年7月30日编发新华社7月29日电讯：“日中友协社会党和自由民主党部分议员发表声明或谈话，谴责佐藤政府无理拒绝刘宁一团长入境”称，据报道，日本政府无理拒绝刘宁一团长入境的决定，是在美国国务卿腊斯克访问日本之后不久，苏联外交部长葛罗米柯来日本大肆活动，苏联和平委员会25日致电日本禁止原子弹氢弹协议会表示派代表团参加第十二届世界大会以后作出，以突然袭击的方式通知日本禁止原子弹氢弹协议会的。而日本禁止原子弹氢弹协议会在接到这个通知的半小时后就匆忙向报界公布。所有这一切绝不是偶然的。

党关系密切，无疑也都倾向于支持苏联。在这些资深的与会代表看来，事实上，由于中国已经成为核国家，变得更为强大，苏联人害怕，日本人同样害怕，因此他们就会试图阻止中国人参加这一会议。通过讨论，大家达成一致：如果会议主办方不采纳他们支持中国代表团的建议，仍然拒绝中国代表团参会，他们就离开会场集体退出大会。① 这也是他们当时唯一能做的。

约翰在会议期间遇到了一位中国友人——俞志忠②，时任新华社

① 实际上，十六国代表退会还有一个直接的导火索。据《人民日报》1966 年 8 月 5 日编发新华社 8 月 4 日电讯："日本'禁原氢协'某些领导人违背反美反修传统激起强烈反对"，称"由于日本禁止原子弹氢弹协议会（简称'禁原氢协'）的某些领导人，违背禁止原子弹氢弹世界大会的传统，同一向破坏大会的苏联现代修正主义勾结，拒绝外国代表提出的不许把'苏联现统治集团控制的世界民主青年联盟的代表团'塞进大会的要求，八月三日，十六国三十二名代表被迫宣布退出大会。"同日编发的报道称，十六国三十二名代表于八月三日清晨五时半在记者招待会上发表退会声明。声明主要内容如下："参加'禁原氢协'（日本禁止原子弹氢弹协议会的简称）组织的第十二届禁止原子弹氢弹世界大会的绝大多数外国代表团，今天上午被迫退出会议。采取这一步骤是必要的，因为'禁原氢协'的领导人拒绝接受外国代表团的完全正当的要求，即把苏联现统治集团控制的世界民主青年联盟的代表团驱逐出会议。在第十届禁止原子弹氢弹世界大会期间，世界民主青年联盟怀着罪恶的目的，带头组织分裂会议，在日本和全世界破坏各国人民反对以美帝国主义为首的帝国主义的核讹诈、压迫和战争的侵略政策的伟大运动。""在下面签名的十六个外国代表团，表示坚定不移地决心促进建立一个广泛的、真正的反对美帝国主义及其走狗的，特别是声援越南人民英勇不屈的斗争的国际统一战线。签名的代表团有：澳大利亚（四名代表），巴苏陀兰（三名），贝专纳（一名），比利时（五名），巴西（一名），英国［罗素和平基金会（一名）］，锡兰（两名），哥伦比亚（一名），马来西亚（四名），新西兰（两名），巴拿马（一名），菲律宾（一名），苏丹（一名），斯威士兰（一名），美国（三名），西南非洲（一名）。"

② 俞志忠，外交家，先后任中国驻美国使馆一等秘书、外交部新闻发言人（1984—1985）、中国驻日内瓦联合国代表团公使、驻英国使馆公使等职。1965 年初以《工人日报》记者身份派驻日本东京。

(《工人日报》) 驻东京记者站①的记者。从某种意义上讲，正是这次偶遇，才使得约翰和乔治得以有机会第一次访问中国大陆。约翰发现，在世界大会的会场上，很多中国人都来自台湾，只有俞来自大陆。俞的一个特点就是他突出的外形。至今约翰还依稀记得，俞的身高超过6英尺（1.83米以上），是个大个子②。约翰和乔治主动和俞志忠攀谈，其实最初只是想在真正的中国人面前试试自己的中文。他们告诉俞，他们很想了解中国正在发生什么，因为他们对中国一无所知。也许是觉得这两个年轻人很有意思，俞志忠就用中文和他们聊了起来。结果是，约翰和乔治能说的中文实在很有限。不过，幸运的是，俞的英语很好，人也很友好，他们很快熟了起来。显然，仅仅是出于好奇才与俞攀谈的约翰与乔治也没有想到，很快他们就成了朋友，甚至还约着一起出去喝啤酒聊天。约翰更没有想到的是，正是这段友谊给他带来的是此后大半生与中国的不解之缘。

约翰和俞志忠的对话主要集中在当时中国的社会现状上。据约翰

① 新中国成立后，与日本政府采取的不承认中华人民共和国的政策不同，一些政界、商界、文化界名流一直致力于中日民间商贸、文化交流。1964年4月14日至18日，廖承志办事处与高碕事务所在北京互换了三个文件：一是关于互派代表和互设联络事务所会谈纪要；二是关于交换新闻记者的会谈纪要；三是《备忘录》贸易会谈纪要。换文规定，中方在日本设廖承志办事处驻东京联络处，日方在中国设高碕事务所驻北京联络事务所；双方各派首席代表一人、代表二人、随员二人，共五人；根据工作需要，经双方协商和同意可增员；双方人员的驻在时间为一年。关于交换新闻记者的会谈纪要规定：交换新闻记者的人数为双方各八名，原则上是新闻社、广播电台、电视台各出一名记者，必要时可根据各自的情况，在八名范围内自行调整；双方新闻记者的驻在时间为一年；双方互相保证对方记者的安全；双方互相为对方记者的新闻采访活动提供方便；双方新闻记者遵守驻在国有关外国新闻记者的管理规定，并享受驻在国给予外国新闻记者的待遇；双方互相保证对方新闻记者的通信自由。1964年9月29日，第一批新华社记者共7人抵达日本东京，对外都称新华社记者。（吴学文，王俊彦. 2007. 廖承志与日本［M］. 北京：中共党史出版社.）高碕事务所的创办人是高碕达之助（1885—1964），为日本实业家，1957年任农林省顾问，1958年任第2届岸信介内阁通商产业大臣。晚年致力于日中友好事业，曾任日中综合贸易联络审议会会长，积极促进中日贸易。1962年率代表团访问中国，签订了发展两国民间贸易的《中日综合贸易备忘录》。1964年8月在北京和东京分别设立“高碕达之助事务所”和“廖承志办事处”。1964年2月24日因病逝世。

② 约翰只记得俞志忠的姓名拼音 Yu Chih-chung，记得他是中国派往日本东京的记者，而且身材高大、相貌英俊。

回忆，他当时更关心与自己同龄的中国青年的状况。他想知道，中国的学生在干什么，他们去什么样的学校，在学校里都学些什么。对于此前仅从书本、杂志上了解中国的约翰而言，这无疑也是一个很好的求证机会。他也很想知道中国人对越南战争的看法，对美国和美国人的看法。在美国，约翰一直听说，中国想征服美国，征服世界，所有人都得成为中国人，等等。他甚至直接问俞，中国是不是真有这样的野心。俞的回答非常笼统，比如中学生毕业后可以上大学，并且提及了一些中国最好的大学。至于中国政府对越南战争的立场，俞的看法是，美帝国主义是想控制整个东南亚，中国人想帮助越南人，不过并不想卷入其中。他也提到，中国确实派遣了专家到越南。当然，约翰显然已经在一些资料中看到过与俞相似的说法。俞还说，中国人并不反对美国人民，或者其他国家的人民，但是，中国人确实不喜欢某些国家派兵入侵和轰炸他们的周边国家。

俞志忠为人很低调，对约翰和乔治也非常友好。在俞这里，约翰没有听到尖锐的反对美国的声音。这让他觉得，俞说中国人并不敌视美国人是可信的。俞也问了一些关于美国的问题，比如夏威夷怎么样，美国人是怎么看待中国的，等等。约翰和乔治试着用自己的认识与经历给俞介绍一个真实的美国。他们告诉俞，乔治和他的家人都是纽约的一个社会主义小组的成员。乔治的政治观点很特别，是一个激进党的成员，是托派。约翰成长的地方位于美国中西部，是保守的共和党人票区。约翰的父亲就是共和党党员，退休后还曾热衷于参加当地的政治活动。但约翰本人则比较激进，积极参与夏威夷大学学生的反战运动。约翰与乔治还提到，美国人对世界的了解非常有限。大众媒体对中国的态度都非常消极，美国民众很难知道中国究竟发生了什么。政府的对华政策，核心是孤立中国。在当时，亚洲研究或者中国研究并不是非常受欢迎，也很少有人愿意涉足这一领域。当时，美国人对越南战争的看法也非常不一致，有些人激烈反对，有些人非常支持，有些人则感到迷惑。有一个小插曲约翰至今还记得非常清楚，约翰曾经给俞看他的信用卡。即便在当时的美国，信用卡也只是刚刚流行，日本人也还没用。约翰正好有一个，就拿给俞看。约翰说有一天中国人也会用信用卡的，可是俞却连连说，中国人是不会用的。在俞看来，信用卡似乎就是要诱导人们花钱。

在约翰看来，那时的中国人，包括俞在内，对美国都不是很了解。俞到过日本，也看过相关的资料，但是他关于美国提的很多问题都是最基本的问题。约翰记得，俞不了解美国的国家权力组织，认为美国政府非常集权。约翰只好跟俞解释，即便是总统也不能说干什么就干什么，不能想当然地认为他就是头号人物，他也会受到国会、联邦最高法院的制约。他们还讨论了公民权利。20 世纪 60 年代，美国的黑人民权运动高涨，很多黑人开始走上街头示威游行，反对南方的白人迫害走进教堂的黑人。俞问他们，为什么政府不管呢？约翰只能告诉他，一定程度上，美国政府只能做他们能做的。比如，肯尼迪总统派了联邦部队到阿拉巴马州和佐治亚州，以护送黑人孩子们上学。① 联邦政府可以通过立法和政策，解决一些问题，但是，联邦政

① 1957 年 9 月 25 日，美国 101 空降部队一千多人开进阿肯色州首府小石城。这些神情严肃的大兵个个头戴钢盔，手持上了刺刀的步枪。是发生了战争还是遭到了恐怖分子的袭击？都不是。他们是来护送几个黑人孩子上学的。当时，15 岁的女孩明尼珍等 9 名黑人孩子考入小石城当地中学。虽然在 1954 年美国最高法院就依据《宪法》第十四修正案宣布了公立学校种族隔离为非法，但一些白人心中对黑人的偏见却是不会因为法律的规定而立刻消除的。开学之际，阿肯色州州长以“防暴”为名派出国民警卫队前往阻止黑人学生入学。上千名白人种族主义分子也把学校附近的街道围得水泄不通，来上学的黑人孩子遭到追打和谩骂，根本进不了校园。这个事件在电视上播出后，美国舆论哗然。于是总统艾森豪威尔下令 101 空降师出动。在全副武装的军人护送下，这 9 名黑人孩子神色坦然地在白人学生的怒视下从正门进入了学校。没过几年，美国又把军队开进了大学校园。1961 年，29 岁的黑人青年马里蒂斯申请进入当时全是白人学生的密西西比大学就读遭到拒绝。他多次写信申辩无果，失望之余以种族歧视为由向法院起诉，经过一年多的法律程序，美国最高法院最终判定他有权进入密西西比大学学习。然而，受当地种族主义民众支持的密西西比州州长当众宣布，绝不允许马里蒂斯踏入校园。在肯尼迪总统和司法部长的再三劝说下，州长终于作出了让步，给马里蒂斯作了入学注册登记。但这并不意味着他从此就能顺利上学。1962 年 10 月 1 日是马里蒂斯入学报到的日子，前一天，联邦政府调动当地联邦保安人员进驻校园附近，以便护送他第二天入学。当晚，为阻止马里蒂斯入学，大约 2000 名白人聚集校园，其中很多人都携带着枪支。他们与联邦保安人员发生冲突，导致两人死亡多人受伤，暴乱持续了一整夜。

府确实很难维护公民的权利。对于俞来说，很难理解的一点是，为什么政府不能做更多。不过在今天看来，情况仍然一样：在中国，政府确实能做很多事情，但在美国，政府的力量很有限。

由于中国代表团无法进入会场所在的酒店，因此，俞是约翰在东京时接触的唯一一个中国人。离开会场的时候，一些代表告诉约翰和乔治，他们将去中国旅行。以前每次会议结束他们都会去。这些代表问约翰和乔治要不要一起去。有人说，美国人不能去。约翰和乔治也清楚他们的护照把中国列为美国人的禁区。不过年轻气盛的约翰和乔治还是不甘心，抱着试一试的心态，他们跑去问俞志忠。俞笑着说，美国人不能去，签证的事情很复杂。但是，两个年轻人还是坚持要求俞给北京发一个电报，告诉北京他们想去中国，两个美国人想去中国。虽然不是很爽快，但不知为什么俞竟然答应了。后来，他们再没见到俞，就以为没有希望了，便退房住进了另一间宾馆。没想到的是，俞竟然来找他们，准确地说是跑进来的。俞告诉约翰和乔治，说他们的签证会在香港签发。他们只要到香港，那边的中国旅行社就可以帮他们安排了。俞也不知道为什么会这样，在他看来这很反常。为什么约翰和乔治当年拿到了到中国的签证，到现在还是一个谜。

三、踏上中国的土地

1966 年 8 月 6 日，约翰一行[①]从东京飞到了香港。按照事先的约

① 据约翰回忆，当时与约翰和乔治一起同行的确实还有另外一位美国代表，叫特尔玛·托希科·斯太曾（Thelma Toshiko Steichen）。她是一位日裔美国代表，年龄稍微大些（时年约 48 岁）。据约翰回忆，她的先生在得知她进入中国后非常不安，要求她立刻返回，因此特尔玛在到达广州后就返回了香港，此后，也就跟约翰他们断了联系。不过，根据 1966 年 8 月 11 日《人民日报》编发的一篇报道（见后文注释），显然将其也列入抵京代表的名单。至于原因，则已经无从查证。2009 年，年近 90 岁高龄的特尔玛让她的女儿通过互联网找到约翰，在她夏威夷的老年公寓里再一次与约翰相见。她跟约翰说，那次中国之行虽然短暂却让她终生难忘，那次之后她一直被一种遗憾萦绕：不知道那次如果跟约翰他们一起去了北京完成那次旅途，她的生活会发生怎样的变化？

定，在香港机场，约翰和乔治与中国旅行社（中旅）的工作人员碰了头。中旅工作人员的白帽子和他们的标准制服，约翰至今还记忆犹新。中旅的工作人员安排他们住进了香港的一家酒店，并在晚餐时带他们见了中旅在香港的负责人。这位身着便装的香港华人向他们介绍了第二天的安排：约翰和乔治将从香港上车，到达深圳的罗湖边境口岸，之后会有一位官员接待他们，把他们的签证和入境材料给他们。只要把这些材料给当时驻守香港的英国人检查过后，约翰和乔治就可以穿过罗湖口岸进入中国了。在大陆那边，同样会有工作人员等着，陪同他们乘火车去广州。

8 月 7 日是个星期天。过关的时候，英方的工作人员提醒约翰他们，作为美国公民，他们不应该去中国。边境工作人员甚至打电话给美国驻香港的领事。电话里，领事先生再一次提醒约翰他们，作为美国公民，去中国会有麻烦。他建议约翰他们等到周一领事先生上班时跟他面谈后，再作决定要不要去中国。事实上，中方当时也做了一些保护工作，以免给他们带来麻烦：中方只把签证订在了他们的护照上，并没有在他们的护照上按常规盖入境章。约翰预感到，如果真的等到周一见了美国领事，他们也许就去不了中国了。面对英方工作人员的劝解，约翰他们争辩道，作为美国公民，他们不受英国政府部门的管辖，他们有合法的签证，当然可以去中国。① 就这样，约翰一行通过了罗湖。那时候，从香港到广州乘火车是不能直达的，香港的火车必须在边境停下来，然后掉头回去。当然，大陆这边会有火车等着接送那些从香港过来的人。据约翰回忆，当时每节车厢的乘客不多，大概 15 到 20 个。那时，还没有像他们这样的游客，大部分人应该属

① 1966 年 8 月，几份美国报纸包括匹兹堡报、密尔沃基报和犹他州的德赛瑞特报等，都以美驻香港领事馆提供的消息对约翰和乔治的中国之行作了报道。大致的意思是，特尔玛在香港就返回夏威夷，但是约翰和乔治却不顾美国政府禁令，非法进入了红色中国，而且相信他们仍在中国。报道还指出，约翰和乔治还分别是夏威夷大学的一个左派主导的组织——政治事务俱乐部的正、副主席。

于大陆的商业团体，或者官方人员回国。他们穿过边境，找到了白帽子上戴着显眼的五角星的中旅工作人员，一起踏上了去广州的火车。

一路上，往窗外望去，满眼都是约翰十分熟悉的农田，远处的村庄也依稀可见。中国南方普遍种植的水稻，对这个生长在伊利诺伊州的美国小伙子来说并不陌生。但是，确实还有一些其他的农作物，约翰从来都没有见过。于是，他不停地问导游，想弄清楚他看到的一切。然而，在约翰内心深处，他更感兴趣的则是生活在这片土地上的人：不知道他们的生活到底怎样？下午，约翰与乔治就到达了他们访问中国的第一站——广州。[①]

约翰他们到广州时，退出世界大会的访华团的大部队已经到了北京[②]。他们当时并不清楚接下来的行程，中旅的工作人员告诉他们，要到北京后才会有具体的行程安排。虽然身在一个陌生的国度，但他们似乎并不觉得担心，只是想利用有限的时间，能够到处走走看看。毕竟，1949 年以后，普通的美国老百姓还没有机会踏上这片土地！

广州并没有留给他们太多的记忆。约翰一行被安排在也许是当时

① 《人民日报》1966 年 8 月 8 日编发报道，“退出禁原氢弹世界大会的又一批外国朋友应邀来访，哥伦比亚、巴拿马、巴西和美国代表等到广州”。报道称，8 月 7 日下午，“又有一批退出第十二届禁止原子弹氢弹世界大会的外国朋友到广州。他们是应中国人民保卫世界和平委员会邀请来我国访问的。”有趣的是，报道称“今天到达广州的外国朋友是：哥伦比亚代表里卡多·桑佩尔、巴拿马代表梅嫩德斯、巴西代表阿·米·加利亚努以及美国代表等”。显然，报道只提及了美国代表，而未公开约翰和乔治的姓名。

② 《人民日报》1966 年 8 月 7 日第 2 版编发了新华社 8 月 6 日电讯，标题为“坚持正确路线，维护禁止原子弹氢弹运动的光荣传统，六国代表退出东京大会后来我国访问”。实际上这些代表此前于 5 日下午由香港乘火车到达广州，并于 6 日晚间飞抵北京。他们是：澳大利亚代表团贝蒂·利特尔，亨里·布利，威廉·莫罗；新西兰代表团南希·惠兰·戈达德；锡兰代表团拉克森·穆图坦特里，布·布·穆图坦特里夫人；巴苏陀兰代表团代表；比利时代表团杜皮尔；苏丹代表团奥斯曼·哈桑·艾哈迈德。中国人民保卫世界和平委员会主席郭沫若，中国亚非团结委员会主席、中国“和委会”副主席廖承志，和准备出席第十二届禁止原子弹氢弹世界大会的中国代表团团长、中华全国总工会主席、中国“和委会”副主席刘宁一等到机场欢迎。

唯一的一家涉外宾馆里。天气很热，宾馆里的人很少，非常安静。这家宾馆有些破旧，整体上略显衰败，显然是年久失修了。看起来，与香港一些较老的酒店还是有些相似。房间里也很简单，一张床，一个热水瓶，一个洗脸盆，不过，却有个西式的马桶。

约翰发现，广州人都讲粤语。既不会说也听不懂广东话，使得只会讲普通话的约翰和乔治一开始并不敢和当地人讲话，担心他们听不懂普通话。不过，他们还是走出了宾馆，到附近走了走。人们只是远远地看着他们，可能是觉得好奇，也就并不主动过来和他们搭讪。一开始，这让约翰和乔治多少觉得有点不自然。不过，年轻人的自信和自我很快就让他们放松下来。他们很快就学会了怎么点当地的啤酒。那天晚上，全国学联的人在酒店的餐厅宴请他们，住在酒店的所有中国学联的学生也一起参加。这些中国学联的学生看起来要大一些。据他们说，他们是全国学联的领导。约翰不知道的是，作为一个对外而言是非官方的组织，全国学联确实是当时中国负责国际青年互访和交流的主要机构。

在交谈中，这些学联的领导就问约翰他们，觉得广州怎么样。约翰说，广州让他们想起了夏威夷，没有那么多高大建筑，也没有那么拥挤。夏威夷也不发达，或者说正在衰败。在约翰看来，广州的气候和夏威夷的差不多，热带、亚热带气候，炎热潮湿，雨水丰沛，因此建筑物上也容易出现剥蚀。而且，也许是因为曾同为殖民地，也都保留了一些西式的建筑。因为很热，所以人们也很少出来散步，偶尔见到几个，也是三三两两地聚在一起。此外，约翰很留意观察广州的发展水平，有时候会看看商店里是不是有商品，看看食品店里都卖哪些食品。约翰记得，广州有很多商店，商品很丰富，食品也很多，似乎食物不应该是个问题。在来中国之前，美国人总是告诉他们，中国人处于饥荒之中，每个人都处于饥饿状态。但是，从踏上中国的土地，甚至在整个旅程中，约翰和乔治都没有看到美国媒体所描述的现象。

他们在广州住了一晚，第二天（8 月 10 日）乘坐苏联制造的飞机于晚间到了北京。[①]

四、在北京的传奇经历

到北京后，约翰一行与先期抵京的大部队会合。实际上，同行的其他人每年都会在禁止原子弹氢弹世界大会闭幕后来中国访问。他们是中国的支持者，他们喜欢中国，支持中国。他们认为中国革命非常成功，中国正在走上一条新的不同的现代化道路。他们支持中国而不是台湾获得联合国的合法席位，他们被称为“中国的朋友”。1966 年的 8 月更是有些不同，他们是为支持中国而退出了东京的会议，提前来到了北京。每次全国学联都会专门安排一个招待晚宴，一个友好协会也参与接待。大家参加欢迎晚宴后，就会有导游带队分头到中国不同的地方去。这些人都是政治人士。约翰记得，其中来自英国的朋友是伯特兰·罗素基金会的成员，来自新西兰的那对夫妇是新西兰社会党党员，还有一位当时刚刚被选入加拿大议会的加拿大社会党党员。他们在中国也都有自己的朋友，对他们来说，中国并不陌生。但对于乔治和约翰来说，这可是他们的第一次中国行，所以一切都充满了新鲜感。

在北京最初的一两天，学生还没有上街，中方专车全程陪同，安排他们参观了一些景点。他们一行去了长城、十三陵，还有紫禁城。带队的是一位被大家称为“小吴”的年轻小伙，尽管他英文也不错，但他很乐意跟约翰他们讲中文。雄伟的长城让约翰感到很震撼。让约翰印象最深的是，长城上除了他们没有别人。当然，除了这种行程比

① 《人民日报》1966 年 8 月 11 日编发新华社电讯：“向坚决维护禁止原子弹氢弹运动光荣传统的各国朋友致敬！又有八国代表退出东京大会后到北京，郭沫若、廖承志、刘宁一和首都各界群众到机场热烈欢迎。”报道还列出了 8 月 10 日晚飞抵北京的八个国家代表名单：巴苏陀兰马佩非亚内，贝专纳琼尼·塞切尔，巴西阿·米·加利亚努，哥伦比亚里卡多·桑佩尔，巴拿马梅嫩德斯，西南非卡宗加，斯威士兰赫伯特·恩科西，美国特尔玛·托希科·斯太曾，约翰·霍金斯，乔治·萨兰。关键是，在这篇报道中，约翰与乔治的名字与另外一位前文注释提及的美国代表的名字都出现了。

较固定的参观，约翰和乔治还有机会一起出去闲逛。回头看那段日子，约翰印象最深的是，那时北京的空气特别清新。夏威夷和广州的空气也很好，但东京那时污染很重。与东京比起来，北京的空气是那么干净。当时人们都还骑自行车，马路上还有一些公共汽车、电车，但其他汽车很少。约翰他们还尝试坐上了北京的公交车，他们还试着用自己有限的普通话和北京人交流。周围的人对他们也非常友好。不过，由于北京是首都，那时候的北京就有很多外国人，阿尔巴尼亚人、古巴人、俄国人等。所以当时的北京人似乎就已经习惯了有外宾的存在，他们忙着自己的事情，对外宾显然并不是很感兴趣。约翰他们的存在并没有引来很多异样的目光。

可是等学生开始游行上街后，一切都开始变了。当时，北大、清华大学的学生已经开始走上街头示威游行。1966 年确实是比较特殊的一年，在法国、意大利、德国、美国、澳大利亚、英国、日本，总之是大部分西方国家，学生们都在示威游行。在日本时，约翰他们也遇到反对日本政府的学生示威。在美国有反越战和民权运动的示威游行。在中国，此前北大、北师大等大学也因大学入学问题，出现过学生抗议。那时，按照中国官方的说法，中国的大学是为解放工农大众开设的，但是实际上入学的多数都是干部子弟或者城市市民子弟，因为他们在考试中可以考得很高的成绩。毛泽东也就是在那时站了出来，表明他支持学生，加上外交和经济上的一些问题，毛泽东开始发动学生开展文化大革命。①

就在到达北京后的第二天晚上，约翰和乔治在入住的北京饭店听

① 实际上，由于最初中央文革领导小组采取派驻工作组到各高校的做法，试图平稳地开展文化革命，但是遭到了学生的反对。1966 年 5 月 25 日，北京大学哲学系聂元梓、宋一秀等七人，贴出了题为《宋硕、陆平、彭珮云在文化革命中究竟干了些什么?》的大字报。6 月 1 日，毛泽东对这份大字报写了批语："此文可以由新华社全文广播，在全国报刊发表，十分必要。北京大学这个反动堡垒从此可以开始打破。"此后，毛泽东还将这份大字报誉为"全国第一张马列主义大字报"。大字报 6 月 1 日向全国广播后，引起强烈震动，文化大革命急剧升级。

到长安街上人声鼎沸，就走出宾馆去看看。他们看到一大批学生在长安街上开始游行。在美国，约翰与乔治也参加过这种游行，只是从来没看见这么多人。一群北大来的学生正在向天安门广场走，他们占满了整个街道，人很多，成千上万，拿着乐器、锣鼓，都是红色的。有的还打着灯笼，像过节一样。约翰和乔治出于好奇，也跟着游行队伍一起往天安门走。他们碰到了几位外宾，他们还告诫约翰和乔治，最好离开游行队伍，但是约翰和乔治还是跟着游行队伍走了。一开始，还有些游行的学生出于好奇问他们是从哪里来的，问他们是不是俄国人。当约翰和乔治告诉学生他们是美国人时，一个学生问他们：你们为什么在这儿？约翰他们用有限的中文告诉这些学生，他们是从东京开完会来访问中国的，而且非常喜欢中国。学生们就说，欢迎欢迎。后来，就没有人问了。从与游行学生们的攀谈中约翰知道，他们不喜欢俄国人，还有英国人，所以学生们只是确认他们不是俄国人和英国人就好了。学生们觉得英国干预中国的内政，支持藏独之类的，约翰记得大概一年后英国的领事馆被烧。当然，约翰他们也听到学生们谴责美国的越南政策和对华、台湾政策，但是他们并不针对美国人。但是，对英国人则不同，和英国人比起来，他们好像更喜欢美国人。游行就像一个大派对，吸引着他俩跟着学生一起到了天安门。

在天安门广场上，学生们发表了声明，但是约翰他们听不太懂，只知道与北大和北师大有关。约翰和乔治跟其他学生一起坐在地上，听很多学生演讲，后来学生就散了，约翰和乔治也回了酒店。整个游行从晚上 8 点多开始的，到 10 点多就结束了。整个过程也没有相关人员维护秩序，更像是个节日庆典。当时，约翰以为这将是一次全国性的大学生罢课，可能是大规模的大学生运动的开始。当时在法国，英国等其他国家也的确有类似的大规模学生运动，哈佛、耶鲁还有普林斯顿的学生也曾占领过学校的行政楼。约翰自己回忆，他和乔治当时对中国的游行也只局限于从学生的视角去理解和推理，这也使他本人的兴趣从国际关系和中美关系转移到了教育领域。当时他们并没有意识到，这是一个更大的政治事件，而不是仅仅局限于教育领域方面的问题。

除了这些普通游客的经历，有一件事至今约翰记忆犹新。他们到北京时，被告知中方会安排一个大型的会议和宴请。据说周恩来、陈毅、朱德等中国国家领导人和其他一些重要人物都会来参加。显然，大家都很期待这次会议和宴会。因为此前他们来了几次中国都没有这种安排。那位来自澳大利亚的朋友还调侃约翰和乔治，说这样的安排是因为来了他们两个美国人。对此，约翰和乔治将信将疑，毕竟他们只是两名来自夏威夷的普通美国大学生。可是他们还是坚持说，他们已经来过中国多次，确实从未和这些重要人物一起吃过饭。学过中国历史的约翰当然知道这些名字在中国的分量。虽然他们并不相信像周恩来这样的大人物会参加会议和宴请，仅仅是因为他们两个来自美国，但是两个年轻人还是很兴奋。也因为在人民大会堂的讲话和当天晚上的宴会，约翰他们渐渐意识到，这次来中国并不是一次普通意义的旅行。

大家期待中的大会在1966年8月12日下午在人民大会堂如期举行。会议开始时，约翰发现，他、乔治居然和陈毅还有其他一些人一起坐在主席台上，陈毅就坐在约翰边上！不过，周恩来当时并没有来。[①]《人民日报》1966年8月13日在头版和第5版分别报道这次大会。头版的标题是："首都盛会欢迎在东京大会上坚持正确路线的各国朋友，坚决维护禁止原氢弹世界运动战斗传统，结成国际统一战线坚持同美帝苏修斗争，陈毅副总理出席，刘宁一、西园寺公一和各国朋友讲了话"。第5版的标题是："十四个国家和地区反帝战士在首都万人欢迎大会上讲话，赞颂毛泽东思想是万能的武器，必须把反帝反修斗争进行到底"。报道还提到，在大会上，"退出第十二届禁止原子弹氢弹世界大会的十四个国家和地区的代表先后讲话，他们是：澳大利亚的威廉·莫罗，巴苏陀兰的马佩菲亚内，贝专纳的琼尼·塞切尔，比利时的杜皮尔，巴西的阿·米·加利亚努，锡兰的拉克森·

① 1966年8月12日，周恩来出席了中共中央八届十一中全会，会议讨论并改组了中央领导机构，政治局常委由原来的7人扩大到11人。

穆图坦特里，智利的海梅·巴洛斯，哥伦比亚的里卡多·桑佩尔，新西兰的南希·惠兰·戈达德，巴拿马的梅嫩德斯，西南非洲的卡宗加，苏丹的凯尔，斯威士兰的赫伯特·恩科西，美国的约翰·霍金斯。”

1966 年 8 月 12 日下午，“首都各界欢迎维护禁止原子弹氢弹世界运动光荣传统的各国朋友大会”在人民大会堂举行。约翰·霍金斯作为美国代表发言，主题是中国革命与毛泽东思想。照片为会议现场。

关于是由约翰还是乔治代表美国讲话还有一个小小的插曲。实际上，让约翰讲话是在人民大会堂会议的当天才确定的。一些工作人员来到约翰住的宾馆，把乔治也请了进来，他们说希望约翰或者乔治两人中能有一个代表美国人民在人民大会堂的会议上讲话。此前应该还没有美国人这样做过。实际上，当时约翰并不想讲，因为他特别紧张：他还从来没有在上千人面前讲过话，有点儿信心不足。乔治要开朗很多，他来自纽约这样的大城市，倒是更愿意讲。不过，两个人还是采取了比较“民主”的方式——投硬币来决定由谁讲话。结果，这枚硬币选择的是约翰，并把他推到了万人会场上。约翰不得不稍作准备，开始写讲演稿。那时没有打字机，他就只好手写。中方对约翰要讲的内容并没有具体要求，只是问他是否可以在报纸上发表他的演讲。考虑到入境时的情景，乔治和约翰意识到，美国政府肯定会视他们对中国的访问为非法行为，如果约翰的讲演稿发表在报纸上，就意味着留下了他们曾经到过中国的证据，回国后就会很麻烦，所以他们希望中方不要发表。对此，中方也并未坚持。

据约翰回忆，在写演讲稿时，他脑海能够想到的，始终是从美国媒体渲染的中国形象与自己在中国真实的所见所闻的差别。在当时的美国人眼中，中国人是一群被毛泽东洗脑的贫困的、饥饿的机器人，中共政府迟早会倒台。能够看到的台湾那边的宣传，也都充斥着台湾迟早会反攻大陆之类的说法。但是，在中国的经历告诉约翰，美国媒体宣传的中国被妖魔化了。中国的确是一个穷国，但是中国显然并没有比墨西哥或者其他一些他去过的国家更穷。约翰看到，中国人用婴儿车推着孩子在公园散步，人们都非常有礼貌，也非常友善。在城市的大街上，他也并没有看见佩戴武器的军警。中国菜很好吃，北京和广州的杂货店也货源充足。约翰在到北京的前两天里，曾经串过北京的一些小胡同。胡同里的小商店，食品、日用品同样十分充足，显然在中国并未出现食物短缺的现象。[①] 从任何角度看，中国都是一个正常的国家。所以，约翰认为他应该讲一些与中国革命和新中国建设有关的问题。在经历了抗日战争、内战后，新中国几乎是在一片废墟的国土上，开始建设自己的家园，而且经过十几年的建设，这个发展中的大国正在不断地前进。当时的约翰认为，毛泽东是一位伟大的领袖。那时，毛泽东主义刚刚开始，俄国人则开始批评和敌视中国。约翰决定，他应该讲一点帝国主义及其帮凶如何破坏中国的问题。约翰确实是一个激进的学生，他演讲的主题就是中国的建设和中国的发展。

约翰的讲话大概只有 5 分钟，但是对他而言，那短短的 5 分钟却显得十分漫长。可能因为听众都是学生和红卫兵，等发言完毕，约翰听到的不是礼节性的鼓掌，而是雷鸣般的欢呼、尖叫，听众显然有着

① 约翰曾经读过有关中国从 1958 年到 1960 年三年自然灾害和食物短缺的信息。

高涨的民族主义情绪。这一点，约翰认为也是美国人和西方人不能理解的：这和国民党或共产党没有关系，和毛泽东、蒋介石也没有关系。在这个有着悠久历史的国家，任何人都会为是一个中国人而感到自豪。他们希望自己的国家繁荣富强。学生们只是想为这个国家赢得自尊——当时会场上主要是学生，其他中国人也一样。在场的人显然都被约翰的简短讲话感染了。会后，郭沫若特意找到约翰，告诉约翰，他的演讲非常好，他本人非常喜欢。他也非常希望约翰能够同意将演讲稿在报纸上发表，因为这是一个来自美国的普通人的看法，而在当时的中国还从来没有听到过任何美国普通民众的心声。

的确，在 1949 年后，除了寄居在瑞士的埃德加·斯诺曾应毛泽东之邀来访过中国外，另一位在约翰之前来中国的美国人就是西德尼·瑞滕伯格（Sidney Rittenberg，中文名字李敦白，1921 年出生于美国，1945 年到中国，后赴延安，成为毛泽东的翻译）。不过李敦白比较特殊，他是美国共产党，也是第一个加入中国共产党的美国人。[①] 他当时不能回美国，否则就会被逮捕。李敦白从抗战末年一直到 1979 年间都生活在中国，显然，当时他对美国本土的感受，与两个在美国生长、生活的普通大学生相比，可信度并不高。约翰和乔治是两个普通学生，不属于任何政党，并且反对越南战争，参加过夏威夷的反战运动。因此，当郭沫若再次提出请他们考虑是否能将约翰的讲话发表在报纸上时，约翰就答应了郭沫若的要求。当然，他们还是经过了再三考虑的，最后的结论是，反正美国政府已经知道他们到了中国，发表演讲稿也不算什么大事。

《人民日报》1966 年 8 月 13 日编发的报道，是这样描述约翰的讲话的："美国朋友霍金斯在讲话中首先热情地赞扬在毛主席领导下中国革命所取得的非凡成就。他说，他们到目前为止所看到的，使他们确信中国是忠于革命的原则的，这是在毛主席的勇敢和英明的领导

---

① 李敦白，阿曼达·贝内特. 2006. 红幕后的洋人：李敦白回忆录［M］. 丁薇，译. 上海：上海人民出版社.

下做到的。他说，中国人民所树立的榜样，对正在同帝国主义阴险和恶毒的影响进行斗争的无数其他民族来说是指路标。霍金斯代表同美帝国主义进行斗争的美国人民向中国人民致敬。他满怀胜利信心地指出，帝国主义是注定要失败的，物质的财富和核武器都不能挽救它。让我们团结起来，反对反动的帝国主义，不管它在哪里。让我们绝对不要和那些会成为帝国主义代理人的人妥协。”① 在约翰看来，新华社的这篇报道还是比较准确的。据他所知，夏威夷的一份报纸应该也作了报道。

大会结束的当晚，就是中方的欢迎晚宴。② 郭沫若是当晚宴会的主持人。约翰当时并不清楚毛泽东为什么没有来。③ 那天的晚宴上，郭沫若讲了话，周恩来也简单地说了几句。约翰不仅与郭沫若聊了几句，而且还和周恩来有短暂的握手寒暄。在约翰的印象中，周恩来那天看上去很严肃，脸上没有笑容。现在想来，周恩来显然对当时的局势有所判断并且很担心。他跟约翰说，很高兴在中国欢迎美国人。乔治和约翰对周恩来还是比较敬畏的。对他们来说，周恩来是一个比较神秘的人。如果毛泽东在的话，约翰他们可能都不知道怎么和他讲

---

① 《人民日报》1966 年 8 月 13 日编发新华社 8 月 12 日讯：“十四个国家和地区反帝战士在首都万人欢迎大会上讲话，赞颂毛泽东思想是万能的武器，必须把反帝反修斗争进行到底”（人民日报．1966-08-13（5），http://rmrbw.net/read.php? tid=359106&fpage=4）。

② 据《人民日报》1966 年 8 月 13 日编发新华社 8 月 12 日讯，“我和委会亚非团结会举行盛大招待会，欢迎维护禁止原氢弹运动光荣传统的各国朋友，周恩来总理等出席招待会，宾主互勉把反美反修斗争进行到底”。

③ 1964 年，毛泽东会见了参加完第十届禁止原子弹氢弹世界大会访问中国的各国代表，并且讲了话。实际上，那时毛泽东正准备在第二天发布一个非常重要的指示。在这之前，也就是 1966 年 8 月 5 日，毛泽东发表《炮打司令部——我的一张大字报》，矛头直指刘少奇。1966 年 8 月 8 日，中共中央主席毛泽东主持了八届十一中全会，通过了《关于无产阶级文化大革命的决定》（即《十六条》）。这是继“五·一六通知”后文化大革命的又一个纲领性文件。事后约翰去分析当时的形势，毛泽东确实处于一个政治困境之中。

话。因为陈毅当时就坐在约翰的边上，所以约翰和陈毅聊得比较多。陈毅之前是军人，一身军服，胸前别着很多奖章。他个性开朗，和他谈话总是充满笑声。陈毅问了约翰很多关于美国的问题，比如美国人怎么看待中国，中美之间是不是会有正常的外交关系等。在约翰的印象中，陈毅看问题总是向前看，是比较务实的人，和他谈话非常有意思。郭沫若更像是一个知识分子和教授。乔治不太了解郭沫若。但是因为约翰之前选修过一门中国文学的课程，读了郭沫若的一些作品，包括诗歌之类的，所以知道他。

1966年8月12日晚，在人民大会堂举行了“欢迎维护禁止原氢弹运动光荣传统的各国朋友”招待会，周恩来、陈毅、郭沫若等出席。照片为郭沫若致辞。

北京的参观和会议结束后，约翰和乔治先后游历了济南、南京、杭州和上海，然后又取道广州，返回了香港。在这个过程中，约翰感觉到，整个国家的政治生活发生了变化。约翰还记得，初到杭州时，几乎所有酒店都还悬挂着毛泽东、刘少奇、周恩来、马克思、列宁的画像。他们还有机会去了茶园参观。不过紧接着，在杭州的酒店里，他们就看到红卫兵拿掉了刘少奇的画像。约翰问周围的人为什么要拿掉刘少奇的画像，他们只是含糊地回答，每隔一段时间他们就更换画像。后来，一个学生代表告诉约翰他们，北京来的电报，要求他们拿掉刘少奇的画像，应该是因为刘少奇犯了什么错误之类的。能看出，那些拿掉刘少奇画像的人也不知道到底怎么回事。当时，不同的政治团体也风传着各种谣言，毛泽东说什么了，没有说什么，人们也无从判断哪些信息是准确的。

1966年8月14日后，约翰一行结束北京之行，开始访问杭州、上海等地。照片为约翰一行在杭州的六和塔、茶园、西湖等地的留影。

当时的杭州市长王子达也接见了他们。不过，王当时显得很紧张，因为有两个红卫兵紧跟着他，并告诉他应该做什么。约翰不知道为什么杭州市长会来看他们。整个旅程有很多事情对于他们而言，都是难以理解的。但约翰已经意识到，事情开始发生变化了。后来，他们知道杭州市的市长被打成了反革命，被赶出了自己的办公室。① 约翰回到檀香山后还从报纸上看到王子达的消息。

① 有段时间王子达确实和杭州市委书记王平夷被一起打倒了。但是很快，王子达就开始支持造反派，并一度成为杭州市革委会的主任。"文革"结束后，调任广西梧州市委副书记。目前可见关于王子达的资料只有百度百科（http://baike.baidu.com/view/876315.htm）。

约翰还记得一个小插曲。当时他们出行还是坐全国学联安排的小轿车。有一次去参观一家工厂的路上，很多学生见到他们的专车，就围上来开始推车，敲打窗户，在车上贴标语。约翰他们不得不下车。约翰也不知道学生们要干什么，只是觉得好奇。他当时没有意识到这是一个政治问题：在当时的中国，只有那些精英特权阶层才会有专车。约翰下车后，学联派来的司机开始跟学生理论，但是学生们高声叫着，“每个人都坐公交和骑自行车，为什么你们要坐车。为什么你们一定要有专车。”那时，约翰才知道，原来坐车也是一个政治立场问题。他和乔治并不介意坐公交车。唯一让约翰不解的是，在当时的美国，什么样的人家都可以买车，坐不坐车不会影响政治立场。那天，接下来的行程大家都在走路。当然，司机很恼火，要求学生把车弄干净。学生们清理了车，也没有接着闹下去。

1966 年 8 月 14 日后，约翰・霍金斯教授与乔治・萨兰特一行先后访问杭州、上海。照片为他们参观上海市少年宫时与少先队员的合影。

在上海的时候事态已经变得更严重了。年轻人都走上街头，包括一些青年工人，他们开始进入居民的房子，收缴那些“四旧”的东西，比如祖先的牌位等。这是“文化大革命”的一部分，除旧布新。很多东西都被视为封建迷信而被收缴并被烧掉。暴力活动也开始出现了。[①] 一天，有工作人员到他们入住的锦江饭店的房间，对他们说，“你们要离开中国，所有外国人都要离开中国。”“这里不安全，为了你们好，还是离开吧。”本来还准备多待两三周的约翰他们还是乘坐了从上海到广州的火车。

在上海期间，约翰·霍金斯一行还参观了上海钢铁厂和当时的一家残障用品工厂。照片为参观残疾用品工厂时与工人们的合影。

广州当时还相对比较平静，不过局势也已经开始紧张。刘少奇的画像再也见不到了，他们感觉他们正身处在一个历史的特殊时刻，周围的人称这是“文化革命”。当时的约翰并不理解什么是“文化革命”，

① 1966年8月18日，北京举行有百万人参加的“庆祝无产阶级文化大革命”群众大会，毛泽东身穿绿军装，在天安门首次接见来自全国各地到京串联的红卫兵。此后，“文革”进入一个为期两年、以武斗为主的混乱时期。

在他看来，所谓的“文化革命”更像是一场政治革命。他们试着和一些学生讨论“文革”，和不同的人谈起“文革”。不过，由于当时很多中国人都不懂英语，他们只能试着用一些简单的中文来交谈。当时在约翰看来，跟美国相比，在中国政治和文化的差别非常小。那个年代美国人是把政治和文化放在一个坐标的两端来看的，差别很大；当然，随着这些年的变化，两者之间的距离才渐渐拉近了。可是在中国，政治与文化总是混杂在一起。那时中国人就已经在讲文化战争之类的概念了，文化的含义那时在中国的含义很不一样，它与教育有关，与人的信仰系统有关，与五千年的历史传承以及人们对年龄、性别等的认识都有关系。约翰他们当时就听到过很多关于女性问题的讨论，如女性就业、女性占大学生比例等，而这些话题在当时的美国也是刚刚才开始讨论的。这些是典型的马克思主义观点，又明显带有应用于中国国情的特点。这些无疑都是当时约翰非常感兴趣的事情。

在广州待了两三天，约翰他们就离开边境，去了香港。这段中国行改变了约翰之后几年的计划，甚至是他的一生。

五、返回美国的遭遇

约翰和乔治在夏威夷下飞机后，护照就被美国政府收走。接下来的一段时间，两个年轻人忙于与人分享自己在中国的经历，自然也难免陷入一场与美国政府的官司。

在东京时约翰和乔治是发电报跟身边的一些朋友借钱去的中国，回到夏威夷后，这笔钱是要还的。为此，约翰与夏威夷当地的电视台和报纸签订了协议，讲述他们在中国的经历，从中赚了一千美元，还了他们借朋友的钱。当时夏威夷很知名的记者——梅森·阿尔特瑞（Mason Altiery）拿到了他们中国行故事的版权。约翰和乔治一起去了两次电视台，接受了他的专访。他们还跟一些学生组织分享了他们在中国的经历，其中一个叫“结束越战委员会”（To End the War of Vietnam），还有一个是亚洲学者关注委员会（the Committee of

Concerns of Asian Scholars）。约翰在第二年回伊利诺伊的家乡过圣诞节时，还受当地的电台邀请做了一次关于中国行的访谈节目。几次访谈，约翰被问的问题都集中在一些诸如他看到中国有多少吃不饱饭的人之类的问题上，足见当时中美两国人民之间的隔阂有多大。

约翰的中国之行，对于之前就把研究方向确定在中国问题的他来说，有着非常重要的意义。约翰愿意研究中国，但是在去中国之前，他并不清楚自己想研究中国的哪些方面。约翰的指导教师，著名的罗纳德·安德森（Ronald Anderson），20 世纪 30 年代曾经到过中国。安德森教授对约翰的此次中国之行非常感兴趣，不但主动找他谈话，而且建议他把研究方向转到中国的教育制度方面来。此前，虽然是夏威夷大学的本科荣誉生，但约翰从未系统地想过这个问题。他一直感兴趣的是中美两国的政治结构的差异，特别关注两国的外交政策。约翰的另外一位指导教师也是非常有名的教授，奥利弗·李（Oliver Lee），华裔且是研究政治的。正是他鼓励约翰去研究政治和外交关系。不过，刚从中国回来的约翰，确实开始着迷于中国的学生运动。约翰觉得，毛泽东和他的同僚们已经看到了一点，即青年学生对中国教育的不满是一股潜在的社会、文化和政治运动的力量。在约翰看来，毛可能是当时世界上唯一将学生运动视为政治生活重要元素的政治领导人。而世界上其他主要国家的领导人都反对学生参与政治运动，苏联更是不允许学运，政府对学生运动的反应就是派警察驱散。而在中国，一个当时被世界上主流国家渲染成一个政治上以镇压为主要手段的国家里，学生却可以走上街头去示威游行。他还记得毛泽东对学生们讲，青年学生是中国的未来。其他国家的政治领导人从来没有讲过这样的话。当然，毛泽东有自己的政治意图。即便如此，在中国所经历的由最高领袖发动的学生运动，还是让年轻的约翰感到很震撼。在安德森的鼓励下，约翰从政治学转向了研究中国的教育制度。后来他的硕士论文也是关注中国的教育改革。

与此同时，回国后的约翰，确实也有了大麻烦。他不仅惹上了官司，而且在很长一段时间里，因为护照被没收，约翰根本没法出国。

在当时的美国护照第一页，列有美国政府不允许美国公民去的国家的名单：中国、朝鲜、越南、阿尔及利亚及古巴。当时很多人都不知道，尽管办理护照时个人要交费，但护照本身仍然是美国政府的财产。与约翰和乔治的遭遇一样，还有其他几位美国公民也因为去了被列入在禁止美国公民出游的越南和古巴等国而被没收了护照。这几位被没收护照的美国公民，包括约翰和乔治在内共有5位，集体起诉了美国政府。诉讼前前后后持续了3年，在此期间约翰不能离开美国。案子最终是约翰他们胜诉。最高法院裁定，宪法赋予美国公民出游的自由，所以美国政府不能控制美国公民可以或者不可以去哪里旅行。在约翰他们的案子胜诉后，美国护照上的那页内容被取消了，这意味着美国政府不再限制美国公民的旅行自由。谁又能想到，约翰的这次中国行，竟然能够改变政府的规定。

人的某些经历注定要改变生活的很多方面，也是因为约翰的中国行，他无意中躲开了去越南的兵役。原本正在上大学的约翰应该是延期到毕业后才应该服兵役的，但是，受到去中国的牵连，政府取消了对约翰的兵役延缓，立即征召约翰到越南参战，算做是一种惩罚。按照要求，约翰到了兵营，参加了体检和面试，并且因为各项指标合格，要被派去越南。因为约翰之前参加过反越战的游行，又到过社会主义国家中国，因此军方要求约翰签署一份保证书，保证在越南期间不参与任何反对美国政府和军方的活动。① 约翰拒绝签署那份保证书，他对要求他签保证书的长官说，言论自由是宪法赋予每个美国公民的权利，无论走到哪里，他都要保留说话的权利。如果到了越南，他也一定会告诉士兵们这场战争的真相，这是他的权利。由于约翰坚持不签那份保证书，派他去越南的事后来竟然不了了之。这之后，约翰便去了加拿大英属哥伦比亚大学，在亚洲研究学院攻读硕士学位。

① 那时候一些在越南的士兵都拒绝作战，专门破坏战机、坦克等作战设施，他们反对战争，并因此被投进了军事监狱。当时这是一个大问题。一些士兵还蓄意杀害他们的长官。这些人反对政府，认为战争太愚蠢了，他们想离开战场。

大约半年后，约翰又接到了军方从西雅图打来的电话，要求约翰赶赴军营。带着新婚的妻子茱蒂，约翰赶到了西雅图。茱蒂第二天要搭乘航班飞往夏威夷，约翰便将妻子安排住进了离火车站两个街区的一个小宾馆，自己则赶往了军方规定的集结地——西雅图一座很大的火车站。整整一天，约翰等在火车站，眼看着一批批军人离开，都始终没有听到有人叫他的名字。约翰只好去问一个执勤的警官到底怎么回事。那个警官还是拿出了那份保证书，要约翰签名，但是被约翰严词拒绝。约翰回到了小宾馆，带着茱蒂一起坐大巴又回到了加拿大。

硕士毕业后，约翰又去了美国范德堡大学攻读博士学位。5 年后，也就是 1971 年冬天，在郭沫若的帮助下，约翰再一次来到了中国。在这次旅程中，他不仅采访了郭沫若，并与郭沫若交换了彼此的作品，而且还在他的帮助下在长沙和河北唐山地区的沙石峪进行博士论文的数据采集，研究毛泽东的教育思想以及在基层的执行情况。在沙石峪，约翰观察了那里学校的日常运作，走访了当地的师生。后来，他论文的其中一部分得以在美国出版，就是前面提到的入选加州大学伯克利分校墨菲特本科生图书馆“最重要的、最基本的和该领

1971 年，在郭沫若的帮助下，约翰·霍金斯再次访问中国，并与郭沫若座谈。照片为座谈现场。

域阅读量最大的"《毛泽东与教育》，并且还被翻译成了中文。①

5 年之后，一次偶然的机会，已在 UCLA 任教 3 年的约翰于 1976 年同他的合作研究队伍来到了中国河南的林县，在一位当地水利工程师的帮助下，考察了著名的红旗渠。在这次旅行中，同行的还有约翰的夫人茱蒂。结束了在中国的工作后，约翰带着夫人重游北京和上海。机缘巧合，两人在结婚纪念日的时候，在上海锦江饭店主楼的顶楼餐厅和中国朋友一起享用了一餐美味的法式晚餐。

此后，约翰每隔几年就会来到中国访问，亲眼见证了中国近 30 年中国社会和教育的变革，也向中国的朋友讲述他第一次访问中国的传奇经历。

据约翰叙述，乔治从夏威夷大学毕业后读了医学院，最终在纽约做了医生。不幸的是，20 世纪 70 年代，乔治死于心脏病。

① Hawkins, John N. 1974. Mao Tse Tung and Education: His Thoughts and Teachings. Hamden, Conn: The Shoe String Press.（中译本名为《毛泽东思想研究》，由北京职工教育出版社 1990 年出版。）

时代与个人的互动：一个偏远村庄辍学问题的田野调查*

The Interaction Between the Times and the Individual: A Field Study on a Dropout Problem in a Rural Minor Village

覃红霞（Qin Hongxia）
厦门大学教育研究院
（Institute of Education，Xiamen University，Fujian 361005）

内容提要：辍学是一个世界性的教育难题。但就辍学问题谈辍学问题，只能剥离辍学问题与其他农村教育问题的相关性，而无法深入地了解辍学的本质。本研究通过对一个偏远地区村庄的不同家庭自新中国成立以来关于读书与辍学的选择，指出经过时代与社会的变迁，我们的教育价值观在不断发生变化，影响我们读书或者辍学的因素其实也在发生变化，这些因素在决定我们的行为选择的地位也在不断发生变化，其本质是不同时代与不同因素的产生、式微与湮灭。

Abstract: Dropout problem has been a tough subject across the world. This problem can't be addressed when its relevance with other rural educational issues are not been considered. Based on an investigation of the choices between attending school and dropout in different families in a

* 本文获世界银行— CIEFR“中国教育研究网络”年轻学者支持计划支持；文章在撰写过程中得到北京大学陈向明教授的全程指导，特此感谢。

minor village located in remote countryside after liberty, this study argues that the educational values, and the reason of dropping out or going to school are sociologically shaped by the social transformation. Accordingly, the change of the reason of dropping out, as well as the role of this reason in rural school life, can only be explained by understanding the rural individual's reaction to the social changes in different times.

辍学问题是一个世界性的教育难题，其中偏远农村地区的"辍学问题"是最值得关注的问题之一。事实上，农民并不缺乏"知识崇拜"的情结，也不乏"倾家荡产"、"砸锅卖铁"以实现子女"上大学"，改变人生乃至整个家族命运的梦想与行动。值得关注的是，即使在偏远农村少数民族聚集的村庄，也有不少家庭培养出了大学生，其中不乏女大学生。那么，为什么经济情况类似的家庭有的培养出大学生，有的家庭的子女却早早辍学呢？为什么现在农民的生活相对于过去有了很大改变，农村大学生数量反而减少了呢？"重男轻女"是导致女童失学的主要原因吗？为什么在一些家庭里却是女孩最终成为大学生，而男孩却"辍学"呢？经济贫困是学生"辍学"的根本原因吗？影响村民家庭做出升学还是辍学行为的影响因素有哪些？而这些问题的回答事实是希望解决三个基本问题，即辍学的本质是什么？影响辍学行为的因素有哪些？这些因素是如何影响家庭的行为决策的？本研究以某一村为研究对象，以家庭为基本研究单位，试图运用田野调查的方法，对全民教育中"辍学问题"进行重新解释，构建偏远农村地区村民教育行为选择的理论模型。

一、文献综述与研究路径

学生为什么辍学？不同的被调查者和研究者都从不同的角度得出了不同的结论。根据相关的研究总结，一般认为影响辍学的因素包括年龄、性别、社会经济背景、种族、母语、地区、迁移、能力、学校的大小与类型、家庭的结构①。也有研究者从个人的学习经历、个性心理特征以及家庭因素和学校因素总结导致辍学的危险因素②。这样的研究几乎将所有与学生学习相关的因素都列入到了导致辍学的范围，但却缺乏对辍学这一特殊问题的专门探讨，也无法分析影响辍学问题的不同因素之间的地位。

关于就业市场、经济结构对辍学的影响是国外研究者关注的一个问题。研究者认为雇佣市场及其经济结构对辍学将产生重要的影响。农村的辍学问题会因为矿业与制造业对工人的技术要求低而继续存在，但研究也发现随着矿业与制造业的技术升级与改造，与之相关的辍学问题也逐渐消失，但农村的女性辍学问题和年轻人完成学业的比例仍没有明显的提高（Smith，1989）。埃伦伯格（Ehrenberg，1997）等人的研究则表明提高工资水平的情况下，会增加学生的辍学率。这样的研究结论在其他许多国家也得到了验证（Pereira，2003；Campolieti，2005）。不少研究关注到了宏观教育政策对于辍学的影响。研究者认为，提高学业标准（Mark，2001）、通过扩大大学系统因而降低二级后教育成本的方式（Kelly，2001），以及温和的升级政策，甚至自动升级让不具备升级能力的学生硬性升级可能会导致早期辍学行为（King，2008）。与此同时，关注在一个中观的环境里考察社区或居住区对辍学的影响，也是国外辍学研究的一个热点问题。近年来的研究表明，邻居的条件的确会影响教育的获得，即使在控制了家庭背景、地区、城市大小以及当地的经济条件的情况下，这些影响是肯定存在的（Henry，2002）。根据巴西里约热内卢的相关数据发现，居住在富人区的贫民学生的辍学风险较高（Fátima Ahes，2008）。

---

① 可查阅：What do we know about dropout prevention ［EB/OL］（2007-11-13），http://www.ncset.org/publications/essentialtools/dropout/intro.asp.

② 具体文献可查阅：Youth Who Drop Out ［EB/OL］（2000-04-20），http://www.focusas.com/Dropouts.html.

尽管研究者列举了复杂而多元的因素与结论，但有三点结论是值得关注的，第一，尽管相关研究列举了大量导致辍学的因素与重要指标，但没有一个指标是决定某一个学生早期辍学的唯一因素，多种影响因素的同时存在增加辍学的可能性。而且，这些因素与辍学的关系都是非因果联系，相关研究能够帮助我们了解哪些学生处于辍学的危险之中，但并不暗示，这样的因素必然导致学生的辍学行为一定发生，事实上，由于辍学本身的复杂性以及个人出于本能的理性行为选择（尽管在别人眼里可能是失败的证明），使得关于辍学的相关解释本身值得质疑和商榷（James，1988）。第二，辍学行为的决定，并不是一个突然的决定，而是一个逐渐脱离的过程，它与辍学者本人、他们的家庭、学校和社区密切相关。这样一个决定是个人的，反映出他们独特的生活环境，同时也是逐渐脱离学校的过程（John，2002）。第三，关于经济结构、劳动力市场对于辍学问题的研究，也暗示我们事实上就辍学而言，在不同的历史时期影响辍学行为决定的情境和主要因素是不同的，因此，需要我们更加关注历史不同时期辍学问题的共性与个性问题，从而更加清晰地了解不同时期辍学问题的基本规律。

女性辍学，是因为性别的原因还是一般性辍学的原因导致辍学，一直是研究者感兴趣的话题。有研究者分析了巴基斯坦农村地区的中小学辍学的影响因素，结果显示，家庭和学校都是重要原因（Lloyd，2009）。有研究者将导致女性辍学最主要的原因归因于贫穷，其次则归于传统（Patricia，1996）。有调查显示，女孩的父母不认为学校教育是适合女孩子或者他们觉得接受教育的风险与代价太大也是很重要的原因（Patricia，1996）。但更多的研究表明了女性生活中的特殊事件往往是导致女性辍学的主要原因，其中就包括怀孕与结婚，对非洲国家的调查显示，怀孕往往是导致女性辍学的主要原因（Dominique，1999；Parfait，2004）。但来自印度部落的调查显示，不同部落经济、社会、文化背景的不同需要必须受到重视，才能够理解读写率差异的本质和印度部落女性教育的投资情况（Mitra，2008）。与此相关的，民族、种族与辍学的关系也是研究者重点考察的问题之一。大量的研究表明，种族与民族特征是导致辍学的重要因素（Alan，1970）。不同种族的移民以及不同代的移民因为不同的种族、不同的文化以及不同的社会资本而获得的教育水平也不一（Kristam，2006）。这一结论得到了其他研究的证实（Kirdar，2009）。

但对于这些特殊人群的关注，也引来了研究者的批评。过分对辍学者种族与民族身份以及性别的强调，对于这些特殊人群而言是否是一种错误，是否会削弱了研究者对其他普通辍学者的关注？有研究者认为因种族导致辍学的比例很小（Rumberger，1983），英文水平较低的学生或者在家不说英文的要比英文为母语的学生更容易辍学（Schargel，2001）。因此，民族或种族究竟在多大程度上影响辍学行为的决定，仍是需要不断探索的问题。我们是应该更加强调那些行为与背景不认为具有辍学典型特征的学生，还是更加关注那些具有民族和种族身份特征的辍学学生呢？更为重要的是，国外的研究过分重视量化研究，这样的研究在为我们提供丰富的、让人信服的数据分析与说明的同时，却忽略了隐藏在数字问题背后的特殊性问题，我们在确定学生家庭的社会经济背景对辍学将有很大影响的同时，却无法确定这一因素究竟是如何影响到家庭的教育决策行为的，也无法了解当性别、种族或民族、学业成绩等不同因素共同作用于辍学这一问题时，家庭是如何看待这些标准，并如何进行取舍的，而国外的研究在多大程度上符合中国关于辍学问题的解释也是需要探讨的问题之一。

与国外相比，国内对辍学问题也相当重视。特别是在基本实现“两基”后，针对农村地区出现的“辍学率反弹”现象，教育研究人员、社会学家、新闻媒体等都对辍学问题投入了更多的关注，也有许多辍学研究的成果，但这些研究往往注重对辍学因素的分析，并把这些因素归为政府、教育、思想认识、社会环境以及家庭（雷忠勇，2005；袁桂林，等，2004）。与国外研究相比，我国大量的辍学研究报告大同小异，除了有一些区域性数据差异外，对辍学原因的说明、对策建议等基本一致，缺乏对研究地点新形势、新情况下辍学行为走势的新判断和具体描述，难以结合本地区实际情况真正提出能够有效解决当地农村初中学生辍学问题的有针对性的具体可操作性策略。

但无论是国外研究还是国内研究，在研究方法上都存在一个不足，即就辍学问题谈辍学问题，这样的研究只能剥离辍学问题与其他农村教育问题的相关性，而无法深入地了解辍学的本质。事实上，辍学问题与女童教育问题、高等教育改革等方面都是密切相关的，村民之间的行为也是相互影响的，特别是一些特殊事件也会对村民的行为产生很大的影响。因此，单单采访辍学儿童家庭，并单纯询问辍学的原因，并不能真正深入了解辍学的本质。只有在更为深入地了解某一村庄的经济、地理、文化、教育的全貌基础上，探讨不同家庭乃至家族之间经济、文化、教育水平与观念的差异，进而分析这些差异是如何影响村民对其子女的教育行为选择的，才能剖析出影响辍学问题的一般规律与特殊情境。这也意味着辍学与升学其实是一个问题的两个方面而已，人们在做出一个辍学的行为选择时，其实就意味着放弃升学这一行为选择。因此，我们在研究辍学问题的同时，也应该研究升学，我们在探索为什么人们选择辍学的时候，也需要探索人们为什么选择升学，并把这两个联系在一起的问题放在一定的时空情境下同时研究，比较差异。

其次，对于辍学问题的原因分析上，研究者一般从两个视角进行分析，一种强调的是个人意愿模式，强调个人主观的选择，寻求形成外显行为的内在心理影响因素上，如分析农村居民的教育意识或者试图去关注辍学家庭中父母的基本想法等；一种强调的是结构决定模式，强调经济原因、教育制度等外在的因素。但这两种模式都存在一定的缺陷。个人意愿模式一方面由于研究者对父母选择辍学的教育意识只是简单地进行调查，得出的往往是比较粗浅的、表面的意识（如部分研究者仅仅归结为父母的失望心理），并没有真正了解村民内心深处的故事与经历，也没有分析社会建构对个人意识的影响以及个人内化社会结构的机制问题，因此并没有抓住问题的核心，也缺乏对村民之间相互影响的关注。另一方面，研究者往往对某一个问题进行研究，如专门对辍学问题或者女童问题进行局部的研究，因此也无法了解村民教育意识的基本观念与结构。而且由于这种模式忽略时代与政策的影响，缺乏对宏观背景的把握。而结构决定模式则比较倾向于从国家政策以及经济制度与教育制度因素出发，强调外在因素的影响。但这种模式无法深入了解不同家庭对于辍学问题的具体运行方式，无法全面窥探到特殊情景下不同影响因素是如何影响到家庭决策的，简单地强调外在因素的影响似乎也无法解释相同背景下的村民却选择不同的教育决策，最后达到不同结果的现象。为什么父母会形成不同的教育行为（辍学或者坚持送孩子升学）等外显行为呢，应该全面地了解作决定背后的故事，分析不同的因素在不同时空下是如何具体影响到家庭决策层面上的，才能真正解决这一问题。

鉴于此，笔者将通过对一个偏远地区村庄的不同家庭自新中国成立以来关于读书与辍学的选择，指出不同时代影响辍学行为的基本因素是不断发生变化的。笔者考察的村庄槐村是湖北 H 县太平乡下的一个贫困村庄，它一直在笔者的身边，即使在我离开湖北之后，它的相关信息也经常在我与村民之间传递，但直到 2008 年，笔者才开始以“他者”的身份审视和反思在这个村庄的村民如何处理其教育的问题。

槐村是一个远离乡镇，以土家族为主要民族的村庄，距离乡约 25 里，村民的收入来源主要依靠种烟以及农作物为主，农闲时村民则采集山上的毛竹叶作为收入的重要组成部分，到目前为止，仍没有通公路。按照村长的话说，“全县 204 个村，我们还是最穷的。县人大来考察的时候，说还没有见过这么穷的地方”。穷可以说构成了该村最基础的特征。但是即使面对同样的贫困和苦难，不同时代、不同的家庭与个人面对教育的行为选择却并不相同。

二、1949—1977 年：大时代背景下不同家庭的相同选择

槐村的教育历史可以追溯到新中国成立前，据村里的知情人介绍：

过去，我们村里只有三个读书的，其他的都差不多是文盲。他们是新中国成立前读的书，都是地主家的。其他的最多读两天私塾。我爹读了半年私塾，自己的名字都写不到。私塾一般是几家一起请。每家好多钱好多粮，各家分。（L-Y-Q-2008-08-11①）

新中国成立后，1953 年村里开始正式办教育，但最初还属于由村里来组织老师教孩子识字，1954 年老师因为生病学校也就停办了。1955 年，国家正式派老师来村庄教学，开始了国家渗入村庄教育的历史。但 1977 年以前，全村没有一个人通过教育的途径改变农村人的身份。在此期间，唯一一个改变“农村人”身份标签的个人是通过参军的方式实现了向上的社会流动，对此村民有着自己的看法：

你就拿我们村里第一个出去的人，他退休了自己的名字都写得不好。也只能说是命好些。我也不是吹，我当时至少也不会比他差啊。（Z-C-L-2008-08-11）

比较而言，其他的村民就没有这样的机遇，他们把这种命运归结于社会和时代的“错误”。其形式主要有两种。一是在一定时代背景下因为超龄，早早离开学校。在这种情况下，经济条件、学业成绩、民族、性别都不是导致学生离开学校的主要原因，政策的变迁成为决定个人是否继续读书的主导因素。这一时期，辍学的概念还没有形成，读书对于村民而言并不是一个必需的选择。

我五年级都没有读毕业。那个时候国家发生大灾难，整个都往农村挤，国家要大搞粮食。那个时候就把我们都压下来了，就都没有读书了。我们又是超龄生，我们班上的学生几乎全部压下

① 字母为被采访者姓名的拼音缩写，数字为采访时间。后同。

来，都超龄了，所以回去搞生产。我爹是非要培养出来一个，总觉得一把辣椒非要有一两个辣的才行。大人还不是下决心要送我们，但那个时候政策不允许。(Q-W-D-2008-07-15)

主要是我们机会不好。老二成绩最好，只读四年级就被压下来了，说超龄就没读了。老大是新中国成立前读了几年，新中国成立后就没有再读。大姐一天书都没有读，也不是重男轻女，主要还是旧社会留下来的传统，那个时候私校都是不招女娃的。(Q-W-D-2008-07-15)

另外一种形式则是在以生产为学习主要内容的前提下，教育质量低下，使得大多数人无法通过教育的途径实现家庭和个人的教育目标。

我读的是五七中学，半工半读。我 5 岁就读书了，高中毕业才 16 岁。读书就是搞劳动。我只读了 9 年，小学 5 年，初中、高中都是两年。我们读书就是搞劳动。(L-Y-G-2008-07-13)

"文化大革命"的时候，课本也没有，大家就读点语录，贫下中农还要来上几节课，PSH 一个字都不认识，老师在上课，他一来就喊老师出来，他来上课。(L-Y-Q-2008-08-11)

60 年代出生的人，求生存是最大的目标，读书其实就是次要的。那时候很少有人说读书改变命运的。我哥哥他们都吃过草，谁也没有办法，家里就这样的条件。(J-Z-Y-2008-08-11)

在这种情况下，时代决定了教育的内容与教育形式，无论个人是选择读书或是离开学校，其结果都是一样的。在 Q 家虽然一直希望能够培养自己的孩子读书，并为之付出了巨大的努力，但他 6 个孩子在这一阶段都以离开学校而告终，虽然这些孩子都成绩优异，是同村人中的佼佼者。其中4个孩子因为超龄离校，两个孩子因为其曾经担任过国民党时期的甲长，在推荐的机制下失去了参军、招工和读书的一切机会。正是在一个特定时代下，家庭和个人的选择性与主观能动性无法超越时代所规定的政策与限制。

三、1977—1989年：零星中专生和大学生的出现与辍学

1977年，知识可以改变命运逐渐成为村民所熟悉的一句话。正是在这一年，村里走出了第一个大学生——QWC，随后两年，Q家族又走出了第二个靠读书走出农村的中专生——QYY，其是QWC的侄女。1986年，村里走出了第三个大学生——LYF，其是QWC的外侄。这也意味着一直到20世纪80年代末，其他与他们同时期读书的人事实上都以辍学告终。QWC在解释自己为什么会上大学时，这样认为：

> 我读书受大人的影响比较大，一个星期大人就把粮食、柴啊都给你送去，家里还要天天赶着去上工，都是利用放工的时候帮我们送到寄学的地方。第二天天没有亮又要赶回去搞生产。在这种情况下，你还是要对得住大人啊。这是最主要的原因。我自己是个个性比较强的人，我读小学三年级的时候还是一个白痴啊，不知道做作业，写字也写得不好。老师就把我留着一直留到天黑，走的时候，他让我给他敬三个礼。为什么呢？第一个，他说没有敬好，第二个说还是不规范，然后敬了第三个才让我走，然后他自己掉头走了。在整个小学阶段，这个老师最伤我自尊心。然后就刺激我要好好读书。（Q-W-C-2008-08-13）

以读书成绩好解释可以上大学的原因，似乎也得到了村里其他人的支持。成绩不好，读书没有意思也成为其他村民早早辍学的主要原

因。1977 年，高考制度的确立与发展，意味着“以成绩为准绳”的选拔标准，成为影响个人教育选择的一个最重要的阀门。但是简单地以读书成绩较好、个性强并不足以很好地解释 QWC 为什么可以上大学。与他成绩一样很好的他的四哥，因为年龄超过 25 岁，失去报考资格，后来虽然也通过招工的方式进入城市，但却始终处于城市的边缘。而与 QYY 相差一岁的 QXY，在羡慕 QYY 可以读中专改变自己的人生的同时，也坚持自己人生中很多的苦难与读书没有读出来密切相关，而自己没有读书的主要原因在于自己的父母没有送孩子读书的意识。

> 我爹娘没有能力没有志向，现在我的孩子只要他们想读，你们读到哪里就送到哪里。我拼命都送，只要他们有地方读。我爹他们，哎！当时就只有我一个人高中毕业，大弟初中没有毕业，二弟初中没有毕业，幺弟初中没有毕业，幺妹小学没有毕业。大弟、二弟、幺弟是读不到就不读了。全家只有我一个人读，而且都是我自己考取的，才读得成。如果我考不取的话，他们肯定也不会再送了。你看，其他叔叔伯伯家，至少也出去一个，就我家没有。那时候我真的好想复读啊。你不知道，QYY 的一个同学复读了四届，第五届才考取。他是有恒心，但别人家里也肯送啊。我爹对我们读书没有什么意识。他老的时候说，别人屋里都出了一个，自己屋里一个都没得，我说那还不是你自己不送。（Q-X-Y-2008-07-28）

与之相对应的，QYY 在解释自己可以读中专的原因时，除了说明因为自己从小身体不好，根本不可能干农活，所以下决心读书考出去以外，也特别强调自己的母亲是一个开明的人，对孩子的教育十分关心，希望自己的孩子能够走出去，“家里攒的鸡蛋也会经常自己舍不得吃，带给老师，希望可以多关心我的学习”。（Q-Y-Y-2009-2-18）而 QYY 的母亲在其考上中专的第二年去世，随后他的四个弟弟、三个妹妹除了大弟弟通过民办教师的途径转成公办教师外，其余全部都小学没毕业。

当然更多的人在解释孩子辍学的原因时归因于经济条件差：

> 大女儿小学毕业。她要带小的还要做家务事，所以就没有读了。老二也是小学毕业，家庭条件不好所以就没有读了。老三初中毕业就没有读了，没有考取。我们那个时候连盐都吃不起，还送孩子读书，把她们养成人了，有口饭吃就可以了，还能怎么样啊。我对读书还是很……常说万般皆下品，唯有读书高。但是读不起啊。确实读不起。（H-S-J-2008-08-13）

经济条件差的确是80年代村庄的一个基本现实，但值得反思的是，在集体贫困的背景下，事实上同样贫困的家庭对孩子读书还是辍学作出了完全不同的选择。无疑经济原因并不构成决定一个学生是选择读书还是选择辍学的必然因素，而家庭的教育观念，特别是教育价值观对教育行为选择有着重要的意义。这反映出家庭和个人在时代发展的过程中，其选择性和能动性有所增强。家庭和个人的教育愿望和理想可以通过家庭和个人的努力得到实现。当然关注孩子的教育，希望孩子能够通过教育改变其身份的愿望虽然能够支持学生接受教育的年限与质量，但并不必然带来满意的结果，村里的L家和Z家都曾支持自己的女儿复读4—5届的高三，但最终却以失败告终，反映了社会选择机制的“筛选”功能在决定家庭和个人的教育选择行为中的重要作用，而政策的不稳定性也成为这一时期造成辍学的特殊性原因。

> 我只读到小学五年级。我考初中的时候，我的年龄被我的老师，也是我舅舅弄错了，结果就说我超龄了，不能读初中。我们那一批就是四个。那个时候规定，年龄超过15岁就不能读初中了。后头等把这些事情弄好了，别人都已经读了半年了，我就没

有去了。那个时候主要由教育站决定，那年学生多，超龄就成问题了，学生少就没有问题。(Q-Z-S-2008-08-13)

四、1990—1999年：中专生、大学生最多的时期与辍学

这一时期是槐村人依靠读书走出农村最多的一个时期。据统计，全村近50年依靠读书而走出乡村的一共有15人，而这一时期就有9人，占总数的一半以上。同时需要关注的是，一是其中6人读的是中专，只有3人读大学，两名女性读了大学；二是同前一时期一样，读书成功者都是Q家人或与Q家有亲戚关系的人。Q家也成为村里比较有影响力的家族。不同的是，这一时期，Q家人占了5人，其中两个女大学生都是Q家人。对此，村中一直流传“Q家有读书的根盘”、“Q家的祖坟埋得好，特别是偏女方”的说法。事实上，Q家人读书的根盘源于一方面延续了长期以来保持的教育传统，对子女的教育倾注了大量的心血，这5个人读书都离开了乡镇的教育系统，通过借读的方式，用高额的学费享受了县城的优质教育。

其实我们Q家还是比较开明。希望子女读书。太爷爷就是读书人，太爷爷搬了无数次家才搬到上面（指槐村）去的。搬了之后，就送了大爷爷读书，两个小的，就都没有读书。那是社会不好，太穷了。所以爷爷就希望送孩子读书，结果只有一个送出来了。所以父辈又都送子女读书。(Q-Y-Y-2009-02-18)

而Q家和T家为了子女读书也成为村里的传奇，不仅得到了全村的同情与支持，而且其送学生读书与“非法”挣钱结合在一起的时候也得到体制的相应谅解。

放暑假回来，第二天姐姐就开始弄饭、洗衣，我们包括她弟弟都上坡除草、卖木材。放暑假，我们三个没有哪一次肩膀不掉

> 皮的。卖木材一天三回。我们大人扛三根，他扛一根。那个时候一根檩子树只卖七八块钱。还要偷着搞，不能被森林保卫科的看见。我们还好，那个时候林站的都不怎么管我们，他们周边的人都说，天，他们两口子你们就管不得啊，他们两个小孩读书，你们林站的不要抓他们。好多人也帮着讲也就没有抓。（Q-W-D-2008-07-15）

> 供他们读书辛苦啊。反正要让他们读啊，反正就是日夜做啊。每天睡几个小时，日夜盯在场子上。送点饭吃了，就日夜做，有事情就做，没有事情就打个盹。（T-X-L-2008-08-25）

> 我们把屋卖了送他们读书。如果不是卖屋、贷款，他们也是读不成的。还欠了一万多块钱的账。村里好多人都是我的账主子。几十块钱我都借了的。整个村里，我借了几十个，30的、50的都有。有次放暑假，我去杨家沟去借钱，杨家把一角一角的钱都搜出来借给我了。结果一共借了60多块钱。刘家自己有个小孩考上了中专，他还是给我借了100块钱。他说我只一个，还是比你轻松些，我还是借给你。（Q-W-D-2008-07-15）

正是以这样一些村民的行为为榜样，送子女读书成为村里人试图改变自身身份、追求更好生活方式的一种最重要选择。刘家、李家、钟家以及田家都先后培养出了四个中专生。

> 我们村就是看到我们下决心培养，其他人才跟着送的。考取的时候，我们去整酒接客，好多人都羡慕我们，说你们家出去那么多。我们一个都没有送好，你们往外面送几个。我们虽然很穷，但送读书送到后面，我们还是心情舒畅，跳出了这个地方。我们都已经成经典了，太平乡里都在传，说我们这里为送孩子读书把屋都卖了是第一例。（Q-W-D-2008-07-15）

另一方面，从 Q 家走出第一个大学生开始，族内人之间的相互帮助和竞争也促进了各个独立的家庭对子女受教育的进程和方式。家族是中国传统文化的堡垒，以血缘和亲情为基础的家族之间的关系往往能够超脱金钱和利益的约束，成就家族内亲朋之间的互助行为。QWD 的两个孩子在村里读完小学一年级和三年级之后，将孩子寄学到 QWC 家，随后 Q 家的另一个亲戚也将孩子转学到城里，希望 QWC 可以多加照顾和管理。而 Q 家的老四在身份逐渐放松管制的情况下，利用招工的方式来到了县城，其儿子在初二时留级并最终考上了中专。而这一行动事实上就是在 QWC 的帮助和劝说下完成的。联系到前一时期的 LYF 在是否复读的问题上，QWC 专门回来劝说并联系学校等行为，可以说 Q 家人内部之间的相互帮助，特别是对教育行为的支持不仅加强了 Q 家延续通过教育离开农村的模式，促进了家人之间的身份认同，也为村里的读书人提供了可供选择的模板与榜样。当然家族内不仅充满了相互之间的帮助，事实上各个家庭之间微妙的竞争也是促进子女教育的润滑剂。比较每个在学孩子的学业成绩、讲述 Q 家光荣的读书史成为了每个家庭传统的保留项目，按照子女读书的地位来确立家庭在族内的地位与面子使父母更加关注子女的教育，而这种思想也逐渐成为全村送子女读书的一个主要动力，最具表现力的一句话就是“别人家都送出去了的，我们也要送出去一个啊，肯定大家都是那么想的。一把辣椒总还是要有个把辣的才行啊”。（H-C-L-2008-7-27）当然，Q 家事实上并不是一个真正意义上的家族，在整个槐村也并不存在严格意义上的宗族，而只是血缘最亲的家庭松散地形成了所谓的“Q 家人”或者“L 家人”。

而这一时期，村民纷纷选择中专作为教育的目标则是耐人寻味的。1990 年到 1995 年考学的所有学生都不约而同地选择了中专。中专曾是许多农村学生的首选，而村民也不惜通过自费的方式去争取中专的名额，其价值在于它能够用较短的时间获得稳定的收益，保证村民直接“农转非”。随后，中专不包分配，价值衰落，由此村里也出现了中途退学的情况，而在 2000 年，村里还出现了考上大专不去读的情况，尽管Q家人都反复给她做工作，但她最终却放弃了。由于她父母为她哥哥读书花费了不少的金钱和精力，包括送他去县城读书，然后又反复转学，最后通过职业高中的照顾名额进入大学学习，而她却失学在家，被村里人普遍认为是其父母重男轻女的典型户，但在调查中我们却发现这样的失学与其说是性别失学，不如说是功利教育价值观导致的失学。

> 小儿子是农校毕业，正规分到农机站。大儿子也复读了几年，后来买了一个中专来读，小儿子先读包分配，后来中专不包分配了大儿子才读了一年也就不读了。(Z-W-G-2008-07-13)

> 如果我考取的是本科就读了。我专科刚上线还要自己读本科。我就不想读了。我妈让我去复读，我不读。算了，我怕搞不好。三爷爷他们为了孩子读书把屋都卖了，那个时候包分配啊。现在连本科都不包分配了，我也就懒心了，不读了。(Q-H-L-2009-02-15)

正是这种功利性的教育价值观构成了这一时期辍学的主要理由，其直接表现形式为以成绩为指标，无视性别。虽然从读书的年限和读出来的总数按性别分类来看，村里的女性获得的机会要少很多。但在这一时期，性别的确不是决定家庭做出教育决策行为的第一要素，而是学业成绩。女孩子因为比家庭中的男孩子成绩更好，所以获得了更好的教育机会；同样，男孩子也可能因为比家庭中的女孩子成绩更好，获得更好的教育机会。

> 说老实话，我还是想让男孩子读大专。女孩子读了中专可以了，主要是女孩子好安家些。男孩子没有文凭不好安家。但一直以来他姐姐更听话，成绩更好，所以后来还是让姐姐读了大学，而弟弟读了中专。(X-F-G-2009-01-07)

虽然性别也可能是导致女性辍学的原因，但在调查中，我们发现了唯一一个宣称坚持不送女儿读书的例子——

姑娘读书成绩就好啊。我送不起，她要读，我不许去。我就说，你自已看，你考取了我都不送，你是人家的人。她当时听了就晕死了。儿子读不到书，初中没有毕业也就没有读了，也差不多了。(Q-Z-H-2008-08-11)

但这类事情是越来越少见了，按村里人的说法：“他哪里是不送女儿读书啊，他是哪一个都不送，男娃女娃都不送。”由此可见，这类辍学与其说是性别导致辍学，不如说是因为教育价值观而辍学。

五、1999 年后：打工时代的来临与辍学

20 世纪 90 年代后期，虽然“经济条件不好”、“没有钱读”仍然被许多家庭作为辍学的主要原因，但经济对辍学的影响明显降低，一方面是因为整体经济发展水平的提高，农业税的减免，村民经济收入来源明显扩大，无论是出门打工，或者在家种烟、采山货，他们获得收入的来源和数量都明显增加，另一方面则是国家实行减免学费的政策，使得不少村民都可以读书。在这样的情况下，村民关于读书的观念日益分化。一方面村民愿意为孩子读书投资的热情增加，另一方面也出现了成绩好，但仍有学生辍学去打工的现象。由于村里的小学拆除，很多家庭都选择了一个大人去乡镇陪伴孩子读书的做法，事实上是增加了对孩子的教育投入：

小孩在太平读书，妈妈在下面陪读，帮她弄点饭。早上送晚上接，中午 12 点就放学了，下午就没有读书。硬是要绑着一个人，什么事情也做不了。现在我就想她读书读出去。读出去了，她一辈子也好过日子。(L-H-2008-08-11)

另一个重要的表现则是给孩子买学校读书的情况急剧增加，如果在1999年以前，村民给孩子买学校的现象还是凤毛麟角，而且主要集中在可以包分配的中专和大专类型，那么这一时期村民买学校的类型和投资都大大增加，据初步统计这一时期给孩子买学校读书的情况不下15例。在学校类型方面，不仅包括中专、职业技术学校，还包括“三本”大学；在投入方面，从最初一万元就是极限到现在一个普通的职业技术学院至少花费两万元，而投入“三本”大学的花费则远远超过五万元。

女儿毕业了去荆州职业学校读的幼师。她不是考取的，等于是买的学校。刚开始5 000多块钱。报名费3 000多，后来一年一万，包括生活费。她读了两年，花了两万多块钱。不送她也没有办法。她回来搞不好生产。(H-S-J-2008-07-11)

这个三类读了学不到什么，以后又没有安排工作。还要读四年。出来要花七八万。但我们还是送他读。他们三个我们都是买的学校。(L-Y-G-2009-01-28)

但是经济上的好转，并没有带来村里辍学现象的减少。这一时期，村里读大学的学生只有3人，而且进入高中学习的学生大量减少。很多学生在未完成初中学业的情况下辍学。据在乡里初中的老师介绍：

现在学校里一个年级就有70多人辍学，各个年级都不少，光初三就要少六七十人。大家虽然都是希望自己的小孩能读出去，但很多情况会发生。比如被欺负、东西被偷、有时候饭也吃不上、有时候外面的人一邀（学校外面的人来找学生出去玩），七搞八搞希望就破灭了。家长也就觉得自己的孩子不可能读高中了，因此即使知道在外面去打工会受气，反正考学也没有指望。特别是在我们这种学校，能考取的太少了。一两百人只能考取一二十个人。所以有10%到20%的学生，最多有30%—40%的学生还竞争一下，好好学。剩下的60%—70%的学生，到了初三就不要笔、不要纸、不要书。什么都不要了，就来玩。（Q-H-F-2008-08-13）

这一时期，辍学的原因，首先来源于打工精英对家庭教育观念的冲击。自20世纪90年代末期，由于沿海地区的“民工荒”，使得村民出门打工的现象急剧增加。出门打工对于很多村民而言，不仅意味着离开农村，离开又苦、又累的农村生活状态和生活方式，而且意味着享受城市生活的氛围和现代生活方式。在总结过去村庄读书比较有成效的原因时，唯有读书这一条路可以帮助村民实现身份的转变，成为最重要的理由。

这里的人比较诚实，大家没有什么世面，没有接触其他东西，他们就没有其他的路可以走，只有读书。（L-Y-Q-2008-08-11）

那个时候觉得除了读书也找不到其他的路啊。你不好好读书，回来就只有挖石头，苦死、累死。当初的要求就是离开农村，这是唯一的要求。那个时候觉得那些人能考出来，真好。有工作、有工资、有钱。但是现在读书不一定是唯一的。（Q-Z-H-2009-02-17）

20世纪90年代后期，由于外出打工也是“离开农村”的另一个选择，读书的诱惑事实上逐渐褪色，而读书还意味着一条更加艰苦、更加枯燥、更具有风险的选择，因此90年代末期以来，考上大学的学生也在逐渐减少。过去，村民最羡慕的人是大学生，对培养出大学生的家庭怀有羡慕、嫉妒、尊敬等复杂的情感，但现在除了大学生以外，另外一类人——打工精英也成为村民羡慕与尊敬的对象，这类人往往是辍学者——符合村民的一般身份特征，能言善道，挣钱不少——符合村民的希望，同村里的文化精英那种戴眼镜、不爱说话、内向以及疏离的形象相比，打工精英更能赢得村民的好感，而打工精英往往比文化精英挣得还多的事实也打击了家庭投资子女教育的积极性，打工精英所宣扬的“文凭无所谓，关键是要有能力”、“文凭就是装点门面”的观点也在村里流行起来。

> 人要读书，只是读书多和少的问题。现在一个文盲走出去，绝对没有活路。多少要识字。我出去发现很多人书都没有读，当老板的多得很。(Q-J-H-2008-08-13)

> 书要读，但是读到什么程度无所谓，读到一般化就行了。读到读不到无所谓，人不傻，有精干子（有能力）就行的，搞生意，搞大生意，怕好了！你考大学，可能还要开点后门才能给你搞点事情来做。送孩子读书主要还是想孩子们轻松点，找个事情做啊。大学生现在多得很，还要自己找工作。你只要不上当，做点生意，也不会差。(W-Z-P-2008-07-11)

> 出门找工作讲的是本事，不是文凭。真正做事情的时候，不是讲学问。(Q-Q-2008-08-11)

其次，则是大学神圣形象的破产。如果说打工精英的形象覆灭了传统大学神圣的基本观念，那么大学自身在 1999 年以后的改变，则加速了这一蜕变。大学神圣的观念源于大学文凭的象征价值，它不仅是身份改变的象征，也是实现从文化资本向社会资本和经济资本转化的起点。过去的观念是大学—大学文凭—城市人、稳定的工作—稳定的收入，但随着大学就业制度的改革，这一观念已经发生了很大的改变，过去的铁饭碗早已打破，代之以就业市场的能力原则，即能力—好的工作和收入，文凭的价值大大降低。经济危机期间，正值村里一位一向被看好的大学生找工作，前景的黯淡与招聘市场的冷清让他颇有些惭愧，最后他只能抛弃过去想留在大城市的想法，前去新疆的一个油田工作，虽然他的母亲反复强调说：

> 打工必然不长久。打工的年龄过了就没有机会了，始终离不开农村。(X-F-Y-2009-01-28)

过去大学在村民中的地位已不复存在。而“三类”大学的出现，以其高收费、低质量、低价值（就业市场）的特征，使神圣大学的形象面目全非，也降低了大学在劳动力市场的竞争能力。凯莉(Kelly，2001）的研究表明，通过增加大学入学机会而降低教育成本的政策，将增加高中辍学率。由于就业市场雇主选择工人时，往往根据工人所要求的工资水平和教育程度所能带来的最大利益为标准，而工人也会比较教育成本与工资之间的关系并选择能带来最大价值的教育水平与程度，因此教育机会的扩大使得文凭的价值降低，从而增加了辍学的可能性。这一结论与槐村的教育辍学现象是一致的。

> 三类不考虑，考起了也不送。二类以后考公务员还有点资格，三类读着有什么作用啊。(Q-H-F-2008-08-13)

> 三本读着也没有多大意思。我说，读书要么就好好搞，找个正式的工作；搞不好的，差不多就行了。我有个同学，没有读大学，做销售一样一个月一万多。(Q-J-H-2008-08-13)

过去投资教育的收益是稳定而可见的，因此没有特别情况，学生辍学的主要理由是因为成绩不好，或者是条件差，成绩也不好，但现在投资子女的教育其收益是不确定、风险很大的行为选择，在这种情况下，学生对读书的排斥也溢于言表，村民的辍学现象不仅没有减少，反而出现了成绩不错也辍学的情况。

读书也苦。唉，难得读。(H-H-K-2008-08-20)

现在努力读书的人不多，不读的人没有。现在社会环境好了，生活过得太舒服了，对读书也没有兴趣，没有什么理想了，觉得过得舒服就行。(L-Y-Q-2008-08-11)

现在一般读完初中就不读了。现在生活水平好些了，不觉得读了书能更好一些。出去打工也能赚钱，觉得还潇洒些、舒服些。比你读书的人拿钱拿的不会少。(P-Q-L-2009-01-28)

六、时代与个人的互动：辍学因素的重新考量与分析

一般而言，辍学是指学生没有完成规定学业所发生的中途退学行为。从以上的材料显示，辍学是一个与读书相对应的概念，其内涵与外延会随着时代与社会的发展而变化。而影响辍学的因素也随着时代与社会发展，其地位与影响力也发生了重要的改变。

(一) 不同影响因素的地位变化

“经济因素”：家庭贫困是各个时期被访者最经常提及的主要原因之一。而相关的研究也证明辍学者往往来源于低收入家庭。但是在各个时期，经济贫困对辍学的影响程度并不相同，在极端贫困的条件下，经济因素对于辍学的影响是决定性的，随着社会的发展，经济因素对于辍学的影响力在逐步下降。蒋中一、冯赫（2002）的调查显示，学生因付不起学费辍学的比例大约为32.8%，排在孩子不愿意上学（48%）之后。而丁毅（2007）的研究也表明东部农村地区，收入约束并不能成为这些地区农户子女辍学行为的绝对解释，非经济层面的因素正从某种意义上对这一行为产生更大的影响。而且，即使

在相同的经济条件下，学生所接受的教育年限可能也是不一样的，即使在经济最贫困的20世纪六七十年代也是如此。

“性别因素”：有研究者将导致女性辍学最主要的原因归于贫穷，并认为当一个贫困家庭考虑一个女孩能帮助做清洁、做饭、收集柴火、打水、照顾年幼的孩子，考虑到一个女孩即使受了教育也很少有机会获得一份有报酬的工作时，女孩就更容易辍学。即使女孩有机会上学，家务的负担往往也会取代教育学习的过程。有关莫桑比克初等教育的研究表明，导致学习成绩差最重要的一个因素就是孩子在学习之外劳动所占用的时间与强度（Patricia Lone，2002）。但在贫穷的家庭，无论男孩子还是女孩子都是需要做事情的，只是他们做的事情性质不一样。女孩更倾向于家务，如做饭、洗衣、照顾年幼的小孩，而男孩则更倾向于干一些体力活，如背柴、种田，在我所调查的家庭里，几乎所有的男生或者女生都需要在农忙时、放假时尽自己的所能来帮助家庭。简单地将女性辍学归因于女性更适合做家务，忽略了男性也承担一定家庭责任的事实。通常的情况下，如果家里有多个小孩读书，最有机会读书的人往往是最小的孩子，而不一定是男孩子。洛克申（Lokshin，2000）在对俄罗斯母亲劳动参与率的研究中发现，家中有年长女童照料孩子会显著提高母亲的就业参与，但会影响年长女童的入学率。同样，男孩是父亲劳动的有效替代者，父亲劳动较忙，对于男孩教育也会有影响。

很多研究将女性辍学归因于传统——逻辑上，人们认为儿子将成为未来家庭的主要支柱以及父母的主要赡养者，因此他们必须接受教育。而相比较而言，尽管女性的工作，时间可能更长、强度可能更大，但并不能直接带来货币收入。而且，一般的传统文化认为，婚姻往往使女孩成为其丈夫家庭的一部分，因此，对于女孩接受教育的动力也就小得多（Patricia，1996）。但传统观念的影响在中国也有逐渐下降的趋势。根据对山东、四川、内蒙古以及陕西农村家庭的调查显示，约有91.3%的农民认为男女受教育应该一样多，只有8%的农民认为男孩应该接受更多的教育。由此可见，农民的教育性别观念已经逐渐淡化，这也与本研究的结论基本一致（徐林，2009）。

更多的研究表明了女性生活中的特殊事件往往是导致女性辍学的主要原因。一份来自埃及的研究报告表明，当学校与住家的距离超过3公里以上的时候，女性的入学率将只有30%，如果学校与住家的距离在1公里之内的话，则女性入学率可以达到70%（Patricia，1996）。在调查中，我们也发现了这类生活特殊事件对女性辍学的影响，但这种案例是非常特殊而少见的。事实上，随着家庭结构的变化，男孩与女孩的差别已经不再重要，传统重男轻女的思想遭到了很大的冲击，由于大多数家庭一般只选择生一个小孩，或者两个小孩，性别因素已经不是导致女性辍学的主要因素了。

“民族或种族因素”：如前所述，莫根（Morgan，1984）就性别、种族和区域特征对学生辍学的影响进行了大量研究，其结论认为种族的影响远大于性别对学生的影响。在对劳动力市场观察研究也发现，拉美裔与非洲裔相比，即使面对相同的劳动力市场条件，也会表现出不同的行为方式。但也有研究者发现在控制其他因素之后（尤其是社会经济地位），因为种族原因而辍学的居然为零（Rumberger，1983）。但我们必须认识到，由于中国乡村以及民族的差异性，在本研究中，村民虽然是单一的少数民族，但其民族特色、性别观念并不十分突出，而且在少数民族聚居地，少数民族的观念事实上也非常淡薄。因此民族与性别的影响十分微弱，比较而言，其他民族的性别观念或者民族观念会对教育投资行为产生很大的影响。但民族因素往往需要通过与其他因素一起对辍学产生影响，随着社会的发展和进步我们相信，民族与性别的影响逐渐减弱必然成为一个事实。

“教育筛选制度”：由于高考制度确立了按照成绩的选拔标准，学业成绩也成为辍学者最常提及的重要因素之一。学业成绩好坏往往是判断一个学生是否会辍学的一个指针。教育筛选制度不仅是功利教育价值观形成的重要原因，也是学生辍学的强制性外在因素。教育筛选制度作为一种社会存在，其选拔标准代表国家、社会和时代的意志，直接对学生是否辍学施加强制性的、直接的影响。可以说，教育筛选制度的存在是当前中国农村地区辍学的重要原因。此外，还包括教育政策因素、家庭结构与特征、劳动力市场、学校因素等。

（二）教育价值观的影响

重视对辍学因素的罗列与分析，很可能发现影响辍学的因素越来越复杂。在辍学因素不断分解与细化的过程中，我们仍无法确定地解释学生辍学的因果联系。一般性的常识认为，学生因为成绩不好所以辍学，因为家庭贫困所以辍学，这也是我们在调研中最经常听到的解释，但这很难解释为什么在村民的贫富差异并不很大的情况下，有的家庭选择义无反顾地读书，有的家庭则选择辍学，也无法解释有的家庭在孩子没有考上高中的时候仍然愿意交钱让孩子读书。人力资本理论认为当读书的回报和收益小于付出的成本时，学生就会辍学，但这样的观点无法解释为什么还是有很多学生仍然愿意去读“找工作很困难的三类大学”；理性选择理论认为由于求学意味着需要冒更大的风险，因此选择辍学在家务农是一个更为理性的选择，但在有些家庭花了很多钱送孩子读书失败（孩子仍没有考上大学）后，仍有家庭选择这样的道路。在这些特殊的案例背后，我们有必要探讨教育价值观对辍学的影响。

教育价值观是人在教育活动中对所追求的价值理念和目标的反映，是人从特定的背景、立场和发展需要出发对教育活动的价值和功能的看法与认识，也是对人自身发展需要的检视（刘旭东，2007）。一个人对于教育不同的价值评价会产生不同的教育行为（赵玉芳，毕重增，2004）。在槐村各个教育历史时期，我们都可以看到不同的教育价值观对于村民教育决策的影响，它可以超越不良经济条件、性别以及其他因素的制约，表现出家庭与个人对于教育投资的能动性，也可能在各种影响因素逐渐改善的情况下，坚持辍学行为的选择。在笔者看来，教育价值观是以教育期望为基础的对影响教育因素的判断、权衡与博弈，并对教育投资行为产生影响的看法与认识。如果说，在政治因素的影响下，个人的能动性在一定特殊时期往往是无力或者有限的，那么在政治因素逐渐减弱的前提下，一个家庭的教育价值观往往是反映个人主观能动性的一个重要指标，它能够超越性别因素、不良经济的影响成为家庭支持孩子读书的基本动力，并直接表现为对坚持读书行为的坚定性、持久性。

教育价值观具有个别性、多样性与统一性的特征。在社会生活和教育实践过程中，个体的经济政治地位、教育文化的传统与熏陶、特殊的文化背景与人格特征等都对教育价值观具有重要的影响。这就使不同时期、不同地区、不同家庭的教育价值观呈现出整体上的复杂性与多样性，这也意味着虽然从统计学意义上，我们可以归纳出影响辍学的一般性因素，但具体到家庭与个人的教育行为选择却是特殊的、个别的，具体的、主观的。虽然教育价值观是一定时代不同客观因素的反映，但在对各种因素取舍、权衡与博弈的过程中，家庭与个人的主观性明显。因此，在同样贫困，同属于一个时期、民族、性别、地区、村庄、学校的不同家庭最后做出的教育选择行为也可能是不一样的。这样的选择偏好反映了各因素作用于不同家庭的特殊性与整体性。这也是为什么各个时期，村民都坚持家庭经济不好是导致辍学的重要因素，却无法解释同样条件下其他家庭却可以坚持送孩子读大学的原因，因此只能将之归因于命运、根盘或者“祖坟埋得好”这些无法证明的因素。事实上，在教育价值观的形成过程中，经济因素与性别因素、学业成绩因素、时代因素等已经整合成一种判断，形成了辍学还是上学的基本决策，因此，我们在分析时无法区分究竟是哪一个因素在决策过程中起着更加决定性的影响，只是经济因素往往是更直观、更常识性的原因，所以被村民更加频繁地提及。

同时，人又总是生活于一定社会条件和一定的社会群体之中，不同社会主体的相互交往、相同的社会经济政治地位、相同社会群体中人们共同的社会生活和教育实践的经历、共同的教育文化背景，使人们的教育价值观在一定时期和一定的群体中又具有共同性和一致性。就农村教育价值观的形成而言，村民之间的相互影响有着重要的意义。在信息不对称的情况下，村民之间，特别是村民与外出者之间的交流，往往反映出国家宏观政策、劳动力市场的变化与趋势，从而对村民的教育决策提供了重要的信息途径，这也正是国外关于辍学研究中所强调的邻居效应的问题。与宏观的经济背景或政策研究不同，也与个人、家庭的特征及背景研究不同，邻居效应关注的是在一个中观的环境里考察社区或居住区对辍学的影响，其目标在于揭示已经发生的社会现象与个人的动机、选择、行为与社会地位以及具有相似特征的居民区之间的因果关系。近年来的研究表明，邻居的条件的确会影响教育的获得，即使在控制了家庭背景、地区、城市大小以及当地经济条件的情况下，这些影响仍肯定存在。邻居质量（主要指财富和社会经济地位）越高，学生从高中辍学的可能性越小，同时他们完成大学学业的可能性也更大。

槐村村民接受教育从而达到改变农村人的身份状态和生活方式曾经成为一种主流的社会流动渠道，过去大家所熟知的招工、参军等途径，其所产生的社会流动意义，已经逐渐被遗忘和淘汰，一方面，参军和招工的人在社会发展中，由于学历偏低，在经历了企业职工下岗的过程后，其中的很多人大都进入下岗的行列，他们虽然在城市生活，却生活得更像城市里的农民，成为被城市所抛弃的群体，只能靠一点微薄的工资来维持生计；相比较而言，那些靠读书走向城市的人却真正成为了城市的一分子，他们因为自己所拥有的专业知识和技术拥有了正式的身份，他们大都从事医生、公务员和教师的职业，虽然都是“饿不死、富不了”的职业，但也是真正靠自己的能力吃饭的职业。这样的对比为后来的读书人提供了更加充分的理由选择读书的途径来改变自己的身份和命运，在这种情况下，大学文凭作为一种象征资本更容易转化成经济资本和社会资本，村民对教育的投资热情也得到了不断的加强。但进入21世纪以后，村民对于“城市人”的身份的兴趣逐渐降低，而代之以对金钱的直接追求，相应地，文凭作为取得城市人身份的有效路径，其地位与价值也大大降低，村民对教育的投资热情也随之降低，而打工则成为许多家庭和个人在放弃教育投资之后的第一选择。

在打工时代来临时，村民对教育的价值观遭遇着来自不同信息的冲击与重构，一方面，打工为年轻的辍学者们找到了一条离开农村苦生活的道路，这既不像以前只有天赋聪明的读书者通过家庭沉重的付出才能离开农村，也不像20世纪60年代的招兵、招工，需要一定的社会关系和能力才能离开农村。从某种程度而言，出门打工区别于过去的“文化精英路线”成为了大多数人能够离开农村自主选择的“民众路线”。在这种情况下，对村民的教育观念带来了很大的挑战，一时间主动辍学、对学业缺乏动力成为主要的选择。但随着打工者的返乡，对打工的反思与重新认识也逐渐在村民之间相互流传，“打工挣不到钱”、“给别人打工很下贱”、“出门尽被骗”、“出门还是要识字才行，不然坐车都要坐错”这类评价成为了基本的共识。2006年村里有5个人因在煤窑打工死亡，最年轻的18岁，最大的只有41岁。对此，村民的基本评价就是，“没有文化的人想赚钱就只能是去挖煤，结果连命都没了”。在这种情况下，村民对于读书的看法分化成两类。一类认为，读书还是要读的，但是如果不能读到一类、二类大学，那还不如去打工。但没有知识打工也面临困境，因此强调至少也要初中毕业，以后随着时代的发展还需要进一步提高文化水平。另一类认为，多读点书，多识点字总还是要好些，所以希望尽可能地让孩子多读点书。毫无疑问，这种观念上的转变事实上有利于提高村民的整体文化素质。在经历了辍学打工的阵痛之后，过去小学或初中还未毕业就辍学的教育观念逐渐转变成至少要读到初中毕业的观念和认识。而这正是过去仅仅靠《义务教育法》的法律效力无法达到的。

另一方面，村民对于“买学校”的宽容度越来越高。在过去，村民对于“买学校”深以为耻，“买学校绝对不干”几乎成为一个普遍的行为规则。但随后无论是出于父母“自己没有读好书，希望孩子多读点书”的补偿心理，还是出于“别人都在读，我们的小孩也要读”的比较心理，买学校读书的行为开始占有一定的比例。在乡村生活里，虽然人与人之间越来越倾向于用金钱和利益作为人际关系的重要方面，计算和理性预期的回报成为人际交往的动机，但在祝贺考学成功者的酒席上，大家对其家庭的资助事实上却更多地带有帮助和鼓励的成分，尽管自己家里已经没有人会因为读书、考大学摆酒席，但大家仍会“凑钱，帮小孩读书”，即使在对方没有邀请的情况下，有人也会主动去参加酒席。不过，这样的行为也逐渐形成了相应的规则，即仅限于正式考取的家庭，对于现在所谓的“买”的学校，一般家庭都不整酒，即使考上了三类大学，也不会整酒，“觉得没有必要整酒，又不是正规的”，在村民看来，读这类大学还不如直接去打工。但在几年之后，虽然仍有部分村民坚持“坚决不送”的态度，但也有部分村民面对是否会送小孩读三类大学的问题，出现了松动，“到时候再看吧。现在还是要鼓励他说不送，但以后的事情说不清楚”；“如果他想读，还是会考虑。多学点东西总还是要好些”。

从以上的分析，笔者认为，农村已经出现了两种完全不同的教育价值观，一是功利型的教育价值观，一是学习型的教育价值观。前者家庭投资子女教育的目的是为了子女能够改变“农村人”的身份，离开农村，成为真正的城市人，因此重视家庭教育投资与收益的矛盾，当收益稳定的情况下，会刺激家庭教育投资行为，并超越经济条件的限制；当收益不稳定或风险较大时，家庭教育投资也会相应减少，其表现形式是按照学业成绩的优异与否，决定教育投资的行为，而忽略性别、家庭经济条件以及其他相关因素，这种教育价值观曾经支持农村教育取得了很大的成绩，槐村出现第一批大学生以及20世纪90年代初期大学生激增的现象正是这一教育价值观扮演了重要角色。但进入高等教育大众化时代以后，农村教育的发展水平有了一定程度的改善，大学数量的增加以及就业市场的变化等原因，使学习型的教育价值观逐渐形成，并在村民中形成了对于子女教育问题不同的看法。这种教育价值观更关注文化教育对于提升个人文化素质与学习能力的提高，强调教育的目的是为了更好地生活，而不是改变农村人的身份，在他们看来，即使在农村生活也是需要相当的文化知识与水平的，因此“多学点知识总比不学、少学更好”。虽然这类教育价值观也希望子女能够通过教育获得更多的机会，不排斥教育的功利性价值，但他们往往能够超越学业成绩与收益风险的限制，不排除买学校读书的可能性，更加关注经济投入与教育质量之间的矛盾。目前农村家庭对于读三类大学以及其他职业技术学院的态度证明了这一教育价值观的存在及其合理性，它为提高农村的整体文化素质有着积极的促进作用。

虽然，这种类型的教育价值观目前还处于式微的状态，但相信随着农村社会条件的进一步改善，这类教育价值观会给农村教育投资行为带来更加深刻的变化。下表就是笔者就两种不同的教育价值观的机制、条件与特点所作的一个简单的总结。

乡村生活中两种教育价值观的比较

	功利型教育价值观	学习型教育价值观
对教育的基本看法	重视教育的功利性目标，强调教育对于社会流动的意义。	重视教育的教育性目标，强调多学知识的意义。
基本条件	在收益稳定的情况下会刺激教育投资行为。	在经济发展到一定程度时会增加教育投资行为。
关注的焦点问题	关注经济投入与收益的矛盾，在乎学生的学业成绩。	关注经济投入与教育质量之间的矛盾，在乎学生是否多学了知识、增长了能力。
对“买学校”的态度	反对	不介意
对三类大学的态度	读这类大学没有意义，坚持不送。	只要孩子愿意读书，我们就愿意送。

（三）农村家庭教育选择行为模型的建构

造成青少年辍学的原因是多元和复杂的，国外研究者根据辍学生的背景特征、学校特质、受教育环境、外部因素、学校表现和留校意愿等因素分别加以探讨，建构出不同的辍学模式，主要有 Tinio 的“中途辍学概念模式”、Miner 的“中途辍学修正模式”、Ekstrom 等的“中途辍学路径模式”和 Barr Rort 的“一般系统理论辍学模式”①。根据笔者对槐村的调查与理论分析，笔者认为在农村家庭的教育决策中，宏观的经济、政治与社会政策背景通过邻居效应以及信息交流等渠道逐渐内化为具体的家庭经济因素、性别民族因素等其他影响因素，从而使得农村家庭在一个相对比较封闭、狭小的社会空间内做出是否继续教育投资行为的选择，其核心问题是读书与辍学的矛盾和选择，其直接影响因素是家庭或个人的教育价值观与社会筛选制度，其中教育价值观的形成则是时代与社会发展中的各类因素的综合、认识与权衡。

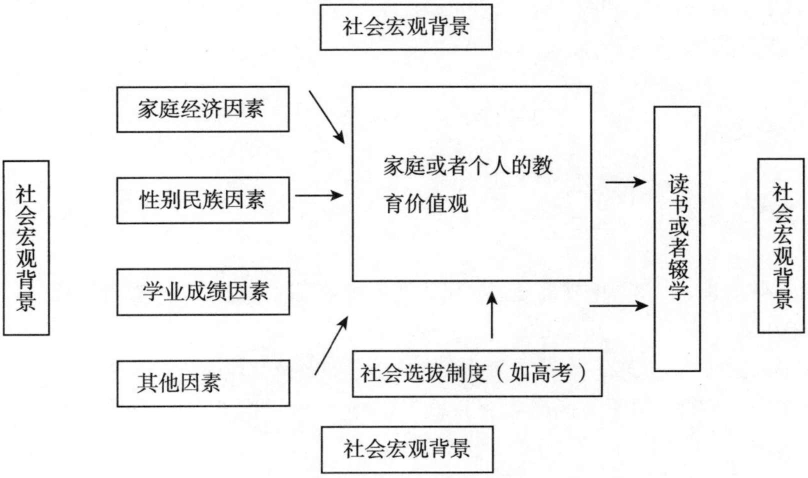

农村教育决策行为模型

① 魏莉莉. 2008. 关于国外的辍学理论研究述评［J］. 当代青年研究（9）：60-67.

七、结　论

基于前面的分析，我们可以得出以下的结论：经过时代与社会的变迁，我们的教育价值观在不断发生变化，影响我们读书或者辍学的因素其实也在发生变化，这些因素在决定我们的行为选择时的地位也在不断发生变化。经济的、市场的、民族的、性别的因素其影响在不断减弱，个人的教育追求与价值观的作用在家庭教育决策行为中扮演着越来越重要的角色。当然，本研究仅是立于一个村庄的特殊经验与总结，在民族因素对于教育决策的影响上还需要不同民族的经验调查才能得出更加令人信服的结论，所归纳的关于辍学的因素与模型在多大程度上反映了中国农村家庭教育决策的基本模式，还需要更多材料与地区访谈的经验支持，如何在统计学上印证这一模型的合理性也是本研究需要进一步深入与拓展的领域。

参考文献

中文部分

艾一平，等. 1995. 中国部分边疆民族地区辍学情况调查［J］. 教育研究（1）：60-66.

蒋中一，冯赫. 2002. 农村义务教育中的辍学问题及其原因研究（未出版）.

梁华和. 2002. 固原地区回族女童教育研究［D］. 兰州：西北师范大学教育学院.

俞仲文，吴志柳，刘兰平. 2002. 资格与学历并重——社会转型中的中国高职教育发展基本策略［J］. 高教探索（1）：44-47.

蔡国英. 2004. 我国辍学现象的经济学分析［J］. 北京师范大学学报（社会科学版）（2）：36-41.

杨润勇，王颖. 2004. 农村初中学生辍学的现状调查和规律研究——小康农村地区初中学生辍学现象研究之一［J］. 教育理论与实践（1）：36-41.

杨润勇，等. 2004. 农村地区初中学生辍学现象成因探析——小康农村地区初中学生辍学现象研究之二［J］. 教育理论与实践（2）：34-37.

袁桂林，洪俊，李伯玲，秦玉友. 2004. 农村初中辍学现状调查及控制辍学对策思考［J］. 中国教育学刊（2）：1-5.

赵玉芳，毕重增. 2004. 教育价值观的心理学思考［J］. 西南师范大学学报（人文社会科学版）（2）：45-48.

雷忠勇. 2005. 贵州省农村初中学生辍学问题及对策研究［D］. 杭州：浙江大学公共管理学院.

聂金菊. 2005. 农村初中生厌学行为调查［J］. 中国教育学刊，2005（2）：29-32.

王颖等. 2005. 农村地区初中学生辍学防治策略研究——小康农村地区初中学生辍学现象研究之三［J］. 教育理论与实践（3）：28-32.

项丽萍. 2005. 农村初中生“厌学性辍学”的社会学分析［J］. 中国农业教育（6）：15-16.

陈强，等. 2005. 农村学生辍学问题研究［J］. 兰州学刊（4）：238-240.

曾丽红. 2005. 西部贫困地区女童的生存和发展状况研究——以广西融水县女童为例［D］. 桂林：广西师范大学政治与公共管理学院.

司洪昌. 2006. 嵌入村庄的学校——仁村教育的历史人类学探究［D］. 上海：华东师范大学教育科学学院.

孙远. 2006. 庄河农村初中生辍学现状的调查分析及对策［D］. 大连：辽宁师范大学教育学院.

王一涛. 2006. 她为何不读书了——对一例因贫困辍学个案的质性研究［J］. 中国教育学刊（2）：17-20.

徐灵芝，游涛. 2006. 农村初中生辍学心理分析［J］. 江西教育科研（10）：26-27.

丁毅. 2007. 初中阶段农户子女辍学行为影响因素分析——以闽北农村地区为例［J］. 中国农村经济（6）：39-45.

刘旭东. 2007. 预设与建构——教育价值观演进的思考［J］. 教育理论与实践（11）：3-7.

谷宏伟. 2007. “教育致贫”及其后果：转轨时期中国低收入家庭的教育困境［D］. 大连：东北财经大学经济管理学院.

卢红，杨润勇. 2007. “农村地区初中学生辍学现象屡禁不止”的政策学分析

[J]. 教育理论与实践 (5): 30-34.
卢国辉, 何克昌. 2007. "边疆少数民族地区初中学生辍学原因的调查及对策——以云南省元阳县胜村中学为例 [J]. 考试周刊 (35): 25-26.
欧贤才, 刘刚. 2007. 试析我国农村初中"自愿性辍学"现象 [J]. 中国农业教育 (1): 14-16.
闫万龙. 2007. 初中生厌学问题的个案研究 [D]. 上海: 华东师范大学教育科学学院.
张瑛, 路宏. 2007. 对农村义务教育阶段辍学现象的一些新思考——基于四省十六县农村地区的调查报告 [J]. 基础教育财会 (2): 31-39.
安静. 2008. 从机会成本角度探究儿童辍学的原因 [J]. 宁夏教育 (12): 14-15.
高红菊. 2008. 马小花为什么辍学——民族地区女童辍学现象的个案研究 [J]. 中国民族教育研究 (5): 9-11.
马小军. 2008. 西北偏远回族地区青少年辍学打工现象探析——以张家川回族自治县回族社区为例 [D]. 兰州: 西北民族大学历史文化学院.
王颖, 邵长兰. 2008. 小康农村地区初中生辍学现状调查及原因分析 [J]. 中学校长 (1): 27-29.
魏莉莉. 2008. 关于国外的辍学理论研究述评 [J]. 当代青年研究 (9): 60-67.
徐林. 2009. 农民教育观念的变化与更新——基于四川、山东、甘肃、内蒙古部分农村地区的调查 [J]. 教育发展研究 (4A): 50-53.

外文部分

Alan Sorkin. 1970. Poverty and Dropouts: the case of the American Indian [J]. Growth and change, (3): 4-18.
Rumberger, R. W.. 1983. Dropping out of high school: The influence of race, sex, and family background [J]. American Educational Research Journal, (2): 199-220.
Smith, E. D. 1989. Reflections on human resources in the strategy of rural economic development [J]. Review of regional studies, (1): 13-22.
Neumark, David, and William Wascher. 1992. Employment Effects of Minimum and

Subminimum Wages: Panel Data on State Minimum Wage Laws [J]. Industrial and Labor Relations Review, (1): 55 - 81.

Patricia Lone. [1996-02-21]. Keeping girls in school [EB/OL]. http://www.unicef.org/pon96/edgirls.htm.

Dominique meekera and Ghyasuddin Ahmed. 1999. Pregnancy-related school dropouts in Botswana [J]. Population studies, (5): 195-209.

Rumberger R. W., Thomas S. L.. 2000. The distribution of dropout and turnover rates among urban and suburban high schools [J]. Sociology of Education, (1): 39-67.

[2000-04-20]. Youth Who Drop Out [EB/OL]. http://www.focusas.com/Dropouts.html.

Schargel, F. P., & Smink, J. 2001. Strategies to help solve our school dropout problem. Larchmont [M]. NY: Eye on Education, 240-265.

C. Russell Hill. 2001. Capacities, opportunities and educational investments: the case of the high school dropout [J]. The review of economics and statistics, (1): 9-21.

Kelly Bedard. 2001. Human Capital versus Signaling Models: University Access and High School Dropouts [J]. Journal of Political Economy, (4): 749-775.

Aonghas St-hilaire. 2002. The social adaptation of children of Mexican immigrants: educational aspirations beyond junior high school [J]. Social science quarterly, (4): 1026-1044.

Henry G. Overman. 2002. Neighbourhood Effects in Large and Small Neighbourhoods [J]. Urban atedies, (1): 117-130.

Jennie W. Wenger. 2002. Does the dropout age matter? How Mandatory Schooling Laws Impact High School Completion and School Choice [J]. Public Finance and Management, (4): 507-534.

[2003-01-22]. The Macro-Economic Impacts on Hispanic Dropouts: a literature review [EB/OL]. http://teep.tamu.edu/reports/latinodropsecon.doc.

Parfait M. Eloundou-Enyegue. 2004. Pregancy-related dropout and gender inequality in education: a life-table approach and application to Cameroon [J]. Demography, (3): 509-528.

Gary Orfield. [2005-01-13]. Dropouts in American [EB/OL]. http://gseweb.

harvard. edu/ ~ hepg/dropoutsinamerica. html.

[2005-01-26]. Indian Education Summit—A Call to Action! [EB/OL]. http://opi. mt. gov:8010/PDF/IndianEd/IESummit/FinalPanelPP. ppt.

Kristam. Perreira, Kathleen Mullan Harris, and Dohoon Lee. 2006. Making it in America: high school completion by immigrant and native youth [J]. Demography, (3): 511-536.

[2007-08-14]. More than 40 per cent of Outaouais boys drop out [EB/OL]. http://www. cbc. ca/canada/ottawa/story/2007/06/14/ot-dropout-070614. html.

O'Higgins, Niall, D'Amato, Marcello; Caroleo, Floro Ernesto; Barone, Adriana. 2007. Gone for Good? Determinants of School Dropout in Southern Italy [J]. Giornale degli Economisti e Annali di Economia, (2): 207-245.

[2007-11-13]. What do we know about dropout prevention [EB/OL]. http://www. ncset. org/publications/essentialtools/dropout/intro. asp.

Fɑ́tima Ahes, Creso Franco and Luiz César de Queiroz Ribeiro. 2008. Urban segregation and school backwardness in Rio de Janeiro [J]. Cepal review, (4): 129-144.

John M. Bridgel, John J. DiIulio, Jr. [2008-03-10]. The Silent Epidemic Perspectives of High School Dropouts [EB/OL]. http://hub. mspnet. org/index. cfm/13024%22.

Grant, Monica J. , Hallman. Kelly. K. 2008. Pregnancy-Related School Dropout and Prior School Performance in KwaZulu-Natal, South Africa [J]. Studies in Family Planning, (4): 369-382.

Mark W. Lanier. [2008-10-15]. Educational excellence and potential dropouts: theory, research, and policy implications [EB/OL]. http://www. eric. ed. gov/ERICWebPortal/search/detailmini. jsp? _nfpb=true&_&ERICExtSearch_SearchValue_0=ED300866&ERICExtSearch_SearchType_0=no&accno=ED300866.

Mitra, Aparna; Singh, Pooja. 2008. Trends in Literacy Rates and Schooling among the Scheduled Tribe Women in India [J]. International Journal of Social Economics, (1-2): 99-110.

Lloyd, Cynthia B. ; Mete, Cem. 2009. The Implications of Changing Educational and Family Circumstances for Children's Grade Progression in Rural Pakistan: 1997-2004 [J]. Economics of Education Review, (1): 152-160.

Stephanie O. Crofton, William L. 2009. Higher Real Minimum Wages Lead to More High School Dropouts—Evidence from Maryland Across Races, 1993—2004 [J]. American Journal of Economics and Sociology, (2): 445-464.

Vartanian, Thomas P., Gleason, Philip M. [2010-09-22]. Do neighborhood conditions affect high school dropout and college [EB/OL]. http://www.elsevier.com/locate/inca/620175.

农村留守儿童社会化与亲子“疏离”：基于两位留守儿童的个案研究

Socialization of Rural Children and Their Family Relationships Alienation: Case Studies of Two Rural “Left-Behind” Children

张东辉*（Zhang Donghui），裴欣欣（Pei Xinxin）
中国人民大学教育学院
（Institute of Education，Renmin University of China）

内容提要：随着流动儿童成为中国社会城市化过程中不可回避的问题，与劳动力转移相伴生的另一个弱势群体“留守儿童”的规模也在不断壮大。在父母长期缺失的环境下，被留在农村老家的留守儿童如何进行社会化？他们与父母的亲子关系是怎样的？本研究通过对两名河南留守儿童为期10个月的质化访谈与田野追踪，深度挖掘了他们的内心世界，运用民族志的手法展示了他们特殊的社会化经历。研究发现：留守儿童与父母的亲子疏离很普遍，留守在农村的儿童被迫早熟和独立，常常隐藏自己的情感，与同龄人为参考群体来评判父母，不能认同父母的价值观等。同时本研究还对社会经济地位不同的两个留守儿童家庭中的亲子疏离机制进行了细致的分析和比较。

* 本文是教育部哲学人文社会科学青年专项课题“我国城市流动儿童的自我身份建构研究”（项目批准号：09 YJC880100）的部分研究成果。本研究也得到中国人民大学教育学院北京市重点支持学科“教育经济与管理”的支持。

Abstract: As the migrant population has become a prominent feature in city oriented China's economical development, there has been increased research attention on the rural migrant children who move to the cities with their parents. What is less known to the educators and policymakers are the children who are left behind in the countryside while their parents go away. How do these children deal with the long absence of their parents, and what is the parent-child relationship like in such migrant families? This study intends to explore the world of left-behind children in China and examine how they negotiate with the various socialization issues they face in the process of growing-up without the presence of parents as traditional socialization agents. Based on in-depth, longitudinal interviews and observations with two "left-behind" children in Henan Province over the past 10-month period, this study found that alienation typically exists between the migrant parents and their left-behind children. With the long-time separation between parents and child, the left-behind children do not identify with their parents' values, emotions, experiences and expectations that have obviously been influenced by the urban life. The lack of direct communication and contact between the parents and the child has serious impact on the left-behind child's socialization, given the importance of family as a major socialization agent in the Chinese culture. This study also illustrates the different alienation mechanisms by comparing the different social contexts that the two left-behind children are situated in.

一、导　言

1. 研究缘起

20 世纪 90 年代以来，中国农民向城市大规模流动和迁移，影响着整个中国的经济和社会变迁。大规模的人口流动重新调配了城乡之间、地区之间的人口布局，其社会后果是多层次和多方面的。就家庭层面而言，潜在影响主要包括家庭结构和亲子关系方面的变化。在某些人口流动量大的省份，出现了“386199”家庭（38 指留守妇女，61 指六一儿童节，代指留守儿童，99 指九九重阳节，代指留守老人）（翟振武，段成荣，2006）。作为劳动力流动过程中的伴生现象，年幼的留守儿童经历了从温暖的双亲家庭进入临时性的单亲家庭或无亲家庭，引起了政策制定者、教育者和社会的普遍关注。

当身为父母的青壮年带着致富的梦想离开家乡，到城市里寻找生计，我们不禁发问：年幼的孩子怎么办？他们在父母缺失的家庭中如何长大成人？虽然留守儿童在父母远去的日子里必然被安置给亲属照料，他们也并非处在由于父母分居、离婚或未婚生育所致的传统意义上的“缺损型家庭”（McLanahan，Sandefur，1994），然而父母的长期在外使得他们成长的家庭环境不完整，家庭一般性功能缺失，留守儿童在日常生活照料、情感呵护、心理支持、学业辅导、行为监管等多方面的需求得不到满足，并且父母长期在外的留守儿童还面临着社会化危机和亲子关系冷漠。亲子关系是一种双向的相互影响的关系：孩子从父母那里得到食物、住处、指导、劝告、关怀、慈爱以及纪律和控制，反过来他们也向父母提供了顺从、合作、帮助和满足情感关系的机会（方建移，何伟强，2005）。在亲子关系的日常交往中，父母不仅提供儿童生存所需的物质资料，更传递社会文化，帮助儿童完善自我观念，培养他们对社会角色的认同。然而留守儿童却因生活所迫，与他们的至亲分离，无法像正常家庭的孩子那样体会家庭的温暖、父母的疼爱与教导，不得不独立承担社会化过程中的一系列挑战。

在父母缺位，家庭功能失调的情况下，留守儿童究竟是如何习得各种社会知识和价值观念的？他们在行为表现上有没有出现偏离和脱轨？远在城市的父母对他们的成长有何帮助？他们与父母之间的亲子关系如何维系？本研究试图对两个出身于不同家庭背景和生活环境的留守儿童的生存状态和成长经历作深入细致的描述，透视他们在父母长期缺失的家庭中如何建构自身社会角色，发展自我意识，并产生亲子关系上的疏离，同时剖析这两个留守儿童在社会化和亲子关系疏离方面的不同机制，从而反思如何建构有助于留守儿童身心发展的社会支持。

2. 研究对象

“留守儿童”一词最早出现于20世纪80年代初期，当时是指因父母出国留学或是工作而留在国内的孩子。本研究所关注的是自20世纪90年代开始因父母外出到大城市打工而被留在户籍地的儿童。目前政府、专家和各类学术团体对留守儿童的定义不尽相同，但最为普遍接受的定义是指年龄在14岁以下，因父母双方或一方从农村流动到其他地区，并因此无法与父母双方共同生活的儿童（段成荣，周福林，2005）。根据2000年全国人口普查资料，留守儿童家庭主要包括以下四种类型：（1）父母一方外出，由另一方照顾孩子的留守家庭；（2）父母双方均外出，由孩子祖父母（外祖父母）照顾留守儿童的家庭；（3）父母双方均外出，由其他亲属照顾孩子的家庭；（4）父母双方均外出，孩子独自留守的家庭。

本研究选取的两名留守儿童来自流动人口规模庞大的河南省息县，这两名留守儿童都是早在“幼儿期”时（上小学以前）父母就外出务工，参与本研究时均已进入青少年期，就读于初中，因而是留守经历比较长的两个孩子。

3. 研究意义与相关研究述评

随着我国工业化、城市化进程不断推进，农村剩余劳动力持续向发达地区转移。然而，中国迁移的农民不像西方国家的移民那样，能够获得与当地人同等的权利（Murphy，2009；白南生，宋洪远，2002）。进入城市的农民工往往集中于脏、累、差等竞争激烈却又缺乏相关法律保护的非正规部门，缺乏稳定的经济收入来源。同时由于城乡二元分割体系的限制，城市公立学校并没有对农民工子女完全敞开大门，即使子女入学以后也必须回原籍地参加中考或高考。因而中国城乡间的人口流动模式主要是个体流动、青壮年人口流动（段成荣，梁宏，2004）。根据2000年第五次人口普查数据，我国流动人口超过1亿，其中青壮年占70%以上，14岁以下的儿童仅占不到14%（段成荣，吴丽丽，2004），不能与父母外出同行的农村儿童比例高达56.17%，6—14岁的农村留守儿童人数达2 200万以上（段成荣，周福林，2005）。虽然近年来随着一些城市对流动人口子女入学限制的解除，人口流动已经向“家庭迁移”转变，但是到2005年，流动人口的数量激增至1.4亿，14岁以下农村留守儿童的绝对数量达到了3 600万人（段成荣，吴丽丽，2009），短短5年时间内，增加了64%。这意味着虽然有大量的农村留守儿童向流动儿童身份转移，来到身居城市的父母身边，但是农村劳动力的大批迁移又产生了众多新的留守儿童。

农村留守儿童问题已经引起了政府和社会的普遍关注，近年来媒体（中央电视台、《中国青年报》、《法制日报》、新华网、教育网）对留守儿童严重的心理、生理和安全问题的报道与日俱增，引发了社会的高度关注。学术界关于留守儿童的研究源于2002年（杨菊华，段成荣，2008）。目前围绕留守儿童问题的研究取得了一定的成果，呈现了多学科的取向，研究方法也在逐渐规范（杨菊华，段成荣，2008）。对留守儿童的研究主要涉及以下几个领域：人口学、心理学、社会学和教育学。人口学者运用全国人口普查资料和在某些省市自行开展的调查对留守儿童的数量进行估计和描述，对他们的年龄、性别、家庭构成等人口统计变量作了初步推测（段成荣，周福林，2005；段成荣，吴丽丽，2009）；心理学者多关注留守儿童与非留守儿童相比在情绪控制、心理支援和生活信心上的表现，考察他们是否更易遭遇心理障碍和行为异常（曹述蓉，2006；范方，桑标，2005；黄小娜，吴静等，2005；孙建强，杨伟，2005）；社会学者多探讨留守儿童产生的社会原因（孙立平，2003），留守儿童的社会化过程，以及在留守儿童成长过程中各社会化主体的功能与作用，分析留守儿童行为出现偏差的原因（王秋香，2007；周恩武，2008；聂建华，李刚，2008）；教育学者则更多地讨论留守儿童家庭的不完整和父/母亲监护的不到位对孩子良好生活习惯的养成、学习成绩的提高、身心健康的发展、厌学辍学倾向等方面的影响（廖鸿冰，2006；王艳波，吴新林，2003；朱科蓉，李春景，周淑琴，2002）。

这些研究对留守儿童产生的原因、生活的现状以及面临的困境作了较有说服力的实证调查与分析，为我们了解留守儿童的整体生活和心理状况提供了宝贵信息和重要启发。本研究试图从社会学质化研究的视角出发加入对留守儿童社会化的探讨，以往虽不乏关于留守儿童社会化方面的讨论，但是该类研究存在以下不足：其一，虽有许多研究使用个案访谈资料，但是众多的分析留守儿童社会化的研究都是基于功能主义的立场，对留守儿童群体的社会化进行概括总结，没能从留守儿童自身的“内部人知识”或“主位概念”（王铭铭，2003；陈向明，2000）出发去探索个体是如何体验“留守经历”的；其二，以往关于留守儿童社会化的研究设计不符合质化研究所要求的“长期深入”，只呈现零星故事，不具有系统性，分析性不强，因而质量不高。本研究力图弥补以往研究的不足。

4. 研究问题

本研究以留守儿童与父母之间的亲子关系变化为切入点，从微观的视角挖掘留守儿童的内心世界，考察他们在父母缺失的前提下是如何发展自我意识和习得社会规范的，基于不同家庭背景的留守儿童是否有着不同的亲子关系疏离机制和社会化过程。具体来讲本研究试图对如下问题进行解答：

（1）留守儿童是如何看待自身的生存状态的？如何看待自己外出打工的父母？

（2）留守儿童与父母的亲子关系在父母外出打工后是否会产生疏离？引发疏离的原因是什么？疏离的过程又是怎样的？

(3) 在父母缺失的前提下留守儿童是如何建立自我意识和习得社会角色的？自我意识的萌发与亲子关系疏离的过程有什么联系？

(4) 不同家庭出身的留守儿童与父母的疏离程度存在什么差异？造成差异的原因有哪些？

5. 研究方法

本研究选取河南省息县的两个留守儿童（化名为赵龙和梁小雅）作个案研究。从 2009 年 1 月开始历时 10 个月的时间，共进行了 24 次访谈和 6 次观察，每次访谈时间少至 10 分钟，多至一个小时。在了解受访者的基本生活情况之后，访谈中通过两个留守儿童自己的追溯和回忆发掘他们的内心世界，了解他们的所思所想和情绪反应、他们生活中曾经发生的事情，以及他们对事件意义的诠释，希望能够深入受访者的内心世界，洞察到他们的心理活动和行为所隐含的意义。因为研究对象是两个未成年人，本研究在开展中尽量采用“开放型访谈”以及“非正式访谈”相结合的策略，鼓励留守儿童用自己的语言发表看法，并常常通过网上聊天、打电话等方式与他们进行沟通，并通过辅导他们做功课和咨询等方式赢得他们的信任，促使他们敞开心扉诉说自己的留守经历。大多数情况下访谈都是在轻松愉快的氛围下进行的。

为了验证留守儿童提供信息的可靠性和了解事件发生的具体情境，本研究对与留守儿童关系最亲密的群体，如父母、祖父母（隔代抚养人）以及部分同学、老师也进行了访谈，并多次到这两个留守儿童的家庭和学校中去，进行参与式观察和非参与式观察，以作为三角互证。

质化研究的资料分析和资料收集过程不是截然分开的，在每一次访谈之前，研究者对上次的访谈内容都进行反思和提问，并在访谈过程中撰写备忘录。对访谈资料和观察笔记进行整理分析的过程中，本研究通过“持续比较”（constant comparing and contrasting）（艾尔·巴比，2008）发现有意义的主题，合并某些相似的主题形成初步的概念或结论，并在接下来的访谈中试图寻找反例或进一步验证。本研究的成文方式采用的是民族志中的深描，以“留守儿童”自己的语言进行叙事，并运用社会学的理论框架进行分析，以期形象地展示两个留守儿童在亲子关系和社会化方面的个体经历。

质化研究因为其深入被研究者的内心世界，往往涉及研究伦理问题，尤其是在研究者与被研究者的社会地位相差悬殊的时候。如在研究者获悉赵龙利用暑假期间去上海看望父母后，决定针对他在上海的生活进行一次访谈。为了让访谈在一种轻松愉快的氛围下进行，研究者在访谈前先讲了一下自己在上海游玩的经历，十分热情地建议赵去一些展览馆，结果赵的回答出人意料：“爸妈忙，我每天都在家，没出去过。”研究者本是为了与赵拉近关系，却无形地伤害到他的自尊，因为赵的家庭经济状况不好，去上海不能像普通游客那样度假旅游，因此研究者滔滔不绝的介绍可能让他心里受到冲击，引发自卑感。这次以后研究者在访谈前常常斟酌最佳的表达方式，有时也会自我暴露，尽量避免因研究而强化留守儿童的劣势地位。另外，虽然研究者在一开始接触赵龙和梁小雅时就明确说明了研究意图，做到了“知情同意”，但是在多次接触之后，研究者与两个留守儿童已经成了好朋友，很多次的网上聊天他们把对研究者透漏的信息当做是私人聊天，比如他们对父母的抱怨和对抚养人的不满等，并不知道这正是研究者成文所需的资料。为了保护受访者的隐私，本文使用的是化名。

二、两个留守儿童个案：梁小雅与赵龙

本研究的两个留守儿童都来自河南省息县，息县位于河南东南部，隶属信阳市，县城里有化肥、造纸、纺织、水泥、酿酒等工矿企业，集中在城关镇，下辖的其余十几个乡镇均以农业为经济基础，这里盛产水稻和小麦，是河南粮食生产百强县之一。据2008年息县政府工作报告，目前全县外出人口共25万人，其中约有8万人常年在

外务工，剩下的基本都是季节性外出，农闲时外出，农忙时返乡。最初基本是向广州、深圳这样迅速发展急需大批劳动力的沿海城市流动，近年来随着全国经济形势的发展，外出打工人员流动的方向也呈多元化，除长江三角洲、珠江三角洲外，工会和社保局也会定期组织培训部分剩余劳动力向新疆、西安等内陆城市转移。

1. 梁小雅

本研究的个案之一梁小雅来自息县的城关镇，城关镇是息县政治、经济、文化中心，历史文化也颇为深厚。县政府机关以及各直属机构均设在城关镇境内，镇上商业贸易发达，个体私营企业 1 300 多家，大型集贸市场 6 个，连锁超市 7 家，是周边地区物流中心，经济实力连续多年位列各乡镇之首，2008 年人均收入达 10 834 元。这里的人虽然不富裕却也生活安逸，个体私营的小商店有数百家，在南街的早市、东区的夜市里每天人头攒动，熙熙攘攘，城关人甚喜热闹，通常三五成群于这些闹市聚会。目前城关镇辖区常住人口 85 160 人，其中城镇居民 81 160 人。外出人口大概 4 000 人，既有十几岁的未成年人，也有四五十岁的中年人。多数年轻人外出务工是由于读书时成绩不好，没有考上高中或者大学，出去打工既能挣钱糊口也能见见世面。年纪稍大的人出去打工多是由于不满足于目前的生活状态，希望提高生活水平。外出的人大都在城市里从事餐饮服务行业，或者在工厂里做活，也有部分人手头已经有了些许积蓄，在外经商，做小本买卖。

城关镇辖区内目前有 6 所小学，4 所初中，4 所高中。唯一的一所公立幼儿园于 2005 年倒闭，目前私人托儿所成为承担学前教育的主要场所。县级 3 所初中和高中都在镇上，集中了息县优质的教育资源。因而很多其他乡镇的居民也不惜相对高昂的借读费，托人找关系，用尽办法将孩子送入城关镇中学念书。城关镇上的 3 所县级高中招收的学生 60% 以上来自其他乡镇，而城关镇上的居民则倾向将孩子送入信阳市或者其他升学率较高的地区念高中。息县整体教育水平比较落后，每年在全信阳市的评比中都处于倒数的名次。因此从初中开始，各个学校都采用题海战术、填鸭式教学等多种手段提高升学率和进线率。初中一、二年级的学生有双休日，但是初三的学生却身负重荷，通常连续上课两周才能休息一天。平日里初三的学生要按照学校要求，清晨6点半到达学校晨读，晚上9点半夜自习结束才能回家。梁小雅在参与本研究时正是就读于城关镇县级重点中学一中的初三，备考信阳市重点高中。

梁小雅出生在繁华的城关镇上。妈妈中等专科院校毕业，当时在粮店上班，爸爸高中学历，是乡政府的公务员，家境虽然称不上殷实，但在当地也算中等收入水平。小雅的出生让全家人着实欢天喜地了一场，因为她长相漂亮精致犹如童星一般，人见人爱。小雅3岁时，母亲不满目前家里的经济状况，尤其看到之前一同在粮店上班的同事出去打工后一个个风光无比地回来，小雅妈妈决定在熟人的带领下，辞了工作去上海“挣大钱”，留下女儿给婆婆和丈夫照顾，“挣点钱好为小孩儿以后铺路。”参与本项研究时梁小雅的妈妈在上海某酒店任大堂经理，爸爸仍然在乡政府上班，两人月平均收入4 000元，在城关镇属于高收入家庭，有着较高的社会经济地位。梁小雅自小就和爸爸、奶奶住在一起，是家里的独生女，但是由于爸爸工作比较忙，日常照顾她生活起居的就是奶奶，所以梁小雅和奶奶的感情很好。

2. 赵龙

本研究中的另一个留守儿童赵龙出生在息县的长陵乡。长陵乡位于息县东部，这里地势低洼易涝，素有“十年九淹”之说，是淮河沿岸的重点受灾乡之一，所以长陵是一个比较贫穷落后的村，2008年农民人均纯收入只有3 600元左右。由于自然条件恶劣，农民收入十分不稳定，很多人不愿意将生活的希望寄托在土地上，2008年长陵乡打工外出人口达8 000多人，占人口总数的28%。这些农民为了生存，为了供孩子上学，离开老家，远赴上海、广东等沿海发达城市打工挣钱，一年回家一次。但也有相当一部分人不忍荒置土地，农闲时外出，农忙时返乡务农。

长陵乡有3所幼儿园，9所小学，1所初中。3所幼儿园都是由村民个人举办，在民居里安置些桌椅之类，老师就是学校举办人，通常是教些基本的文字和画画之类，主要的责任是看护这些孩子。但是每家幼儿园只有十几个学生，因为村里多数人自己带孩子，他们不放心也舍不得把年幼的孩子交给陌生人带。但是由于很多村民都外出打工，其中年轻的父母占多数，他们通常将孩子留给祖辈老人照顾，因而这部分留在家里的稚子孩童实际上无法在正式入学前接受文化教育，况且他们的爷爷奶奶很多都是不识字的，即使有识字的，老人们关注的只是孩子吃饱穿暖，并没有对孩子进行学前教育的意识。对于已上小学的儿童，村民们大都采取放任的态度。只要孩子按时上学，放学回家就行，对他们的学习成绩并没有施加什么压力。这些老人认为把孩子抚养长大才是最重要的大事。乡里很少有家长让孩子下地干活，他们情愿自己辛苦些或者花钱请人帮忙，也不愿让自家孩子累到。

长陵中学的学生基本上都来自于长陵本乡，其中留守儿童占70%以上。长陵中学与城关镇的县级中学相比，升学率很低，只有50%左右，也就是说至少一半的学生完成初中之后就没再上学了。因而长陵中学以县级中学为榜样，以高强度灌输、高密度考试为基本策略提高学生成绩。但是这种教育方式导致学生索性“破罐破摔”，很多学生跟不上课，成绩差，厌烦学校和老师；同时又受到父辈外出打工的影响，大部分人对自己并没有太高的学业期望，能外出打工挣大钱就已经心满意足。

赵龙家本住在长陵乡，其父母都是小学文化程度，自赵龙6岁起外出打工，目前在上海以承接建筑工地的散活为生，收入不稳定，“有活时挣得多，没活时一分钱不挣”。鉴于长陵中学的师资水平不高，赵龙父母又常年在外，在赵龙上初二的时候他们通过各种关系把他转进了城乡镇的县一中（重点初中），并在学校附近租了房子，安排赵龙的姥姥和他住在一起，照顾他，希望他能够好好学习，考上高中，升入大学。另外，赵龙还有一个长自己5岁的哥哥，目前在信阳市重点高中复读高三，准备考大学。哥哥在学校寄宿，只有过年才回家。所以赵龙和姥姥两个人住在县一中附近临时租的一间民租房里。屋子很小，只有20平方米，屋里没有什么家具摆设，仅有两张床，一台电视，一部电话，还有些厨具。搬来县城之前，赵姥姥一直在夏庄（靠近长陵的一个镇）务农，只有过年时赵龙妈妈偶尔领着赵龙去给姥姥拜年时祖孙二人才见面。因而最初搬进县城时，赵龙对姥姥充满了陌生感，觉得“她就是一个来照顾我的亲戚”。

三、留守儿童家庭的亲子疏离——“不知不觉中”

梁小雅：“只生不养”

“我辛苦挣钱养活她，她怎么说我说得那么难听?!”梁小雅妈妈在访谈中透露出无尽的悲凉与无奈，在外打工辛苦挣钱，得不到女儿只言片语的关心，每年一次的休假回家后还要面对女儿的冷眼相向。无助的她实在难以理解原本是为了让女儿过上更好日子才外出打工，为何却让女儿离自己越来越远。小雅妈妈也回忆到：在她刚去上海的两三年里，母女俩互相牵挂，小雅刚刚学会说话就抱着电话咿咿呀呀含混不清地找妈妈，整天缠着爸爸、奶奶问妈妈什么时候回来。因为妈妈不在身边，姑妈、舅妈、姥姥以及家族里的其他人都很心疼这个机灵可人的孩子。小雅当时十分享受这种优待，因为在这些亲戚家里不仅能有美味的饭菜和漂亮的新衣服，还有年龄相仿的表妹们陪她玩耍。7岁时小雅进了实验小学念一年级，虽然在学校有了新伙伴，但小雅仍然十分依赖妈妈。特别想念妈妈时，一天给妈妈打两个电话问她什么时候回来。电话里喜欢跟妈妈讲在学校跟哪个同学玩得好，最讨厌跟谁一起玩，有时得了老师的表扬、测验拿到高分都迫不及待地给妈妈打电话汇报。每逢春节，得知妈妈回家的消息，小雅忙前忙后收拾屋子、打扫卫生，迎接妈妈回来，有时还兴奋得睡不着觉，天一亮就跑到家门口眼巴巴等着母亲回来。小雅母亲回忆到这段时眼中闪着些许泪光，“一个人在外辛苦得很，就是想到小孩儿才有那么点盼头。”懂事乖巧的女儿是在外辛苦挣钱的母亲唯一的慰藉；而母亲一年一度的回家也是小雅心中最重要的事。

可是当小雅念到初中一年级，确切地说是小雅 12 岁时母女间这种“其乐融融”的关系开始渐渐变化。小雅很少主动给妈妈打电话了，母亲每隔两三天都会打电话回家。可女儿的表现却让梁妈妈十分痛心：“得叫好几遍，她（梁小雅）才不情愿地过来听电话”，“心情好的时候还能陪我聊两句，心情不好的时候可不耐烦了，说我‘有事儿说事儿，没事儿就挂了，我忙得很’。”“现在过年回家，死活都叫不动她过来跟我睡，也从来不愿意陪我逛街，动不动还嫌弃我又老又丑还没文化，还经常教训我‘只生不养，不负责任’。”

本研究始于 2009 年 1 月，当时小雅母亲恰巧在家过春节，母女的矛盾似乎更激烈，小雅妈妈这样描述她和小雅的关系：“在家过了几天，她对我态度还好些，至少跟我说话了，我刚回来的前两天她都不理我，也不让她爸、她奶跟我说话。”“我看她总是玩，也不写作业，还没等说她，她就跟我吵，还说‘我学习不用功，你这么多年不在家我学习不用功，我考试咋考的?’”当问起小雅时，她却这样评价妈妈：“她（母亲）只生不养，不负责任……有时她回家，我还会打她，因为她动不动就挑俺奶的错。俺奶年纪那么大了，身体又不好，还得给我洗衣服、做饭，这本来是该她做的事儿。有时候学校开家长会，俺爸忙，不愿意去时，都是俺奶去，她（妈妈）要是在屋里就不用俺奶跑这么远了……”

梁家世代都居住在县城里，以经商和从政为生。母亲外出后，梁小雅由父亲和奶奶照顾。小雅与奶奶、爸爸的感情深厚，关系融洽。小雅父亲在乡政府上班，为人风趣幽默，朋友很多。经常在外打牌、吃饭，直到晚上才回家。可他对小雅有求必应，十分疼爱。有时回家晚了还心甘情愿接受小雅体罚。“有时我会打我爸，按到床上打，因为回来晚了。要是俺妈在屋里成天管住他，他也不会这么喜欢打牌了……这次妈妈回来表现还不错，没跟爸爸吵架。以前一回来就跟爸爸吵架，脾气大得很。都是她无理取闹，（吵架）声音还些（很）大。”

小雅奶奶身体不好，总是生病，可仍然把小雅照顾得无微不至。这让小雅感动的同时也增加了对母亲的怨恨。父亲、母亲在家庭中扮演不同的角色，母亲不仅承担着养育功能，还有成为子女的知心朋友，引导子女的角色；父亲则承担着促进子女独立，为子女树立榜样和典范的角色。在梁家，小雅父亲和奶奶承担了母亲的角色，不仅照顾小雅的生活起居，而且注重在日常生活中给予小雅爱的关怀和情感沟通。这样反令小雅质疑母亲到底在家庭中发挥了什么作用，在她看来母亲只是为家里增加了收入，却没有实现原本应当由母亲承担的角色和义务。因此，小雅认为母亲其实逃避了养育责任，继而对母亲产生强烈不满。

赵龙：“两个世界”

与梁小雅一样，出生在长陵乡的赵龙也在县一中读初三，但是其父母受教育程度低（小学毕业），在当地也没有稳定的工作，所以只好双双外出打工。当初赵龙父母离家外出打工主要是因为家里的洪涝灾害导致地里收成不好，税赋又重，靠种地根本难以维持两个男孩子日后上学、生活的开销。当时村里有很多同乡打工回来后都翻修了房子或者盖起了“两层楼”，这让赵家父母看到了希望，于是将年幼的赵龙交托给当时还健在的奶奶照顾，一起去了上海。

父母外出打工时，赵龙已经在长陵乡中心小学一年级读书了。尽管爸妈的离开让赵龙很是想念，但是奶奶的照顾和哥哥的陪伴让赵龙仍然感觉十分温暖，回忆这段日子时赵说：“我已经很幸运了，在家里有奶奶照顾着，玩伴们那会儿也都在，大家一起打打闹闹，日子过得很温馨。”那会儿赵龙还是个活泼好动的孩子，爸妈打电话回去时总跟哥哥抢着跟爸妈说话，有时是跟爹妈告状哪家孩子欺负他了，有时是讲自己在学校发生的有趣儿事情，“唠唠叨叨、没完没了”。爸妈每年春节回家十几天，赵龙总是黏在妈妈身边，兴致来了还给爸妈唱歌跳舞。

直到小学四年级时，奶奶过世，哥哥只身一人去了信阳高中住校读书，赵龙离开老家被送到叔叔那里读书借宿，赵龙开始变化了。赵叔叔住在邻近的夏庄乡，赵龙在那里只读了一年（五年级），“一年的时间里孩儿就变了。”那会儿叔叔家里没有电话，赵家父母打电话找赵龙十分麻烦，先打给叔叔的邻居，寒暄之后说明来意，然后邻居去叫叔叔或者赵龙听电话。如此这样几次后，赵妈妈索性不再打电话了，因为觉得这样总是打扰别人，十分不便，有时还找不到赵龙来听电话。赵龙虽然知道怎么使用电话，但是因为住在叔叔家里，寄人篱下，处处小心，更加不愿意主动跑去邻居家借电话给爸妈打。通话频率减少的同时，母子之间通话的时间也短了，赵龙很少主动跟爸妈聊起自己在学校的事情了，高兴的、伤心的事情都不再跟爸妈讲了，爸妈问什么他就答什么，而赵龙本身也变得沉默寡言起来。当研究者要求赵龙回忆描述自己在夏庄的日子时，赵龙总是回避地说道，“对那段日子，我什么印象也没有了，那段记忆好像消失了。”

赵龙在小学的成绩不错，考上了县一中，为了弥补赵龙，也为了让他安心学习，爸妈决定在县一中附近租个房子，请姥姥搬来县城照顾赵龙，尽管这样一来花费高了许多，但是爸妈觉得这是他们对赵龙进行弥补的最好办法。由于赵姥姥很早就改嫁去了其他乡，搬去县城之前，祖孙俩几乎没有见过面。这份陌生感使得内向的赵龙几乎不跟姥姥说话，只是上学前或回来后跟姥姥简单地打声招呼，“我上学去了”，“我回来了”。无论学校还是生活中的事情，赵龙都很少跟姥姥提起。爸妈每隔两周会打电话给赵龙，问问他最近的生活情况，“吃得怎么样，睡得好不好，营养够不够。”他们不会主动询问赵龙的学习成绩，只有赵龙有时提起自己在考试中拿了多少分，爸妈才知道他又考试了。后来妈妈给赵买了部手机，但是赵龙不怎么用手机跟爸妈联系，手机多用来上网聊天或者同学之间发短信，而赵龙哥哥正在准备高考，时间紧张，很少开手机，因此兄弟俩联系得也不多。

尽管现在通信很方便，可是赵妈妈却觉得赵与父母的关系没有以前那么亲密了。母子俩的通话多半是妈妈在说要照顾好自己，学习用功之类，赵龙会主动提起的多数是考试成绩考了多少分之类，很少跟妈妈说自己遇到了什么问题，什么困难之类。春节爸妈回到家时，赵龙也不像以前那样喜欢黏在爸妈身边，通常在家待上一会儿就跟同学出去玩了。“我玩我的，他们玩他们的。两个世界。”

赵龙和梁小雅虽然出生在不同的环境，有着不同的家庭背景，但是两人都渐渐地疏远了在外辛苦挣钱的父母。梁小雅与母亲的关系变化开始于初中一年级（12 岁），而赵龙则更早，小学五年级（11 岁）。虽然随着年龄的增长，孩子从儿童期进入青春期，自我意识增强，开始要求独立行事，摆脱成人的控制和支配，向成人封闭心扉。但是在梁小雅和赵龙的身上，亲子关系的变化却交织着对父母长期缺失的怨与无奈。同赵龙相比，梁小雅是幸运的，因为她有奶奶和爸爸一直陪伴她，但是奶奶和爸爸的疼爱让她对外出打工的妈妈越发疏离和敌视，因为在她的价值判断中，本应是妈妈做的事她没有做到。相反，赵龙的变化却源于他奶奶的去世，哥哥的离开，以及自己的寄人篱下，这些生命中重大事件的发生让他不知所措，从原来欣然接受父母在外挣钱的事实转为把自己封闭起来，由于不再有感情深厚的亲人（如奶奶、哥哥）替代父母的位置，他只好一个人处理生活中的事情，也不向远在外地的父母诉说了。

四、“被迫的独立”——留守儿童如何社会化？

尽管梁小雅和赵龙清楚地知道父母外出打工的苦心和用意，但是父母的长期缺位使家庭亲子关系出现危机，也影响着留守儿童的社会化。家庭是个体社会化的第一场所，而父母在家庭中扮演着至关重要的角色。父母对儿童有着不可动摇的权威和支配作用；儿童最初的生活知识、经验和生活态度基本都是从父母那里学来的。个体进行家庭社会化过程中，父母通过日常生活中表现出来的文化教养、行为方式和观念态度会对儿童产生潜移默化的影响，儿童通过对父母的观察和模仿也逐渐形成与之类似的行为或者态度（缪建东，2001）。当梁小雅和赵龙逐渐沉浸在远离父母的寂寞里，他们该如何实现个体社会化呢？他们的自我意识和价值规范是如何形成的？在思维方式和价值观方面与外出打工的父母之间是否存在冲突呢？

自我意识的形成：早熟与独立

在本研究的两个留守家庭中，梁母于梁小雅 3 岁时外出打工，赵龙父母在赵龙 6 岁时双双外出。两个孩子都在年幼的时候就没有了父母的陪伴。由于父母的外出，梁小雅和赵龙不得不独立地面对生活中的很多问题，从很早就学会自己的事情自己解决，应该说与同龄人相比，留守儿童更倾向于早熟和独立。小雅这样描述她每天的生活：

“我很独立，不用爸妈接送，从来都是一个人骑车去学校，学校那么远，成天天不亮就出门，夜里才回来。路上的车那么多，挺吓人！不过我不像其他同学那样有什么事都告诉爸妈去。”

“我早晨 6 点起床，6 点半就要到学校晨读。每天只能吃一顿饭，早晨来不及吃饭，午饭吃得多些，晚饭学校周边的饭不干净我没法儿吃，每天吃面包，医生说我胃都吃坏了。晚上 10 点多下自习回家，有时奶奶给做些饭，有时我自己热点汤煮个泡面吃。”

“我最缺的就是‘觉’，从来不敢 11 点半之前睡觉，当睡觉和吃饭只能两者选其一，我情愿睡觉。放假时我也就看看动画片和综艺节目之类，不喜欢看电视剧也不喜欢上网，这都会让人上瘾。我很独立，也自觉得很，学习上从来不让爹妈操心，好朋友也从来都是正儿八经的好学生。”

在小雅的描述中，她已经长大了，懂事了，自己可以照顾自己，已经习惯了母亲不在家，并且她的自我约束能力很强，是一个自律的好学生，似乎不需要父母的监督。由于小雅即将中考，妈妈很重视，决定5月就辞掉在上海的工作回家照顾小雅。研究者原本以为这对小雅来说应该是一个好消息，但是小雅却很不以为然，并说：“小学的假期作业俺妈还能辅导，现在到了初中，她连题目都看不懂！跟她说这么多话有什么用！她这么多年不在家，我考试咋考的?”

在谈到自己如何应对生活中的问题时，赵龙同样很坚定，“一般有啥事都是自己解决。”

“一般问题都自己解决，实在自己无能为力就找父母，譬如转学这样的大事。生活中遇到不开心的，我就去上网（聊天），或者一个人出去逛街，啥也不买就走走。特别想不通的事情，我会找我哥说。但是他也教我一个人去解决。”

研：“你跟妈妈打电话时都说些什么?”

赵：“说说老师，同学的事情。”

研：“你自己的事情呢？譬如有什么开心不开心的，跟他们说吗?”

赵：“不说，郁闷的话我自己出去逛逛，走走就行了。”

赵龙每天很早去学校，晚上10点左右才回家，除了饭点待在家里，其他时间几乎都在学校度过。赵龙虽有一个长自己3岁的哥哥，但哥哥在学校寄宿，只有过年才回家。由于高三学习紧张，赵龙的哥哥经常关掉手机，也从来不会主动给父母打电话。家长们都觉得赵龙的哥哥很懂事，不让大人操心。赵姥姥提起哥哥时总忍不住夸道，

“这娃懂事，能干得很，去年没考上大学，自己跑去‘信高’办复读，入学手续什么的全是他一个人跑的。”哥哥自立的形象以及家长们的夸奖，无形中让赵龙将哥哥视为“榜样”，并要求自己也要向哥哥学习这种自立精神。尽管和姥姥住在这个仅有20平方米的小屋子，条件简陋，但赵龙感到很满足：“相较于一个人在外的哥哥，我算比较幸福了，因为至少还有姥姥照顾……我哥平时很少主动打电话给我和爸妈，一般都是我有问题问他，他也没抱怨过什么事情，就让我好好学习，别让大人操心。”事实上，哥哥的行动方式和态度对赵龙产生了潜移默化的影响，赵龙不自觉地要求自己独立地面对问题、解决问题，对父母并没有太多角色期望，“他们（父母）在不在家，对我来说没有差别。”

梁小雅和赵龙都认为自己很独立，凡事自己做，不需要家长操心。在他们想玩，想偷懒的时候，他们便会自我约束，依靠这种“独立性”警告自己抗拒诱惑，努力学习。遇到心烦的时候也压抑自己，不找人诉说，并用“独立”来标榜自己的成熟与骄傲。“我不像其他同学那样有什么事都告诉爸妈去”，“这娃懂事，能干得很”。但是梁小雅一次无心的谈话暴露了留守儿童内心的真实想法以及对远在外地母亲的依恋和怨恨：“其实爸妈如果在家里，至少心里有个依托。像我这样自觉的孩子还好，那些不自觉的孩子会从此堕落，爸妈在家至少会监督。其实我妈在家时我看电视就训我，我嘴上不说，但是心里还是感觉挺好的，因为妈妈训我时，我就能去看书了。她说5月份我中考前回来，其实她早就该回来了，不然我考不上高中就怪她。”小雅和其他孩子一样渴望妈妈的疼爱、照顾甚至是管教，毕竟妈妈的位置是别人不能取代的，但是因为妈妈回不来，她只好自己安慰自己，自己克服困难，自立自强。她的这种“被迫的独立”在妈妈真正回来时又表现为与妈妈的对抗，似乎一方面不稀罕甚至讨厌妈妈的存在，另一方面又以赌气的方式争取妈妈能早点回来，“考不上高中就怪她”。

和其他息县的初三学生一样，梁小雅和赵龙面临着激烈的学习竞争和升学压力。正是紧张备考的阶段，两位受访留守儿童谈到最多的就是学习压力。他们抱怨学习负担太重，每天早晨6点钟起床去学校，整天都待在班里，上课、做题、测试，有时连吃饭时间都没有。好不容易熬到9点半放学回家，还要战战兢兢地提醒自己明天又有哪些模拟考试，必须复习到晚上12点，才敢去睡觉。如此巨大的学习压力下，梁小雅和赵龙内心深处十分渴望父母的关怀、照顾和安慰，可是父母身在远方无力满足他们的需要，并且由于外出打工的父母的受教育水平有限，“跟他们说学习，他们根本听不懂。”于是小小年纪的梁小雅和赵龙都选择了“独立坚强”和“自己承担”。

长期空间隔离——“隐藏的”情感

家庭作为一个初级群体，其最显著的特征是成员之间长期的，直接的富于感情的互动。也正是通过这种面对面的直接互动，家庭才能满足儿童对爱的需要，父母才能完成对子女的教化。传统中国乡土社会中的家庭更是这样，中国传统的文化是讲求内敛和含蓄的，尤其在农村社会中，这些面向黄土背朝天的人们不善言辞，也羞于用大胆夸张的言语表达出自己的情感。费孝通在《乡土中国》中这样描述普通的乡下家庭：“一早起各人忙着各人的事，没有工夫说闲话，出了门，各做各的……做得好，没事，也没话；合作得不对劲，闹一场，动手动脚，说不上亲热”（费孝通，2006：34）。中国家庭的凝聚力虽是世界著名的，但是家庭里的人们表面看又似乎没有什么感情，不会像西方人那样直接地宣泄情感，深厚的关切和爱往往是通过面对面的实际行动来传达给彼此的，父母表达对孩子的关爱更是借助行为上的帮助和呵护。

但是留守儿童的父母外出务工后，通常一年才回家一次，而且在家待上一个月就再次外出，留守的子女很少能与父母进行面对面的直接互动，失去了这个稳定可靠的情感表达方式。大部分时间里他们只能靠电话保持联络，这种依靠通信工具建立起来的联络和交往通常以言语为媒介来传达感情。然而农村的父母并不习惯以言语为媒介表达自己对孩子的情感，让他们说出诸如“宝贝儿，妈妈很爱你!”之类的话是难上加难。因而长期留在农村老家的孩子在既得不到父母实际行动的帮助和关爱，也得不到父母言语上的呵护时，便认为父母并不像其他人的父母那样疼爱自己，继而疏远父母。

隐藏情感是留守儿童梁小雅和赵龙在成长过程中都面临的问题，并且随着他们年龄的增长和“被迫独立”而体现得更为明显。在父母刚刚外出的一两年里，年幼的梁小雅和赵龙都十分乐于通过电话借助言语表达自己对父母的思念和感情，小雅经常央求妈妈，“妈妈你快回来吧，我可想妈妈了。”赵龙接到父母的电话也很是激动，“妈妈，你们什么时候能回来啊，我想死你们了。”然而随着小雅和赵龙进入青春期后，他们已经内化了乡土社会的言语规范和文化传统，形成比较稳定的自我意识，不再通过充满感情的言语向父母倾诉了，这种言语风格的改变让父母认为孩子疏远了他们。在对家长们的访谈过程中，赵妈妈认为“孩子大了”是他们亲子关系疏远的主要原因。“男孩子，大了嘛，总不好意思再跟妈撒娇了吧。以前小的时候不省（懂）事，搁（在）大人边儿撒娇，大了就该远了。”而梁妈妈对小雅的变化却深感悲凉，“都说孩儿越大越无义（不孝敬），现在从来不主动给我打电话，好不容易给她喊到电话边儿，她也不耐烦得很……你说，我在外面辛辛苦苦地挣钱，养活了这么一个无义虫。”

2009年春节，梁妈妈刚从上海回家时，小雅不愿意搭理妈妈，还要求奶奶和爸爸都不准跟妈妈讲话。但是几天后，在妈妈给小雅做饭、洗衣服、送她上学这一系列行为发生后，小雅开始跟妈妈讲话，并且愿意陪妈妈一起逛街聊天了。因为通过妈妈的行动她能感受到妈妈对她的感情和爱，“除了有些唠叨之外，其实俺妈对我还可以。”但是一个月后梁妈妈再次外出，这种传达感情的机制失去了行动基础，小雅在与母亲的电话中又恢复了以往不耐烦的语气和态度。

与外向开朗的梁小雅相比，赵龙是个内向害羞的孩子，他的身边只有一个不那么熟悉的姥姥。赵姥姥认为自己只要把赵的生活起居照顾好便是完成了重要的“任务”。“我把一天三顿饭给他做好，衣服洗好，不都中了吗？他也没啥事跟我说哩，就回家了说一句‘我回来了’，走的时候说‘我上学去了’……其他事儿没跟我说过，学校的事儿跟我说，我也听不懂啊。”赵姥姥没有念过书，只认得一些基本常用字，文化程度比较低，所以对赵龙的学习情况不甚了解，只有考完的卷子需要家长签字时，赵才会稍稍提一下自己考了多少分。可姥姥其实并不关注赵的学习成绩：“我就把名字写上就行了，啥也看不懂，也不知道考得是好是坏……娃省（懂）事就行了，我也管不着他，每天按时上学，放学回家，这孩儿其实很听话了。”由于文化水平有限，赵姥姥根本没有家庭教育的观念，不注重与赵的情感交流。赵姥姥的生活比较规律，每天早晨6点给赵做好饭后，洗洗衣服，然后就跟几个邻居老太太一起买菜，做饭。夏天屋里太闷，晚饭后会跟这些邻居一起去广场乘凉。可是无论四季变化，赵姥姥每天都在9点钟之前睡觉，所以晚上10点赵龙回家后通常都是自己趴在床上写作业，不跟姥姥说任何话。这种缺乏情感沟通的家使得赵龙倍感寂寞，越发不愿意提起自己的真实情感和需求。赵龙的舅舅和叔叔们都外出打工了，因而在县城的这所简陋民租房子里，赵长年累月地见不到一个熟悉的人来探访。

> “真快熬不下去了，都三个星期没有放假了，每天都过着同一种生活，每天都是一样的，重复得让人恶心……可能是还没习惯，我想我会适应的，人家说没经过高中的人生是残缺的人生，我大概明白了。”
>
> “我感觉我好累呀！心真的累，那么多的事，我要小心翼翼地活着，像个小老鼠一样，唉，有时候真想一个人离开这个繁杂的世界，独自一个人到一个只有我的地方，可是我又有太多牵挂的人、事，不过千万别以为我是想不开了想干那蠢事哈，只是想一个人静静，就一个人。”

只有偶尔爸妈打电话时，赵龙才有机会与家人说说话。尽管不愿同爸妈谈及自己内心深处的世界，但在这样的环境下，父母的电话成了赵龙唯一可以自由闲谈的机会。应该说与父母通话多少缓解了赵龙整天无话可说的压抑感以及无人可诉的寂寞感，但是电话那一头的父母虽深爱自己远在家乡的儿子，却不能用言语表达出来：

研："又长大了一岁，有什么特别庆祝的方式不?"

赵："没有。"

研："那妈妈肯定给你打电话庆祝了吧?"

赵："每年都是这样，就一个电话，没什么特别的。早就习惯了。"

研："妈妈没说祝你生日快乐之类的话吗?"

赵："没有吧，就问我钱还够不够花，吃的怎么样。"

参照群体：同龄人的"榜样"

个体社会化的重要途径之一就是通过观察榜样人物的行为和态度，并使自己的行为和态度与之相同或相似，从而习得该行为和态度。班杜拉认为个体通过对榜样的观察和模仿，可以学到很多社会行为，因而个体社会化过程中，榜样人物的行为和态度直接影响个体的行为方式和态度观念。在儿童成长的过程中，父母和家庭其他成员、老师、同辈群体等都有可能成为榜样人物。但是随着孩子进入青春期，发展了的自我使他们羞于向长辈倾心交谈，同辈群体的作用则越来越重要。

同辈群体是指由地位相近，年龄、兴趣、爱好、价值观念等基本相同的人组成的关系亲密的非正式群体。一般来说，同辈群体有着不同于成人世界的价值观念、信仰态度以及行为规范，同辈群体的文化属于亚文化，西方研究发现某些劳工阶层的同辈群体间形成的是"反学校文化"，与父母、老师等成人文化相对抗。一般的家庭中父母可以对孩子选择什么样的玩伴以及对他们持有的价值观进行干预，但是对于父母长期外出的留守儿童来说，家庭作为儿童社会化的第一主体处于弱势状态，亲子关系由初级关系变成次级关系，相反，缺乏正确引导的同辈群体亚文化意识和社会化功能补位过度。

梁小雅是家里的独生女，但是她有两个年纪相仿的表妹，三人交情甚好，常常见面。小雅和两个表妹年龄相差不到1岁，而且同时入学，三个人凑到一起时免不了互相攀比。单从经济状况来看，其实小雅家处于中等水平。但梁小雅与两个表妹攀比的重点并不是家庭收入，而是学习、生活等诸多方面。两个表妹的父母都在家，而且有稳定工作。大表妹的父母分别在事业单位和私营企业工作，他们对其学业要求很严格，给她报了各种辅导班。由于大表妹考试成绩始终保持较高排名，她被家族公认为是三人中最有希望出人头地的女娃娃。小表妹虽然家庭收入是三者中最低的，但是爸妈对其学习同样十分严格，监督她写作业，有时还帮她检查功课。小表妹成绩一向很差，但是在跳级进入初中的测试中顺利通过，跳级进入了初中部。这对梁小雅是个很大的触动：“我命怎么那么苦，成天累得要死要活好不容易才考上，人家春儿有爸妈管着，自己都不怎么操心结果还考上了。”梁小雅将表妹们学习上的进步和成绩都归因于父母在家监管。而梁妈妈的外出使得小雅每次都能为自己成绩退步找个十分正当的理由——妈妈不在。因为表妹们在与小雅的接触中，总是不自觉地显示出对父母的依赖，这些依赖行为让小雅对妈妈的角色有期待，然而由于梁妈妈外出打工无法像其他妈妈那样悉心照顾自己的女儿，梁小雅对妈妈很失望。“同样的家庭条件，为什么她（妈妈）就非得出去打工呢？挣那么多钱干吗？就是因为她出去挣钱了，不管我，所以我成绩才会下降！我考不上重点高中责任全在她！”

梁小雅出生在城关镇，从幼儿园起，就在县里的重点学校读书。她从学校结交的朋友中，父母基本都在县城做买卖，很少有外出打工的。梁小雅在进入初中后，结识了三位好友：郭、卢、孙。她把生活中的问题和情感分享给这三个好朋友。四个人很要好，不仅在学校里形影不离，放假时四个人也经常约到各自家里做客玩耍。除了讨论学习问题，她们也常常交换听来的小道消息或是八卦新闻，爸妈也是她们热议的话题之一。小雅是个独生女，爸爸工作很忙，只有晚上才回家；虽然跟奶奶感情很深，可毕竟奶奶上了年纪，代沟的存在使得小雅也很少向奶奶倾诉；因而这三个朋友成为她唯一可以倾诉秘密的人。小雅在访谈的过程中，坦言内心很妒忌郭和孙，

> “他们的爸妈都在身边……尤其孙的妈妈，对她可好了，专门为了她上学，从乡里搬到县城。经常到学校给她送饭，送钥匙，下雨了还去送伞。我妈几年也去不了学校一次，唯独一次来还是要求老师把我班长的职务撤掉。”

卢的爸妈也去了上海打工，可是梁小雅觉得卢比自己幸运多了，

> “卢的爸妈特别好，爸爸经常在外面下载些励志性的歌儿啊做成光盘寄回来，打电话时也是考好了就表扬，考不好也不会责怪。”
>
> “郭很讨厌她妈妈，总觉得她妈又老又丑又没文化，我妈也是。我们俩在一起经常互诉苦水，批判自己的妈妈。”

同学孙在与研究者的交谈中证实了小雅所讲的并非玩笑：“梁小雅跟她爸关系挺好，跟她妈不怎么样啊。老是说她爸这好那好，长得帅啊，学问深啊，风趣幽默，却嫌她妈又老又丑还没文化，最受不了的是啰唆，老抱牢一件事不丢。她（小雅）比较搞笑，还直呼她妈的名字呢。”

梁小雅与这三个好友结成了一个小团体，这个团体成员对父母的角色期待具有多重性：父母不仅应当照顾子女的起居生活，还应当担负教育、培养，以及情感传输、爱的表达等多种责任，而且团体成员之间还会经常相互比较各自父母的表现。因此当外出的母亲无法按照

梁小雅的角色期待完成其角色扮演时，梁小雅便对母亲产生了强烈不满，并认为这是母亲的失职。一方面她希望母亲回家完成这些角色，但另一方面又由于对母亲的不满而疏远母亲。梁小雅自己也在访谈中表达了这种矛盾心理：“说实话，我觉得爹娘出去了，留在家里的小孩心理都会扭曲。”梁妈妈分析母女关系紧张的原因时，同样意识到了自己的失职，“她现在长大了，看见别人都有妈妈疼着宠着，自己却没有，肯定会怨我。”

相比之下，赵龙以自己寄宿的哥哥为榜样，勉励自己一个人独立地生活。前面已经讲到，赵龙哥哥的独立、懂事与能干对赵龙产生了潜移默化的影响，赵龙不自觉地要求自己也独立地面对和解决问题，对父母并没有太多角色期望，“他们（父母）在不在家，对我来说没有差别”。另外，赵龙在搬进县城念初中之前同奶奶一起住在长陵乡，长陵乡是息县劳务输出数量较多的乡镇之一，近30%的长陵乡民都靠外出打工维持生活，乡里留下了大批的留守儿童。赵龙读小学时，70%以上的同学是留守儿童。大人不在的日子，这些童年伙伴成了赵龙生活的重要组成部分。每次谈及童年伙伴，赵龙的话也变得多了起来，“我们这些小孩子有时候就随大人下地，有时候则自己找小朋友玩，呵，当然我们大部分还是自己在家玩了，在那些小脑袋瓜里，在又脏又累的地里怎么能抵得上在家里和小伙伴们一起玩捉迷藏，玩游戏来的好玩呢……唉，真让人怀念呀。”到了县城后，赵龙与这些童年的伙伴渐渐失去了联系，但是春节回老家时，赵龙也会向乡民打听好友的下落。

赵龙不善交际，性格有些内向，所以并没有特别亲密的朋友。“现在没有什么特别好的朋友。大家都在忙着学习、上课、考试，各自做自己的事情，没时间去交朋友。”虽然赵龙在现实生活中缺少情感交流的对象，但是他在网上却有一个名为“雪儿”的亲密网友，赵平时有什么烦恼和问题都是到网上找雪儿倾诉，“她是我唯一信赖的朋友。”由于父母的远离，姥姥的陌生，哥哥的独立，自己性格的内向，赵龙转向虚拟空间的网络及网友来满足自己对情感交流的需要。

在县一中他虽没有交好的朋友，却有一群像他一样来自外乡的同学，这些同学大部分是从童年起父母就外出打工了。“我名义上有8个妹妹，全是认的干妹妹，其实并不是因为玩得特别好，而是她们的爹妈都出去打工了，大家又都在学校附近住，所以有时会在一起聊聊天什么的。”这些同龄人在一起时，大家很少会主动提到父母的事情。每个人对在外地的父母了解得都很少，甚至有些都不清楚父母在外从事什么职业。唯一有关父母的话题就是“看谁的爸妈寄回来的钱多”。随着年龄的增长，他们普遍形成了独立的个性和自我意识，对父母的依赖也逐渐少了。在与赵龙的朋友网上聊天时，一位网名为“公主”的女生说：“爸妈在外打工赚钱，供我们吃穿就已经尽到责任了，学得好还是不好，关键看我们自己。”这种依靠自己的独立意识导致他们对父母的角色期望仅仅是提供足够的物质生活资源即可，并没有对父母提出过多要求，两代人的矛盾因而便少了很多。因此对赵龙来说，他的参照群体都是跟他背景相似的留守儿童，致使他与父母之间虽然产生了疏离，但不像梁小雅母女那样冲突激烈。当梁小雅选择通过电话发泄对母亲的不满，赵龙则选择了沉默寡言不愿父母走进自己的内心，因为“从小就这样，已经麻木了”。当研究者要求梁小雅和赵龙写下生命中最重要的人时，梁小雅的答案是：“郭、卢、孙、爹、娘、姐”；赵龙则是：“爸妈、哥、雪儿（别告诉其他人哈）。”

城市父母与农村儿女：价值观的冲突

个体社会化的目的，就是要培养出合格的社会成员，使其在社会生活中担当一定的角色。米德认为：“社会角色”是由一定的社会地位所决定的，符合一定的社会期望的行为模式。由于从小父母就出门在外，留守儿童梁小雅和赵龙不了解什么是父母赞许的行为模式和对他们的社会期望，他们只能转向日常生活中能接触到的人（譬如抚养人、哥哥、表妹等其他扩展家庭的成员）或者家庭外的同辈群体、老师等，从对这些个体或者群体的观察和模仿中习得自己的基本价值观和行为方式。同时由于缺乏日常直接的互动，外出父母无法完整系统地将自己的生活知识、经验传递给子女，也无法教化子女认同父母的价值观和行为方式。随着社会化的进行，儿童渐渐进入了青春期，此时他们的价值观、人生观、行为处世的方式已经基本形成，可是这些贯穿个体生命历程的重要思想和理念却是在父母缺失的状况下产生并稳定下来的。留守儿童通过模仿学习农村社会中其他社会角色而内化的社会价值观和行为规范必然会与身居城市，接触城市文化与价值观的父母产生冲突。

梁小雅在班里是个活跃分子，热情积极，自小学开始一直都是班委成员。小雅认为班长的身份代表了很高的荣耀和地位，因此很重视这个职位。可是进入初三后，梁妈妈认为担任班长的职务会影响小雅学习，而且小雅身体比较虚弱不应该去处理这么多的繁杂琐事，因此亲自到学校去要求老师撤掉小雅班长一职。这件事对小雅造成了不小的打击，虽然理解母亲是为自己的成绩着想，但是一想起自己现在受到的“冷遇”小雅还是有些愤愤不平，“同学们现在都势力得很，谁是老师面前的红人，就捧谁，对谁好。我这个过气的班长已经没有人来恭维我了。哎，都是王燕（梁妈妈的化名）害得啊！”

2009年夏，中考成绩公布，梁小雅成绩中等，能被县一高、二高录取。经家人多方打听，如果交两万块的借读费，小雅也可以去信阳高中（市重点，以下简称信高）念书。下面的访谈进行时小雅正在为去哪所学校念书而犹豫不决。

研：“你到底想去哪个学校啊？”

梁：“一高偏理，二高偏文。我想去二高，因为报二高可以免费，我可以用省下来的钱去北京旅游啊。”

研：“为什么不去信高啊？”

梁：“我想去啊，但是去信高上不了奥赛班，只能去农村或者城市班。”

研："你去农村班上也挺好啊，我原来就是农村班的。"

梁："都怨大姨和三姨，她们也不问清楚，能不能上农村班！"

研："即使上不了农村班，信高的城市班也比县里的高中强。"

梁："可是上信高得花钱。一年借读费一万八，还要交住宿费和学费，一年得个七八万呢。都够我吃一辈子热干面了。"

研："钱的事不是你这个小孩子操心的。你妈妈让你上哪个学校？"

梁："我妈当然让我去信高了啊，我不想去，那得花多少钱啊。"

梁小雅深受所处的农村环境影响，虽然渴望去条件好的学校读书，但是听到要花费的高额费用就退缩了，尤其是这个费用相比农村日常生活的开销来讲实在是太高了，因而对上信阳高中的价值持有怀疑态度。"是金子在哪里都会发光，在哪里上学无所谓，关键是看自己，为了上好学校花很多钱根本不值得。"况且，在她生活的周围，有辍学到大城市打工的同学，赚了钱，还旅游了，也是让人羡慕的一条路。作为一个在农村出生长大的孩子，梁小雅也渴望到外面去看看，对她来讲用省下来的钱上北京旅游更有意义。

梁小雅的母亲却不这样想，由于她自己的城市经历，梁妈妈深深感到学历和知识对一个人未来发展的重要性。梁小雅母亲中专毕业，在当地的同龄人中，这样的受教育水平已经算是很高了。梁母年轻时原本有机会去念大专，但是由于当时贪玩，不愿承受读书的辛苦，早早地便参加了工作。时至今日，看到自己的姐姐因为念书而获得可观的收入和体面的工作，梁母十分后悔，对梁小雅学习要求严格也是希望女儿不要像自己这样为生计奔波劳碌。尤其进入上海后，梁母接触了很多高学历工作好的人，这更加坚定了她培养小雅成才的决心。"现在这个社会，有知识就是有钱，上海那么多白领整天活得滋润得很，就是因为人家学得多、懂得多。”“只要是为了学习上的事，花多少钱也值得。名校自然能出人才，差学校里的小孩就是很难考上重点大学。”

因而梁母虽然远在上海，却经常通过电话督促小雅好好学习。一旦得知小雅成绩下降就会严厉批评。“我妈每次一听说我成绩又下降了，都（责）怪得要死，说我不好好学习，到时考不上大学，就上街卖馍去。”一旦回家，梁母还会监督梁小雅学习，“这小妮儿学习不积极，不主动啊。她在家的时候都能急死人！礼拜六、礼拜天，非得玩好、吃好以后再写作业。还说什么大考大玩，小考小玩……我在家的时候看她写作业，她都是边写边玩，硬磨到12点。我看她没啥压力，真有压力哪还有心思去玩啊！”梁小雅本身对自己就有很高的期望，每次考试都要求自己能保持班级前十名，再加上沉重的学习负担，已经承受了很大压力。梁妈妈认为小雅压力的来源在于成绩不够好，没有信心考上重点高中，因此只要帮助小雅提高成绩，就能缓解她的压力。为此她时常督促小雅用功学习，还请了两个家庭教师为她补习物理和化学。然而事与愿违，这似乎引发了小雅更多的反感，她认为这是既浪费钱又没有实际效果的做法。“我妈烦死人了，给我请了两个家教，一个教物理一个教化学。教物理的周六晚上来，教化学的周日上午来。我好不容易有个唯一能睡觉休息的机会，都让她给占了。不能好好睡一个觉，我根本没心思去好好听，听了也听不懂。”

梁母出于“望女成凤”的急切心理，不断施压给梁小雅，虽然碍于家长的权威和权力，小雅多数情况下还是听从了妈妈的安排，如9月份高中开学，小雅最终听从妈妈的意愿去了信阳高中念书，但是小雅的接受并非基于相同的观念和态度而形成的主观认同，而是在客观环境下的被迫接受，最后的结果是梁小雅“口服而心不服”。

与梁小雅的母亲不同，赵家父母念完小学就没有继续读书了。在乡下时只要懂得怎么种地就能维持基本生活，不需要太多文化知识。去了上海后，两人在建筑工地工作，这份工作只要懂得砌砖之类的技术就能挣到钱。他们在上海打工的同行大多没有什么学历文凭，赚钱相对多的人都是掌握了一门技艺，如开车、理发或装潢等。赵家父母从自身的社会经验出发，认为文化知识并不是十分重要，懂得技术才是关键，“有技术的人到哪打工都能挣钱”。因此两个人对儿子的学业要求不高，基本上是采取放任态度，“孩儿想学就学了，不想学逼他也没用。”加上赵龙父母自己文化水平有限，无力指导赵的学习，认为上学本身就很有压力，所以不敢主动去问赵龙学习的事情，也不十分关注赵龙的考试成绩，他们认为让孩子顺其自然才是最好的处理方式。“小孩儿学习上的事儿我挨（也）不问，都是哪次考试了，考多少分他自个儿给我们说。小孩儿可怜得很哪，我感觉他成天都在看书。”“他想说就自己说了，不想说俺们也问不出来啊。平时打电话都是问他吃得怎么样、休息好不好。没有指望他一定拿多少名，考上重点学校。”

也许正是因为父母没有施加太大压力，赵龙是一个听话努力的好学生，遵守纪律，虽然成绩不好，但是至少还能循规蹈矩，与其他班上的留守儿童相比，赵龙对自己的状态比较满意，“我觉得每天过得比较充实吧，除了学习，我好像也没其他事情做了。班里其他人（留守儿童）也不学习，成天闹事。我呢，如果不上学，不考试，那我就不知道自己能做什么了，现在的生活虽然有些浑浑噩噩，但是比较充实。”可见赵龙虽然也像每一个息县的中学生一样承受着学习的压力，但是由于父母和周围人并没有对自己的学习寄予太高的期望，赵龙心理承受的负担不像梁小雅那样重。中考前，赵龙在与研究者进行的访谈中也表示出他对自己的学业抱着随遇而安的态度。

研：“复习紧张吗？”
赵：“嗯，物理化学有点难。”
研：“你想进哪个高中啊？”
赵：“随便，能考上哪个就哪个吧。”
研：“那总得有个目标吧？”
赵：“我想进二高。”

研：“为什么不去一高呢？（一高在县里是重点学校）”

赵：“二高偏文，我理科差。英语不太好，物理化学也不行。”

较低的教育期望虽然缓解了赵龙作为留守儿童生活的苦闷，但是教育期望低却不能让他成为一名好学生。研究者在与赵龙的多次交流中，发现他很希望能有人辅导他课业：他性格内向，在班里不肯主动向老师提问，“初中快毕业了，还有好多老师的名字我都不知道……也不是害怕，可就是不愿意去找老师。”唯一能够说上话的哥哥又忙于高考无暇顾及他。这使得赵龙在学习上碰到问题时觉得自己孤立无助，有时兴致来了赵还能一点点地自己去“啃书本”，但是大部分的问题他都选择放弃。有时他甚至会用短信给研究者发数学题目请教如何解答，即使研究者没有做出来，只是简单地指导他学习数学的方法，他都感激不已。作为一名学生，赵龙当然期望能够成功地完成学业，学好知识，考上理想的学校，但是在城市底层打工的父母局限于自身的经验，并没有认识到学习的重要性，也没有（或没钱）请家教帮他克服学习上的困难，反而认为只要他生活得好就可以了，等他走出校门再学一手技艺，能赚钱自食其力似乎就是他们对赵龙的最好期望。同是在城市里打工，梁小雅母亲接受了“万般皆下品，唯有读书高”的思想，因而对女儿的学习寄予了厚望，但是赵龙父母接受的却是劳工阶层对学校文化资本的抵触，按照布迪厄的社会再生产理论，赵龙最后也可能走上社会底层劳工的道路。

在农村长大的留守儿童必然会与身居城市、接触城市文化与价值观的父母产生冲突，这一点在梁小雅和赵龙身上又有着不同的表现形式。有着较好社会经济地位起点的梁小雅妈妈在城市里进一步认识到了教育在个体向社会上层流动中的作用，与没有在城市生活过、被巨额学费吓坏的女儿之间存在价值观上的分歧；出身农民的赵龙父母在城市里成为了底层的劳工阶层，无法认同主流社会所认可的教育价值，却让试图努力学习的儿子感觉孤立无援，缺少必要的学习支持。

这种深层次的价值观冲突不仅反映了代际之间（成年人和未成年人）的差异，更体现了以城乡、阶层等为区分的教育价值观迥异（余秀兰，2004）。

五、结论与反思：我们能做些什么？

尽管农村留守儿童问题已经引起了社会和学界的广泛关注，但是对留守儿童真实生存状态的描述还不多。本研究力图通过教育民族志的田野调查呈现留守儿童社会化与亲子关系的完整生动画面。以往研究虽然探讨了父母缺失以及家庭作为社会化主体的功能减弱对留守儿童社会化产生了重大影响（李超英，2005；李星贵，2007；教育部农村留守儿童社会化困境及其对策研究课题组，2009），但是本研究通过对梁小雅和赵龙这两个留守儿童案例的深入分析认为：留守儿童的社会化过程是复杂的，是与儿童进入青春期、农村的留守家庭结构、巨大的学习压力、同辈群体的参照比较、两代人的价值观冲突以及其他个体生命事件交织在一起的。梁小雅和赵龙虽然都在父母缺失的过程中渐渐独立和早熟，形成了强烈的自我意识，并没有明显的偏离行为，但是这种年幼的“被迫”独立使他们倾向于隐藏自己的情感，压抑内心的真实想法，如梁小雅通过与母亲直接冲突与向同伴诉苦表达对外地母亲的依恋和怨恨，赵龙则选择了沉默寡言不愿让父母走进自己的内心。因而留守儿童的家长（不管是抚养人，还是外出的父母）都应该充分理解留守儿童的为难处境，耐心开导他们，包容他们的对抗行为（如梁小雅），并且改变传统家庭的沟通方式，多用鼓励、表达情感的词语让留守儿童能够对他们敞开心扉。

本研究的另一个发现是同辈群体在留守儿童社会化过程中的作用既有积极的，也有消极的。同辈群体缓解了留守儿童的寂寞，陪伴他们成长，是他们社会化过程中重要的人，尤其当同辈群体也是留守儿童时，同病相怜和彼此慰藉的作用更大（如赵龙与他的朋友）。但是同辈群体毕竟都是未成年人，他们的价值规范和行为方式有时会表现出“反学校文化”，需要成年人的有效引导。如赵龙班里的留守儿童大多数不爱学习，打架斗殴，又如梁小雅的“完整家庭同辈群体”让她对母亲的离去更加不满。因而教师和家长应该对留守儿童同辈群体内的价值规范加以监督和引导，不应让留守儿童随意交朋友，完全随着同辈群体的牵引。

最后，本研究的发现对农村学校教育如何帮助留守儿童有着重要的启示。在梁小雅和赵龙的生活中，学习压力是他们提得最多的，也是最大的心头重担，可见学校教育把主要的精力放在“升学率”上面，对学生的心理问题置之不理是不对的。学校应该认识到在农村留守家庭中长大的学生的特殊性，为他们组织各种课外活动，丰富他们的生活，把留守儿童有效地组织起来，尽可能地发挥同辈群体的积极作用，并配备必要的生活老师或心理咨询老师，主动与学生沟通，促进他们的身心健康发展。

参考文献

中文部分

艾尔·巴比. 2008. 社会研究方法［M］. 第10版. 邱泽奇，译. 北京：华夏出版社.

白南生，宋洪远. 2002. 回乡，还是进城？中国农村外出劳动力回流研究［M］. 北京：中国财政经济出版社.

曹述蓉. 2006. 农村留守儿童学校适应的实证研究——以湖北省6县304名留守儿童为例［J］. 青年探索（3）：16-19.

陈向明. 2000. 质的研究方法与社会科学研究［M］. 北京：教育科学出版社.

段成荣，梁宏. 2004. 我国流动儿童状况［J］. 人口研究（1）：15-25.

段成荣，吴丽丽. 2009. 我国留守儿童最新状况与分析［J］. 重庆工商大学学报（1）：25-27.

段成荣，周福林. 2005. 我国留守儿童状况研究［J］. 人口研究（1）：29-36.

范方，桑标. 2005. 亲子教育缺失与“留守儿童”人格、学绩及行为问题［J］.

心理科学（4）：855-858.
方建移，何伟强. 2005. 家庭教育与儿童社会性发展［M］. 杭州：浙江教育出版社.
费孝通. 2006. 乡土中国［M］. 上海：上海人民出版社.
黄小娜，吴静，彭安娜，李孜，戚小兵，石淑华. 2005. 农村"留守儿童"——社会不可忽视的弱势人群［J］. 医学与社会（2）：5-6.
教育部农村留守儿童社会化困境及其对策研究课题组. 2009. 农村留守儿童社会化困境及其对策研究报告［J］. 思想理论教育（10）：34-39.
李朝英. 2005. 关于"留守儿童"的十个问题［J］. 中国家庭教育（1）：30-33.
李星贵. 2007. 留守儿童社会化问题探析［J］. 农村经济（8）：120-122.
廖鸿冰. 2006. 农村留守儿童思想道德教育问题的思考［J］. 当代教育论坛（14）：21-23.
缪建东. 2001. 家庭教育社会学［M］. 南京：南京师范大学出版社.
聂建华，李刚. 2008. 家庭对于农村留守儿童社会化的功能研究［J］. 北京青年政治学院学报（7）：10-14.
孙建强，杨伟. 2005. 留守子女心理健康问题析因及对策思考［J］. 教育科学论坛（12）：69-70.
孙立平. 2003. 城乡之间的"新二元结构"与农民工流动［M］//李培林. 农民工——中国进城农民工的经济社会分析. 北京：社会科学文献出版社.
王道春. 2006. 农村"留守儿童"犯罪原因及预防对策刍议［J］. 北京青年政治学院学报（3）：27-33.
王铭铭. 2003. 走在乡土上［M］. 北京：中国人民大学出版社.
王秋香. 2007. 强势与弱势的错位：农村"留守儿童"社会化问题分析［J］. 理论月刊（1）：167-169.
王艳波，吴新林. 2003. 农村"留守孩"现象个案调查报告［J］. 青年探索（14）：7-10.
杨菊华，段成荣. 2008. 农村地区流动儿童、留守儿童和其他儿童教育机会比较研究［J］. 人口研究（1）：11-21.
余秀兰. 2004. 中国教育的城乡差异：一种文化再生产现象的分析［M］. 北京：教育科学出版社.
翟振武，段成荣. 2006. 跨世纪的中国人口迁移与流动［M］. 北京：中国人口出版社.

周恩武. 2008. 亲子教育缺失对农村留守儿童个人社会化的影响 [J]. 当代教育论坛 (1)：29-31.

朱科蓉，李春景，周淑琴. 2002. 农村“留守子女”学习状况分析与建议 [J]. 教育科学 (4)：21-24.

英文部分

McLanahan, S. & Sandefur, G. F. 1994. Growing up with a Single Parent [M]. Cambridge, MA Harvard University Press.

Murphy, R. 2009. How Migrant Labor is Changing Rural China [M]. Cambridge University Press.

虚拟世界中的“身份建构”
——基于N校大学生网络互动的个案研究[①]

The Identity Construction in Cyberspace—a Narrative Study on College Students' Cyberspace Interaction in a Case Institution

徐　永（Xu Yong）
江西科技学院高等教育研究所
The Institute of Higher Education, Jangxi University of Science and Technology

内容提要：对于“属人”的学问来说，任何研究都脱离不了既定的社会脉络，身份研究当然也不例外。在今天，“虚拟世界的身份问题”正随着信息技术的飞速发展和“网人互动”的加深日益凸显出来。虚拟世界身份建构过程中的差异化表征使得惯常于现实世界探讨身份问题的一部分研究者们不得不转向“赛博空间”的情境之下，去审视那样一种“虚实相交”的生存境遇会给人们的身份意识带来怎样的变化。沿袭这样一种路向，研究者对身处于N校教育场域下的四位大学生的网络互动故事进行了个案探究。

Abstract: Identity construction should be addressed in its social contexts. With the rapid development of IT and cyberspace interaction, the problem of identity construction in the cyberspace has become a

① 文章成文过程中得到了导师余秀兰教授的悉心指导，戴爱芳、陈婧、赵飞、王小青等同学以及南京大学教育研究院的诸位老师也给予了相应地支持和帮助，特此致谢！

widely concerned issue among the academic community which used to exploring identity in the real world. Based on the studies about the Internet interaction stories of four college students, this article will discuss the change of identity construction in the half-real-half-invented in the cyberspace.

一、研究缘起及其意义

在研究者的视域中，由于虚拟生活的如影随形，那种“赛博空间的想象力”早已不再是可有可无的点缀物，现实世界“身份建构的虚拟化”也成了一个日益引人关注的话题。诚如约斯·德·穆尔所描述的那样，人们的“日常生活领域被一一占领，我们已经不可能通过简单地拒绝进入屏幕或关上我们的电脑而退出赛博空间”（约斯·德·穆尔，2007：前言）。在这样的社会脉络下，虚拟情境的出现对身处“大学”这一生活场域下的“大学生们”产生了非常大的影响，以至于如果我们不去理解、体验和把握他们的“虚实相映”的生活故事，就无法深入地了解他们的内心世界。

在现实世界的“教育场域”下，由于各种各样的原因，大多数“教育者们”对于网络之于教育的重要意义还缺乏足够的认识，功利化的教育思潮又使得教育的“外在转向”① 愈演愈烈。在此背景下，自己的学生在干什么、想什么，他们的生存境遇是怎样的，他们心灵深处的“旷野的呼唤”传达的是一种怎样的声音，教育者们就甚少关心了。事实上，面对这样的诘问，大多数教育者们只有相互无言，一脸漠然。正是基于这种考虑，“大学生虚拟世界的身份建构”成为本研究的主题。本研究旨在通过叙事研究的路径，凸显虚拟世界中大

① 教育的“外在转向”是指当下的教育已放弃了对学生的“人本关怀”和“心灵关切”，从而在实质上已经沦为人们获取各种资本的工具了。对此，可参见冯建军的《生命与教育》、金生鈜的《规训与教化》等著作。

学生“身份建构”过程中的心理体验、生存境遇和面临的问题，企图通过这样的研究，感受和理解受访者的生存状况，唤醒教育者们教育方式“心灵转向”的意念。

二、研究方法、设计、效度及研究伦理

（一）研究方法：叙事研究的理路

美国著名哲学家 A. 麦金泰尔认为，“人在他的虚构中，也在他的行为和实践中，本质上都是一个说故事的动物。他不是必然的，但通过他的历史，成了一个渴望真实性的说故事者”（A. 麦金泰尔，1995：272）。在利科看来，“叙事不仅是关于人类身份的一种恰如其分的隐喻，而且还是一种卓越的媒介，我们的身份借助叙事的帮助而得以赋形。我们的身份是包含在我们的生活故事里面的。这种故事并不是给定的，而是通过我们的行动以及对行动的反应而获得的形式。”（转引自约斯·德·穆尔，2007：172）叙事心理学的观点则认为，“同一性是一个人生故事，一个内化的、不断发展的有关自我的叙事。”（马一波等，2006：35）故事是通往个体内心世界的钥匙，故事在个体的生成中占有重要地位，它不仅仅指涉某种社会状况、某种生活场景，更深入到个体的内心深处，为“自我意识”的构建添砖加瓦；从话语分析的角度来看，故事意味着一连串的话语体系和符号表征，但其实践意义远远不限于此。基于既定的社会情境：

> “我们可以区分话语建构效果的三个方面。话语首先有助于某些有着不同称呼的东西的建构，诸如‘社会身份’（social identities），社会‘主体’的‘主体地位’（subject positions），各种类型的‘自我’（self）。其次，话语有助于建构人与人之间的社会关系。再次，话语有助于知识和信仰体系的建设。”（诺

曼·费尔克拉夫，2003：60）

从叙事研究的角度来说，“我不仅是可说明的，还是一个可以永远要求其他人给予一种说明的人，一个可以把其他人放在这个问题中的人。我是他们的故事的一部分，正如他们是我的故事的一部分一样”（A. 麦金泰尔，1995：275），“人们都承认，在个人回忆和自我表述中的个人身份表达中，或者在诸如地域、民族、性别等集团的集体身份的表达中，叙事都占有中心地位。”（马克·柯里，2003：3-4）由此可见，作为一种话语形式的故事（叙事）在人生的境遇中占有何等重要的地位！基于这种考虑以及研究者对叙事研究的长期关注，本研究打算用叙事探究的方式予以呈现。

在西方的学术语境中，叙事研究实际上是有两种路径的。一种是结构主义的叙事研究，另一种则是建构主义（后现代主义）的叙事研究。英国学者马克·柯里在《后现代叙事理论》这部著作中，为我们很好地梳理出二者之间的关系：

> “从发现到创造，从一致性到复杂性，从诗学到政治学，这是对20世纪80年代叙事学理论转折的简要概括。第一个转折——从发现到发明——反映了叙事学告别科学假定的整体性转变。这个假定就是：叙事学可以成为一门客体科学。它能发现作为其研究客体的叙事作品的内在形式与结构的特征。后结构主义叙事学则脱离了叙事分析中的这种假设的透明性，逐渐认识到无论阅读是怎样的客观与科学，阅读的对象总是由阅读行为所建构的，而不是在阅读中所发现的叙事作品的内在特征。”（马克·柯里，2003：4）

从这段论述中，我们看到叙事研究原来亦是臣服于“本质主义”研究范式之下的。由于后现代思潮的兴起，叙事研究逐渐摆脱了成为“客体科学”的追求，最终演化成现在的样子。现在的叙事研究大多数是建构主义的，根植的哲学理念也发生了很大的变化。现象学、阐释学的理论呼吁，让以二元论为前提的本质主义研究遭遇到了质疑和挑战，也使得“理解与体验”这样一种诉求贯穿于叙事探究的整个机制中去。

在中国的学术语境中，现在人们所津津乐道的叙事探究正是“西方叙事范式”转型后的沿袭和深化。如果今天要是有人问，什么是叙事研究，教育叙事研究的开拓者、加拿大学者康纳利和克莱丁宁的观点可能是颇有代表性的。他们认为，“叙事是这样一种研究：它让人们不断地讲述和复述他们的生活故事，既描绘过去，又创设未来，通过这种方式来研究如何使经验有意义。”[①] 通过这样的一种描述和界定，我们看到今天的叙事研究关注的不再是结构、类型、理论的推演等，而是对叙事者的理解和把握，对某种意义的建构和生成。基于此，正如其他质的研究一样，它的“数据资源是现实的情境，而研究人员本身就是重要的研究工具”（罗伯特·C. 波格丹，等，2008：4）。基于叙事研究的“自然主义”的特征，现代叙事探究对情境的诉求（亦是对过程的诉求），使得“深描”与“刻画”显得尤为重要。对于现代的叙事研究来说，“‘深度描述’绝不仅仅只是记录人物的所作所为，而是去详细描述情境、情感以及人际交往的社会关系网络，它必须能将其所描述的东西活生生地呈现出来，从而唤醒人们生命深处的悸动和内心感受。”（徐永，2010：25）基于此，叙事研究需要研究者在研究中转变自己的角色，尽量消除“客观研究范式”留下的心理痕迹，从一个“评判者”转变为“倾听者”、“理解者”和“意义的共同建构者”。在这种研究视域下，哲学中的“奥卡姆剃刀原则”连同当前盛行的以量的研究为代表的“本质主义”研究都是不合时宜的了。

① 这是学者侯志军的概括，参见侯志军．2007．大学叙事与院校研究［J］．高等教育研究（8）：70.

（二）研究设计与研究流程

1. 研究对象的选择及描述

质性研究的抽样方式与量化研究不同，其一般不用“概率抽样”的方式来确定研究对象、搜集研究资料。它倾向于采用“非概率抽样”的方式进行研究。“质的研究中使用最多的‘非概率抽样方式’是‘目的性抽样’，即按照研究的目的抽取能够为研究问题提供最大信息量的研究对象。”（Patton，1990）“目的性抽样”分为多种形式，譬如极端或偏差型个案抽样、强度抽样、最大差异抽样、同质型抽样、分层目的型抽样，等等。根据教育叙事研究的基本理路以及研究的实际情况，本研究采用目的性抽样中的同质型抽样与强度抽样相结合的方法①，对N校大学生中在网络上表现得比较活跃的个案进行抽样。其主要的接触方式有以下两种：一种是研究者本人在N大BBS上寻觅合适的人选；另一种方式则是通过熟人介绍或者本身就是熟人之间的访谈。经过一番准备和酝酿之后，研究者先后对其中的六位同学进行了访谈，这六位同学的基本信息如下（见表1）。

研究者在联系访谈对象的过程中，碰到了不少困难。很多时候，研究者通过N大BBS的邮件收发功能发过去的消息没有任何回音，偶尔碰到一位愿意接受访谈的同学，又时常会因为这样那样的原因，让既定的访谈化为泡影。在这样的状况下，研究者通过不断地尝试及身边同学的帮助，终于找到了六位愿意接受访谈的同学。在这些受访者中，赵同学是研究者的舍友，两个人非常熟悉，对他的访谈相对容易一些，访谈的方式也涵盖了面谈、网聊和非正式访谈等多种形式。

① 根据学者陈向明的归纳和总结，所谓的“同质型抽样”指的是对那些自身具有较高的同质性，内部成分比较相近的进行抽样。本研究中，N校大学生即属于同质性较高的个体；而所谓的“强度抽样”是指抽取具有较高信息密度和强度的个案进行研究。

表 1　受访者的基本信息

	现实性别	虚拟性别	专　业	学　历	访谈方式
李同学	男	女	工科	硕士	网聊（四次）
赵同学	男	男	工科	硕士	面谈及网聊
张同学	女	中性	社科	本科	网聊（三次）
王同学	女	男	文科	硕士	面谈及网聊
徐同学	男	男	理科	硕士	网聊（一次）
宋同学	男	不明	不明	不明	网聊（中断）

李同学是研究者根据 BBS 上的经验值的高低选定的，他比较爽快地答应了研究者的访谈请求。不过该同学不愿意接受面谈，只能通过“网聊”（即 QQ 聊天）的形式予以访谈。张同学、王同学都是身边的同学推荐的。由于张同学已经毕业（刚毕业），对她的访谈也只能局限于网聊。对王同学的访谈则是通过面谈和网聊相结合的形式进行的。对徐同学和宋同学分别只进行了一次网络访谈。由于研究者与这两位受访者的互动不是很有效，与之相关的访谈资料较为单薄，能够提供的信息量也十分有限，研究者最终只对其中的四名同学进行了叙事研究。

2. 资料收集与分析的方法

本研究在资料收集方面主要是靠正式访谈与“虚拟田野考察”。通过研究者与受访者的互动，研究者收集了大量的访谈资料，这些资料为相关研究的展开和深化奠定了基础。“虚拟田野考察”顾名思义就是将受访者置身的虚拟空间看做是一种自然情景，研究者要运用民族志的观念走进去，去观察虚拟情境中个体网络活动的方式、内容及其背景（余兰，2007：10）。由于研究者本人就是N大的学生，在这个方面有一定的优势。当然如果不能处理好研究立场和研究姿态的问题，这些优势又会变成劣势。譬如，怎么把“熟悉的场景陌生化”，又怎样把“陌生的事物熟悉化”，这对于研究者来说，是个不小的挑战。而事实上也正是如此。研究者对赵同学的访谈就遭遇到了两个人“过于熟悉”的难题。研究者想到的解决途径是，将大部分访谈放在网上进行，利用网络的隔离效果，制造出一种“陌生感”。而对李同学的访谈则遭遇到了“陌生化的尴尬”。由于研究者对该同学痴迷的“动漫”不是很了解，研究者在访谈中很容易陷入云山雾海之中。面对这种困境，研究者一方面向比较了解“动漫”的同学咨询，另一方面就是通过网络更好地熟知李同学的BLOG页面上的内容以及与动漫（尤其是日本动漫）相关的基本情况。经过这样的努力，这些方面都得到了一定程度的改善。除了正式访谈和“虚拟田野考察”，非正式访谈也是一种收集资料的方式，虽然这种方式提供的信息不集中，也不是很多，但往往具有一定的启发性，这个也是值得关注的。

本研究所用到的分析方法，一种是话语分析，就是根据既定的情境，对相应的文本自身进行比较细致的分析，这其中包括对语句中的修辞、情感，所能反映出的个体的心理活动等诸多方面的分析。另一种分析方法则是基于叙事研究整体性、延续性的理论诉求的“整体—内容”分析法，这种分析方法“把整个故事考虑在内，并重点关注它的内容”（艾米娅·利布里奇等，2008：12），对相关资料进行整体性的把握，从而求得主体间的相互理解，生成事物的意义。

3. 研究流程

根据叙事研究和深度访谈的要求，本研究的研究流程如图1所示。

与一般的量的研究不同，质的研究中鲜有“假设”与“验证”这样的词汇。本研究在最初并没有一个清晰的概念或者说假说陈列在脑海中。所以，开始的时候，研究问题只是以一种模糊的状态存在

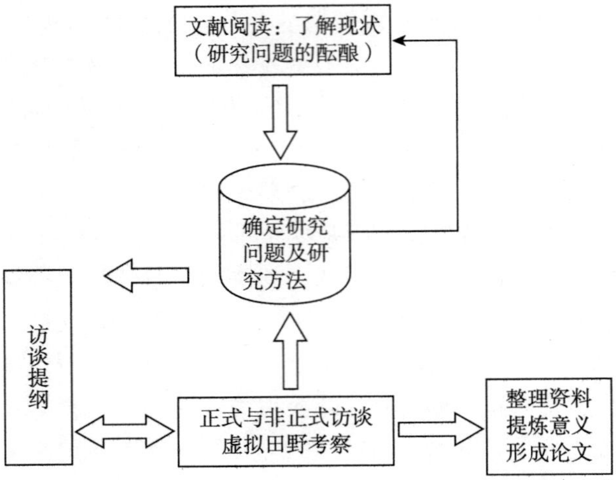

图 1　研究流程示意图

的。在开题报告中，研究者甚至难以非常鲜明地阐明自己的立场，将研究的主要方面一一呈现出来。在叙事研究中，研究问题的明晰化一方面要靠研究者对相关文献的梳理和把握，另一方面则依靠实地访谈中研究者自身的反思。虽然研究者事先设计了一个相对比较确定的访谈提纲，但是在实地访谈中，双方的互动并不拘泥于这个提纲。研究者会根据研究的需要，随时修改提纲中的内容。在研究伊始，模糊性、反复性往往是质的研究的重要标示。在大多数情况下，量的研究则不能这么做。在结果的呈现上，量的研究强调证实或者证伪某种理论或假设，质的研究则强调意义的提炼和生成，这也是现代叙事研究孜孜以求的研究理念。

（三）研究的效度问题

对于叙事研究来说，人们一般不去讨论它的“信度”如何，因为现代叙事研究对“过程性”的关注，对“主体间性”和“视域融合”的关注，消解了“可重复性”的可能性和必要性。况且从一定意义上来说，“信度”这种提法也是不合适的。因为这实际上意味着，研究者或阅读者、评判者在用看待量的研究的眼光去看待叙事研究，这本身就是不可取的。基于此，这里着重要说的是效度问题。如果叙事研究连效度都不讨论了，就会陷入“怎么说都可以”式的相对主义观上了。关于叙事研究的效度的讨论，现在比较多的集中在要不要追求叙事的真实性上。一种观点认为，叙事研究可以采用虚构的文本，只要这样的虚构不影响相应的意义的建构即可，学者刘良华就鲜明地提出了这种观点，“叙事研究并不拒绝虚构的叙事，也没有必要否认虚构的叙事”（刘良华，2007：85）；另一种观点认为，叙事研究不能采用虚构的文本，也不能以虚构的方式呈现，因为如果事实本身都不再是事实了，追寻它的意义还有什么价值呢？（鲍道宏，2007）在本研究中，对于这两种倾向，研究者还是比较赞同后者的。叙事研究要基于一定的“经验事实”。虽然这样的“经验事实”未必是一个客观实在，但它对于更好地理解和把握叙事者的人生境遇，生成一个较为确定性的意义还是很重要的。除此之外，关于叙事研究的效度问题，还要引入“主体间性”和“视域融合”的视角。“主体间性”是从哲学上来说的。在研究者看来，“主体间性”的缺失往往是叙事研究的大忌。研究者一旦陷入这样的误区，叙事研究的价值便不复存在了。谈到“视域融合”，哲学家伽达默尔是不能不提及的。伽达默尔在胡塞尔、海德格尔的基础之上，进一步阐发了理解和解释的重要性。他承认人的预先判断（Prejudgment）的作用，他认为“偏见”说明我们只能从某个特定的“视界”（horizon）来理解世界，该视界为我们提供了思想和行为的起点①。对于叙事研究（其他质的研究也是如此）来说，作为“研究工具”的研究者无疑是带有各自的价值判断的。同量的研究追求的“价值无涉”不同，叙事研究并不

① 伽达默尔认为，“偏见实实在在地构成了我们全部体验能力的原初直接性。偏见即我们对世界敞开的倾向性。”见伽达默尔．2002．真理与方法【M】．上海：上海译文出版社：262。

排斥“价值判断”，它不追求所谓的“价值中立”，它追求的是由叙事者和倾听者共同建构的生命意蕴。这种价值倾向性用伽达默尔的话语来说，就是研究者的“偏见”和“视界”。我们该怎样对待它们呢？研究者以为，伽达默尔的“视域融合”的概念为我们审视叙事研究的效度问题提供了非常好的标准。即，“只有当人们能够相互间展开交谈，并产生不同的界的‘融合’（fusion），形成新的共识时，这种理解与对话才是有效的，而解释的有效性就看人们彼此间视域融合的程度的大小。”（徐琴玲，2007：20）有学者用量的研究中的“价值无涉”来指责教育叙事研究的褊狭，这是没有道理的。正如前文所说的，我们不能用量的研究的眼光去看待质的研究，它有自己的一套程序和法则，尽管这样的程序与法则还不尽如人意。

基于上面的观点，本研究中是如何保障研究的效度的呢？首先，长期进驻虚拟田野，摆正研究姿态，注意倾听、感受受访者的心声。通过访谈，真诚地感受受访者的人生故事，试图通过双方的良性互动建构叙事的意义。避免“为了论文而论文”，用“实验小白鼠的心态”来看待受访者。其次，运用质的研究中“三角检定”的基本原理，基于话语分析中文本互证（即互文性）的一些观点，研究者通过“虚拟田野考察”，发掘出了访谈之外的各种文本。这样的文本资料同访谈资料相结合，可以有效地避免“海森堡效应”①（即观察者效应）的不良影响，更好地理解受访者的生存境遇。再次，研究资料的择取、研究结果的呈现是经过研究者审慎的辨识和反思完成的，以防研究者“先入为主的成见”影响研究效度。（这里要说明的是，在上文中研究者提到的质的研究中的“价值有涉”并不是说研究者可以滥用自己的价值观念。“价值有涉”要有限度，这个度要建立在对受访者的尊重和理解的基础之上。）必要的时候运用“参与者检

① 物理学家海森堡发现，电子显微镜的热度能够加速电子的运动，如果不将其置于显微镜下，电子移动的就没有那么快了。在质的研究中，这种效应指涉的是自身作为研究工具的研究者的出场对被研究者的影响。

核”的方法，确保研究的效度。最后，由于研究者和受访者都是处于相似境遇下的N大的大学生，具有较强的同质性，研究中要把握好“局内人”与“局外人”的关系，既要把“熟悉的陌生化”，又要将“陌生的熟悉化”。

（四）研究中的伦理道德

质的研究是比较强调研究中的伦理道德的，这同其自身的研究方式密切相关。一般来说，作质的研究，尤其是作基于深度访谈和田野考察的质的研究，研究中的伦理道德是必须要考虑的环节。本研究在这个方面主要用了以下几种方式来应对。首先就是把受访者作匿名化处理，用其他不相关的符号指涉。其次，本着尊重受访者的原则，研究中呈现的文本资料要经过当事人的同意，而且，如果受访者觉得有必要，研究者会把写好的与其相关的那部分文章交给受访者阅读。再次，研究者也对本研究所处的情境作了相应的模糊化处理。譬如，对研究者所在的大学用符号“N”来标示，学校的BBS统一用“校园论坛”这样的称谓。当然除此之外，实际上还涉及实地访谈中的一些道德问题。在访谈中，哪些是该问的，哪些是不该问的，这个也要把握好。在访谈张同学的过程中，研究者对此感触颇深。最后要说的一点就是，对于“属人”的叙事研究，最大的道德问题还不是那些表面化了的东西，而是研究者能否真诚地倾听受访者的心声，并将这种声音恰如其分地表达出来。

三、文献梳理

（一）国外相关研究

互联网的生活化让赛博空间的身份问题彰显出来，西方学者对此作了不少研究。其中学者曼纽尔·卡斯特的信息时代三部曲之《网络社会的兴起》、《认同的力量》对全球化与网络化背景下，国家、民族、社区与个人身份认同以及网络和认同的互动所诱发的全球社会变迁作了深刻的阐释。他认为当下的“信息技术革命已催生出一种新的社会模式，即网络社会。从现实的情况看，这种社会模式有其特征，这就是经济行为的全球化、组织形式的网络化、工作方式的灵活化、职业结构的两极化”（谢贵俊，2002：195）。故而，“作为一种历史趋势，信息时代的支配性功能与过程日益以网络组织起来。网络建构了我们社会的新社会形态，而网络化逻辑的扩散实质地改变了生产、经验、权力与文化过程中的操作和结果”（卡斯特尔，2001：569）。哈拉维，斯通等人从女性主义的视角探讨了身体、身份与信息技术的关系，进而指出网络空间之于社会性别的解放意义（哈拉维，斯通，1991，1995）；埃里克森（1996）就万维网的链接性作了相应的论述，他认为“这种网络构成了一种社会超文本，不仅能够让人们互相交换信息，而且还能够行动、交流和建构，以及保持个人的和文化的身份”。德·戈鲁特（1997）的一项研究成果则表明，“赛博空间中‘没有身体的身份’是成问题的”（转引自约斯·德·穆尔，2007：166），这个观点是基于她的多用户网络游戏身份扮演的实验得出的。英国学者丹尼尔·钱德勒（Daniel Chandler）较为系统地探讨了主页与身份建构以及赛博空间的自我书写与身份的关系。美国学者雪莉·特克（1998）在其著作《虚拟化身：网络时代的身份认同》中就自我塑造方面对“泥巴”社区进行了探讨，她发现，“泥巴”的匿名特质让大家有机会表露自己不为人知或压抑的一面，甚至多重面貌，并玩弄自己的身份，尝试扮演不同的性格角色。“泥巴”让流动性、多重的身份概念得以实现，并将它发挥到极致。一些学者诸如丽莎·简（Lisa-Jane，M. A.）等人（2000）探讨了网络应用的性别色彩。学者约翰·舒乐（John R. Suler，2002）就赛博空间的“自我管理”进行了五方面的论述，探讨了虚拟情境下“身份建构”的游离水平，积极、消极影响及其与不同媒介的关系。荷兰哲学家约斯·德·穆尔在其著作《赛博空间的奥德赛》（2007）中探讨了“主页时代的身份认同”，他围绕“我是谁，我们是谁”、“个人身份与文化身份”、“身份认同与媒介交流”、“超媒体自我”等方面展开了相关论述。近些年来，卡拉. 斯托克斯（Carlae Stokes，2007）等人对美国黑人女青年个人主页中“性脚本”、“自我界定”与 hip hop 文化的探讨，则将相关研究进一步细化。

综上所述，随着网络生活的日常化，有关赛博空间的身份建构问题，西方学者从哲学、社会学等各个层面进行了为数不少的研究。虽然在相关文献中，研究者们大多都提到了虚拟情境下身份问题与现实世界中的差异化表征，但主要的研究视域和理论基础还是前面提到的基于现实社会的各类“认同理论”，这体现了身份认同研究的延续性。

（二）国内相关研究

在国内，基于赛博空间的网络互动研究、人际交往研究、行为方式研究等方面，在当下是学界研究的热点。但是，有关虚拟世界中的身份研究，相比较而言并不多。学者刘泓探讨了“虚拟游戏的身份认同”，他认为：

> “在网络传播的新技术时代，网络游戏成为人们身份认同的一种存在和情境，或者是一种社会建构。在网络游戏中，游戏的参与者是通过数据网相联结，以电子文本化的虚拟身份来展示或想象主体身份的。与传统的游戏不同，网络游戏的游戏者在电脑屏幕上的‘窗口’环境中进行着多重身份的生活。这种分散的自我使得游戏者在同一时间里往往处于多个世界，扮演多个角色。这样，现代人的自我体验在网络游戏中更像是进行了身份认同的多种探索和实验，游戏者体验到了多样化、异质性、片段化、去中心的自我。”（刘泓，2003：38）

丁道群则通过“网络空间的自我呈现”，发现“通过网名呈现出来的自我，较少表现为与现实生活中一致，而多为‘表达理想的自我形象’；人们视互动的具体情境使用相应的网名，以使自己的言行符合该情境的特点；在网络空间中，男性较女性更希望通过新奇的网名来吸引网友，获得对方好感，而女性的网名较男性更多地表达和呈现其现实的自我”。（丁道群，2005：97）莫颖怡则在“博客与网络身份建构”这篇文章中，运用量的研究发现，“用户通过使用博客能够比使用 BBS 和个人主页更好地建构起网络身份，倾向发表评论的博客用户体现出了意见领袖特点”（莫颖怡，2006：48）。中国台湾学者黄厚铭（2000）在“网路人际关系的亲疏远近”中认为：

> “大多数的网路使用者会逐渐在虚拟社区中形成新的自我认同，而这个新的身份，其人格特质经常或多或少与真实世界的自我认同有差异。并且，在网路上探索自我认同的可能性，恰是在于以网路的隔离功能为基础，同时又经由网路的连接功能，个人借此建立新的人际关系，进而从这些关系中，形塑自己的身份认同。”

而闫隽的硕士毕业论文“网络交往中的角色扮演”和黄少华等人编著的《重塑自我的游戏——网络空间的人际交往》，以及杨波的硕士毕业论文“网络游戏中的人际互动——以“华夏”为例”中运用角色的概念和分析路径探讨网络世界中人际互动下的角色建构问题，也可以算做身份研究，但由于作者的侧重点不在这方面，其研究的力度还远远不够。更多的研究则像“BBS 虚拟社区的人际互动”、“赛博空间与网际互动——从网络技术到人的生活世界”、“虚拟社区个体行为逻辑的实证分析”这样的文章，它们都是在网络互动的讨论中或多或少指涉了一些相关内容，并无专门论述。

专门针对大学生虚拟世界的身份研究的文献较为少见。杨玲、樊召锋（2007）的文章“网络成瘾对大学生自我同一性的影响”探讨了网络成瘾对大学生自我同一性构建的消极影响。冯聪、管雷则对

“大学生网络成瘾者与自我同一性缺失”进行了研究。研究发现，“大学生自我同一性地位、现在的自我投入、将来自我投入的愿望分量表上得分与网络成瘾问卷总分呈显著负相关；网络成瘾行为会对大学生自我同一性的形成有负面影响。”（冯聪，管雷，2005）“BBS使用目的对大学生“自我表露”的影响”、“互联网使用与青少年自我认同的生态关系”等文献也对虚拟世界的身份进行了一些探讨。王梅的硕士毕业论文“大学生网络行动与自我意识——对华中科技大学428名大学生的调查分析”考察了大学生网络行动对自我意识的影响情况。研究发现，“大学生社会自我评价的高低受上网学习动机影响最大，网络涉入程度其次，影响最小的是网上娱乐行为；网上学习行为对自我体验、心里自我调控有影响；社会自我调控受网络涉入程度的影响”。最后对“网络行动促进大学社会化”和“网络行动中的自我认同迷失”进行了讨论，并就大学生如何“完善自我，超越自我”提出了建议（王梅，2004）。

（三）综合评价

综上所述，身份研究在西方社会已经走过了半个多世纪的历程。它的研究视域、研究方法对中国的本土研究都产生了很大的影响。从相关的文献梳理中我们可以看出，基于现实生活的身份研究在个体、群体、组织等诸层面都取得了不小的成就，也为社会学理论中的符号互动论等理论提供了阐释的空间。就国外相关研究来说，身份建构研究的虚拟化转向方兴未艾，曼纽尔·卡斯特、约斯·德·穆尔、德·戈鲁特、雪莉·特克等人的研究为我们从宏观到微观的视域下去审视虚拟情境下的身份问题提供了很好的理论支持。近些年来，国内学者对虚拟世界的哲学思考，社会学意义上的网络互动研究、人际交往研究、行为方式研究等也日渐兴盛，我们从近几年来社会学、科技哲学等专业的研究生毕业论文的选题中也可以看出这种端倪。与之相比较，国内学者对虚拟世界中身份建构的研究比较少见，所论大多将其置于可有可无的地位。从研究的方法上来看，相关研究侧重于理论推衍或量化研究，进行质的研究相对较少，即使有也是作为整个研究的点缀物出现的。这使得“身份建构”这样一个生活化的东西“陌生化”了。个体在身份建构中的境遇、生活历程和生存状态都被掩盖在了“群体”、“组织”的集体叙事中。

基于相关的文献考察，本研究在相关研究中的位置也渐渐明晰起来。首先，关于大学生虚拟世界中身份建构的研究还比较少见，还有研究的价值。通过文献梳理，研究者发现，虽然当前在社会学、科技哲学的研究中，虚拟世界、网络互动是一个热门话题，相关研究不胜枚举，但将其放在大学的场域下予以考察并就其身份建构问题进行专门研究的并不多见。其次，相关研究中多用思辨方法或量的方法进行研究，质的研究运用得较少［美国学者雪莉·特克（1998）在其著作《虚拟化身：网络时代的身份认同》中运用了民族志的研究手法进行研究，中国台湾学者彭淑云、饶培伦（2003）在论文“网路沉迷个案探讨”中也尝试运用了质的研究方法］，叙事研究就更为罕见了。这样一种研究现状使得相关研究中对研究对象结构化、整体性的诉求（这是量的研究的主要特征）压制了个体鲜活的生命历程，忽视了对个体生存状态的体验和理解。再次，本研究本身具有较为重大的现实意义，这种意义的赋予同当前信息化、网络化的社会脉络息息相关。想要在这样的社会情境中，发挥教育的作用，很有必要对处于此种教育场域下的受教育者们的“生活世界”进行一番比较细致入微的考察。

四、四位受访者的网络故事及其阐释

（一）研究概念界定

“我们的身份是否像坚果的核一样存在于我们的身体里面呢?”

面对这样的诘问，英国学者马克·柯里认为"个人身份并不在我们本身之内"。据此，他论述了两种看待身份的观点：

> "第一种认为身份是关系，即身份不在个人之内，而在个人与他人的关系之中。根据这种观点，要解释个人的身份，就必须指明个人与他人的差异，就不是要考察个人的内心世界，而是要考察建构个人的差别体系。换句话说，个人身份绝不是包含在个人的身躯之内，而是由差别构成的。第二种则认为，身份不在身内，那是因为身份仅存在于叙事之中。我说这句话的意思有二：一是我们解释自身的唯一方法，就是讲述我们自己的故事，选择能表现我们自己的事件，并按叙事的形式原则将它们组织起来，以仿佛在跟他人说话的方式将我们自己外化，从而达到自我表现的目的；二是我们要学会从外部，从别的故事，尤其是通过与别的人物融为一体的过程进行自我叙述，这就赋予了一般叙述以一种潜能，以告诉我们怎样看待自己，怎样利用自己的内在生活，怎样阻止这种内在生活。"（马克·柯里，2003：21）

本文在身份的基本界定方面，认同马克·柯里关于"个人身份并不在我们本身之内"的观点，但对于身份建构的理路，则持比较折中的态度。通过相关的深度访谈和虚拟田野考察，研究者认为"身份是关系"同"身份仅存在于叙事之中"的观点并不是冲突的。"身份是关系"意味着身份建构过程中"他者的在场"，"他者的在场"是产生身份的缘由，这在下面的叙事中有诸多体现；"身份仅存在于叙事之中"则意味着"身份"只有在言说的过程中才得以成立。这种言说不仅以外显的形式表现出来（譬如，以话语、文字为载体的各种交流形式），更佐之以内隐的形式（譬如，相应的心理活动、心理体验）存在。因此，研究者认为"身份"实际上是处于特定关系下的叙事式的存在[①]。本研究也正是基于此展开的。

（二）相关社会脉络

"今天，由互联网勃兴所引发的数字化、信息化和全球化革命，正以极其迅捷的速度广泛影响着人们的社会生活，并全方位地改变着人类社会的面貌，改变着我们的思维方式、行为倾向、社区形态以及自我认同。"（黄少华，2006：3）在这样的境遇下，对于不少人来说，网络互动成为人们日常生活中不可或缺的一个重要组成部分。在各式各样的互动模式中，各式网络 BBS 以其匿名性、丰富性和包容性吸引了众多网民的关注，从而成为网络互动的一支生力军。在各种 BBS 中，以大学生为主体的大学 BBS 是其中比较活跃的一支，这也是近些年来研究者们研究的热门话题。在各大学 BBS 中，N 校 BBS 素来是享有盛名的。其之所以比较有名，一方面同本校较高的社会知名度有关，另一方面则和本校学生在 BBS 上的热情有很大关系。N 校 BBS 的在线人数在高峰时差不多有一万多人的样子，即便是凌晨低峰时刻也维持在两三千人的光景，学校 BBS 已经成为该校大多数学生每日都要关注的内容，尤其是 BBS 上的一个叫做"十大"的栏目，更是闻名全校。

基于这种网络互动模式，本文所要论述的主题——"虚拟世界的身份建构"主要是以 N 校大学生为主体的。研究者运用目的性抽样的方式，在一系列的访谈和相关的虚拟田野考察之后，通过比较系统的编码和归类，舍弃了六位同学中的两位同学的资料，对其中四名大学生进行了个案探讨。

---

① 在此，研究者主要讨论的是"identity"意义上的"身份"，而不是"status"意义上的身份，因为作为尚未进入社会的大学生，其社会阶层的分化还没有凸显出来。

(三) 个案考察

案例一　李同学的故事

(1) 置身A同学的虚拟世界：作为“动漫爱好者”的身份建构

作为“动漫爱好者”，李同学的BLOG页面让人印象颇深，也给我们带来了许多信息，如表2和表3所示（引用已征得该同学的同意）。

表2　李同学BLOG上的首页信息

别　号	经验值	表现值	生命力
东城绫精英亲卫军	33 830（花神）	[58]（优等生）	[1 167]

表3　校园论坛BLOG上的统计

项　目	数　值	全站排名	相对比例
本站网龄	1 720 天	12 028	TOP 20.07%
上站次数	9 185 次	784	TOP 1.31%
发表文章	5 378 次	624	TOP 1.04%
在线时间	1 428 471 分	503	TOP 0.84%

登入李同学的BLOG页面，首先映入眼帘的就是表2给我们带来的语词和数字。别号为“东城绫精英亲卫军”（某一动漫的人物形象）的李同学在学校校园论坛上的经验值已经达到了33 830，级别攀升为“花神”（百花系中的最高级别），表现方面也从一个“新手”变成了“优等生”，并且拥有了非常高的生命力。如果这样的描述还不足以说明李同学在BBS上的优异表现的话，那么表3则让这

种良好的表现一目了然（校园论坛给用户的统计信息）。截止到2009年8月的统计，李同学的网龄有1 720天，在整个网站中排名12 028位，相对比例是TOP 20.07%，这方面的表现并不突出，但是其上站次数却达到了9 185次，排名高居784位，相对比例也达到了TOP 1.31%，而其在线时间更是达到了1 428 471分钟，全站排名503，相对比例为TOP 0.84%，远远超出了一般用户的在线时间和活跃程度，这也是其表现优异的重要原因。但是对于李同学‘动漫爱好者’的身份建构，充裕的时间只是一个方面，更重要的是基于“趣缘”的网络互动和交流。李同学作为“动漫爱好者”的身份建构的途径主要是通过网络论坛进行的（以校园论坛为主）。李同学“大三发现了这帮子人（即长期活跃在‘动漫版块’的同学）的存在，同时自己也被发现”①。在那之后，受访者经常发帖，灌水，把自己喜欢的各种动漫往论坛上发。这样的帖子也曾上过“十大”，“那是在COMIC版发的一篇原创，被大家顶上‘十大’的，对于在论坛是小众的我们C版版友齐心干的这事是蛮激动的，虽然那篇文章其他版的人多半都看不懂。”在“众声喧哗”的校园论坛中，“十大”的分量历来都是很重的，不少人都以把自己的帖子顶上“十大”为荣。为此，有部分同学甚至以“挖坑”（通过一则或虚或实的叙事，引发热议，以此来满足某种心理需求的活动）为业，在论坛上掀起一波又一波的浪潮。不过这样的“十大”在俨然已是“老人”（李同学的原话，即为前辈）的受访者眼中不再是什么稀罕事，也很难再引发他的兴趣。李同学沉湎于“动漫”营造的世界中，每天“例行公事”般地“固定逛COMIC，PCGAMES，NR版”。在研究者和李同学的交流中发现，受访者认为动漫是一种“小众”爱好，属于一种亚文化，并进而强调旁人“不进入这个圈子是没办法理解的”或者说“其他

① 米德认为，“我”通过与社会、他人的互动来确认、定义“我是谁”。也就是说，只有在与某些对话者的关系中，“我”才是“自我”。李同学在此所说的发现与被发现的过程正符应了米德的观点。

版的人多半都看不懂”。

我们通过受访者反复强调的“差异化表征”可以看出，李同学作为“动漫爱好者”的身份建构是在“差异”的前提下，通过成员间的互动，获得形式上的对外一致性，并内化成一种自身的身份属性，从而最终获致的。受访者的网络故事告诉研究者，在虚拟世界里作为一个拥有较强的“群体归属感”的人，李同学的身份建构的过程基本上是符合“社会认同理论”的基本假设的。即“个体通过社会分类（socialcategory）来构建自己和他人的身份，即人们总是自觉地对社会群体进行分类并给予评价，个体会在评价的基础上来确定自我的身份，最终把社会群体划分为内团体和外团体，个体的言行总趋于与内团体成员的特征相一致，以此来区分自己身份与外团体成员身份的不同”（周永康，2008：7）。在上面的两次访谈中，李同学对“圈子”、“群体亚文化”的强调都凸显了这一点。

考虑到访谈自身的局限性，访谈之外研究者还对受访者网络日志上的文章进行了系统的梳理。其中有一篇文章引起了研究者的注意，这是有关受访者人生愿景的一则叙事（引用部分已征得受访者的同意，括号里面是研究者的理解和诠释）——

经常有朋友问我：“喂，以后想干点什么啊?”

答：“先挣点钱，然后回老家开家动漫专卖店，每天看着那些学生们挑碟的年轻身影，剩下的时间看看动画，足矣!”（愿景与规划）

每每此时，朋友们总是一副难以置信的表情。我明白他们的想法，也知道这是一种很没“追求”的人生态度。放到动画里，也只是一个普通的NPC（角色的自我预期），被主角们提起的时候也总是，“哦，那个只看动漫的大叔啊!”（平淡中的悲怆）诸如此类，连名字也不被记住，面庞打上和谐符号，没金钱没女人，痴呆地混着日子的中年人而已。

只是。我还不是大叔。即使被叫了叔叔，我也不会感动。荒漠化的心之障壁外，王虫苍茫地爬满视野，遥远的地平线上出现巨大的人形兵器。扛着巨镰的少女和走远男人的背影，缓缓的画外音响起："许多年后，我有了一个外号叫东军。。。［**受访者原文中的标点，下同**］其实每个人都可以变得很大叔，只要你见识过什么叫萝莉！"（**孤独的身影，孤寂的心态**）

不能理解，是吧！！告诉你这是我内心世界的真实写照，你会相信吗？不会的，因为我自己都不相信。（**徘徊于自我肯定与否定之间**）至少，在我成为一个真正的大叔之前。。。

每天早晨不是被青梅竹马的同班同学叫醒，而是被不知道是自己还是他人永不停息的闹铃声所惊起；吃午饭的时候没有菠萝包便当更没有爱吃咖喱饭的学姐陪伴，身边只会是长得像大叔的同学或者就是真的大叔（囧）（一个不善于和女生沟通的男生的自白）；上课时也不会突然就被响起的警报声拉去坐上所谓的人类终极决战汎用武器，天啊，因为根本就没课上了。。。。偶尔的周四的选修课，听不惯唠唠叨叨的老师而掏出手机，短信发出。听说手机信号能从天狼星系传回地球，我承认8光年不是一个遥远的距离，次空间的跳跃对我都已是家常便饭。。。。。。可是，为什么手机屏幕上闪烁着的仍是"信息传送失败"！？——没什么好怀疑的，因为这就是现实，看机子哇！！！——所以，我满足于平凡的人生。（**满足还是不满足呢？其实也是很难说清楚的**）斩妖除魔的大剑姐姐们我跟不上她们的脚步，在"全国制霸"的口号声中围绕篮球场跑个几百圈我没那体力，制作并贩卖超美味的中式面包王我得学会水煮蛋先，坐上巨大人型武器拯救世界我还不够美型，做个游击士办事拿钱呢在中国已经有119垄断了，穿上

圣衣，为了大地的爱和正义而战。。。对不起，没工资没医药费的工作我是不干的。。。那么，我还能做些什么呢？（迷茫的心绪1）

有时候呢，闭不闭上眼睛，都是一样的天黑。（无可奈何）

所以，再怎么拒绝成长的孩子，也只会不可流转的长大。当萝莉长成御姐，正太蜕变大叔（身份的转变），TRN悄然主流，百合巍然王道时，这个世界，我最后的容身之处，能在哪里??（迷茫的心绪2）

也许那时候会有长得像神一般的人物华丽的出现吧，然后展开双臂迎接我，说：“来吧，到这个物质界来吧，金钱，女人，名利，荣耀，什么都是你的，什么都只能是你的。”。。。。投身于此纷乱的世界，成为那空洞人流中的一员吗?? 。。。。也许，真是个不错的选择呢…但是，让我出去透口气先。（对现实世界的绝望1）

打个呵欠，懒洋洋地走到街道上，冬日的阳光温柔地覆盖球场。从围栏的缝隙中望过去，满是活跃的色彩和年轻的脸庞。天空永不疲倦地膨胀，蓝色的风蔓延着绿色的希望，背后有匆匆人流络绎不绝的声响——让人难以想象这是一个正在迅速腐化的世界。（对现实世界的绝望2）

如果这时候再问我：“喂，以后想干点什么啊！”

我想，我会没有犹豫的回答：“先挣点钱，然后回老家开家动漫专卖店，每天看着那些学生们挑碟的年轻身影，剩下的时间看看动画，足矣！”（愿景的重申）

我想我那时的神情，一定是一脸天真如同孩子般的脸庞，像那个红色骑士对着少女最后露出的温柔笑容一样：已经成为了一片荒野的黄金大地上，有轻轻的风缓缓地吹动长草，世界迅速地褪去色彩，几十年的时光就那么呼啦啦地一下子全部流过，以及看到未来的自己——那个在世界终结之日依然与世界的意志作下了约定的自己。（一种希翼）——于那个温暖而不乏热闹的城市里，开着家经营动漫制品的小店，每天看看动画听听歌，没事时拖拖地掸掸灰尘，然后抱着手站在一边，看着那些年轻的孩子们挑选到自己喜爱之物时欣悦的脸庞，偶尔也会对着没有人的街道，望着蓝色的天空出神——终于等到一个小女孩颤巍巍地上前问道："叔叔，还有《名侦探柯南》的第三十部剧场版啊??"（回到现实）

我想，那一刻的我，一定是泪流满面。因为那一刻的我，才终于成为了真正的"大叔"。（"想象中的身份转化"竟然让作者有这样的情绪体验，可见它的心理意义之于受访者是多么的重要）

——于2007年11月22日于馆—201草创

（注：正太、罗莉指动漫或现实中长相清秀的少男少女；大叔指成熟的中年男人）

这是受访者发表在BLOG上的一篇旧作，可以看做其"人生愿景"的独白。初次阅读这样的文章给人的感觉是怪异的，"动漫化"的语言使文章的修辞和呈现方式都显得异于常人，让研究者在受访者跳跃的思维逻辑下无所适从了。反复阅读之后，文章中几个具有重要意义的主题词逐渐显现出来，即"我"、"动漫"、"大叔"。在文章中，第一人称的"我"不仅仅指涉现实中的那个"我"，更是一个"放到动画里，也只是一个普通的NPC（Non Player Character，即非玩家控制角色），被主角们提起的时候也总是，‘哦，那个只看动漫的大叔啊！’诸如此类，连名字也不被记住，面庞打上和谐符号，没金钱没女人，痴呆地混着日子的中年人而已”的“我”。“我”徘徊于现实世界与虚拟世界的“夹缝”中，“我”的形象被深深打上了“动漫式体验”的烙印，以至于“我”的孤独也可以通过这样的隐喻来体现：

> “荒漠化的心之障壁外，王虫苍茫地爬满视野，遥远的地平线上出现巨大的人形兵器。扛着巨镰的少女和走远男人的背影，缓缓的画外音响起：‘许多年后，我有了一个外号叫东军。。。其实每个人都可以变得很大叔，只要你见识过什么叫萝莉！’”

当“我”的想象被一连串的排比句切换到现实生活中时，那些“我还能做些什么呢？”式的人生反问凸显了李同学的一种在自我否定与肯定之间徘徊、沮丧的人生境遇。

作为一个对现实世界带有绝望色彩的“形象”，“我满足于平凡的人生”，却难以履平自己的心绪。貌似平淡、散漫的话语里面，饱含了受访者痛苦挣扎的心理体验。于是当今天的“我”在将来的某一天终于置换成那个“被叫做大叔的我”时，“我”不禁泪流满面（虽然是想象中的情绪体验，但给人的感觉却是那样地真实）。在这则叙事中，受访者经历了两次“身份转换”，先是由“现实中的我”转换成“动漫中的我”，再由“动漫中的我”在一系列的现实境遇面前转换成“将来那个被人叫做大叔的我”。从“我”到“大叔”的转变，不仅仅是一种岁月流逝的自然体现，更是个体在身份建构过程中从“理想的自我”蜕变成“现实的自我”的过程。对于这样的蜕变，“现实中的我”真的像叙事中所说的那样能够坦然面对，甘愿“满足于平凡的人生”，做一个普普通通的“大叔”吗？用受访者自己的话来说，“你会相信吗？不会的，因为我自己都不相信”。实际上在李同学的内心深处，诸如“虽然历来大考大要，小考小要，不考疯耍，可这已经不叫耍了，叫败坏，叫腐烂，叫烧青春啊，谁来一棒子把我敲醒吧”式的呼号不断地纠结着，滋生着，让他不得不去面对现实世界的“生活”和“秩序”。这样的生存境遇，让李同学“动漫痴迷者的身份”在现实世界遭遇到了合法性危机，也使得受访者在访谈中呈现出的那种强烈的“身份认同感”显得苍白无力了。在这则叙事中我们还看到，作者的叙事姿态并不是完全封闭的，“先挣点钱，然后回老家开家动漫专卖店，每天看着那些学生们挑碟的年轻身影，剩下的时间看看动画，足矣！”的反复，不仅仅是一种修辞的体现，更体现了作者在“身份转换”过程中“他者的在场”，毕竟作者没法完全沉浸在自我的狭小圈子里。从这个意义上来讲，我们或许可以印证这样的观点：在个体身份建构的过程中，“重要他人”并不是可有可无的点缀，而是必不可少的，即便是在越来越“个体化”的现代社会、在愈来愈强势的“虚拟情境”下也是如此①。

（2）声音的碰撞：对李同学的访谈与反思

作为研究的第一次访谈，有很多地方值得自己去反思。质的研究强调的是理解与沟通，并在此基础上提炼出相应的“原型经验”，以此来进行相关的概念重构和理论升华。通过对李同学的访谈，研究者意识到由于自己对动漫的一知半解和双方的陌生化，这次网聊并不能算得上成功。在网聊中，研究者急切地在追寻李同学的网络故事，试图通过他的自我叙述，构建出某种形式完整的叙事，从而导向叙事研究的路径。但是从访谈的过程和结果来看，由于网聊的客观限制（譬如，与面对面的交流相比，打字是比较费时、费力的，许多内容都被简化了）和双方互动的隔膜（只有文字的互动，缺乏话语、表

① “重要他人”不光在个体现实世界的身份建构中具有重要的作用，在虚拟情境中也是如此。在虚拟情境下，受访者想要建构一个相对比较稳定的“身份”，也需要“重要他人”的参与，这是研究者对四名受访者进行虚拟田野考察后得出的结论。

情、动作等)①，访谈的内容比较单薄，也没有比较完整的叙述，更多的是一种观念的陈述，这使得相关访谈在一定程度上偏离了原先的设计。由于彼此是第一次真正地沟通和交流，研究者又缺乏访谈的经验和技巧，不能把“陌生的东西熟悉化”，网聊中出现了沟通障碍。最初是该同学对本研究的误解，这个从开始时的“呐，有啥想法，尽管说吧”这样的话语中体现出来。依照李同学的想象，访谈就是“你来问，他来答”的过程，问完了也就结束了。但实际上，作质的研究的过程究其本质乃是一个理解、体验和表达的过程，由于研究者事先没能向李同学说清楚，让他误以为研究者是带着“实验小白鼠的心态”进行研究的，这使得网聊从一开始就显得有些生硬。研究者想先“拉家常般地随便聊聊”，但受访者认为“这样纯属浪费时间”，不妨单刀直入，结果就出现了“校园论坛有什么有趣的话题吗?”这样的诘问。基于个体的体验，受访者还认为“动漫这东西不是你表象所能理解的，比如文学这个大家或多或少都能懂一点，但是动漫并不是说看了点海贼火影的民工商业动画就能体会到真髓的东西”。从这句话中，我们可以看得出来，受访者对自己的爱好有很强的认同感和自豪感，言语中也颇有些自负。这种封闭的姿态让研究者有些不知所措，这意味着研究者试图理解和体验受访者的网游经历的想法被拒绝了（他认为别人很难理解他的爱好）。研究者没能打开受访者的“心门”，只是在门外徘徊、踟蹰而已。当然网聊也有网聊的好处，作为素未谋面的陌生人来说，贸然进行面对面的访谈，可能会出现意想不到的尴尬局面。就当时的状况而言，如果缺少了之前的沟通和了解，彼此面对面的交流很有可能会陷入僵局。作质的研究、实地访谈实际上是“熟人之间的行为”。希望通过这次网聊，能够和李同学成为网友，有机会进行面对面的访谈。

① 在纯粹的虚拟情境下，受访者在心理、心灵层面上的表露往往会变得捉摸不定起来。这种“非视频在线网聊”的缺憾使得“话语分析”缺少了相应“厚度”和“深度”，在一定程度上也影响了研究的效度。

第二次访谈李同学，是在暑假即将结束的时候。开始联系时不是很顺利，李同学以“没有多少时间”为由委婉地暗示访谈者，这个时候不合适。于是，隔了两天，研究者再次尝试与之进行沟通，这次沟通的效果还是不错的。李同学的态度较第一次访谈有了一定程度变化，由于双方都不是第一次沟通了，网聊的过程便显得轻松多了。李同学对研究者逐渐消除了心理戒备，开始吐露自己的心扉。在这个过程中受访者作为一个“动漫痴迷者”的身份渐渐明晰起来。当研究者谈到“动漫确实是个有意思的爱好，看得出来，你对动漫情有独钟”这样的话语时，受访者的一席话让研究者大为感慨，他认为动漫之于他自身“说是生命也不为过”、“人总得有些值得一辈子去爱的东西。”通过这样的话语呈现方式，我们可以看得出受访者已经将动漫作为他生活的最重要的支柱之一，甚至是唯一支柱，因为在实现生活中，他“唯一想做的就是天天蹲在宿舍看动画”。由此可见，对于李同学来说，“动漫痴迷者”的身份早已不是可有可无的生活的点缀品了，它俨然成了受访者表明自身存在的“标的物”。当研究者提到网络（包括校园论坛）对人们日常生活的影响时，李同学说了一句挺有意思的话，耐人寻味。他说，“我不知道自己的生活是什么，所以也谈不上影响。”但接下来，他又说，“早些年的话，没上大学的时候，我天天坐在教室里不听课就在那边望着窗外思考人生和生活；现在，我坐在大学教室里只会睡觉。”“我那时候一上课就得拿起笔在书上写点文字，现在，书全烂了。”随后当研究者将话题进一步导向网络生活化的主题时，李同学的回答是这样的，“网络对我当然是很有影响的，通过它才能广义上的接触日本动漫。”（接触广义上的日本动漫）由此可见，在涉及网络之于生活的影响时，李同学的那句“我不知道自己的生活是什么，所以也谈不上影响”的话实际上是反语。这种反语式的表达方式，一方面可能是对访谈者的“委婉抗议”，或许研究者的话题并不是他想谈的；另一方面这也流露出那种埋藏在心底的茫然无措、百无聊赖的心理状态（这种心理状态并非访谈者妄加揣测出的，通过第一次访谈的文本分析，以及第二次访谈、第三次访谈中其他相关文本的分析都可以得到证实)。

由于第二次访谈进行的时间较长，当研究者把话题由虚拟世界转向现实生活的时候，受访者已呈现“疲惫”状态，面对研究者的访谈也有些心不在焉（也可能是受访者本人不愿意多谈现实生活中的故事)，研究者不得不结束这次访谈。这使得本次访谈在受访者现实生活中的关照比较少，可能会影响研究者对受访者本人的了解和把握，从而影响研究的效度。不过这也是没有办法的事情。在访谈即将结束的时候，研究者征得受访者的同意，可以使用受访者在 Blog 上的原创文章进行文本分析，这或许多少能够弥补本次访谈造成的缺憾。

案例二　赵同学的故事

（1）置身赵同学的虚拟世界：作为“游戏痴迷者”的身份建构

如果单看赵同学在“校园论坛”上的表现，我们很难把他和一个“游戏痴迷者”的形象联系起来。由于那种突兀的、想当然的差异化表征的缺场，赵同学式的网游者们给人的印象是似乎自身并不存在“身份建构的问题”，实际上并不是这样的。虽然其在现实和虚拟层面上的差异化表征并不是显而易见、易于把握的，但是“身份建构的问题”依然还是存在的。因为不论是在现实生活中，还是在虚拟世界里，一个人想要完成自身和他人的互动与交流，“身份意识”都是必不可少的。没有“身份”的标示，即使是在虚拟世界中依然是行不通的。学者德·戈鲁特（1997）关于多用户网络游戏玩家的调查研究就表明，“在网络游戏中，可以看到把自我表现为无性别（因此是无身体）的角色是不被接受的，因为其他玩家显然无法把任何意义赋予它。”（转引自约斯·德·穆尔，2007：84）在这个意义上，研究者纵览赵同学热衷的网络游戏发现，虽然受访者的“身份意识”在人格层面上具有很强的内在一致性，但当他进入到特定的游戏情境时，也不可避免地要进行“身份重构”。这种“身份重构”通过对游戏规则的遵从与内化，通过玩家之间的互动与自我调适（虽然受访者没有那种强烈的群体归属感，但规则的存在让他无法不带有某些集体符码），最终成为一个具有特定身份的形象。譬如，在多用户在线网络游戏“地下城与勇士”中，赵同学化身为一个身披武士盔甲，手拿宝剑的侠客形象。在游戏开始的那一段时间里，这个被叫做“三刀流佐罗”（某个动漫中的人物名称）的“武士”日复一日地在“天空之城”、“暗黑城”、“亡者峡谷”等地方砍杀各种各样的妖魔鬼怪，直至自己的积分和装备都有了很大的提高，最终成为一个在游戏中叱咤风云的“人物”。在诸如此类的游戏中，受访者乐此不疲地塑造了一个又一个侠义之士，甚至有时候为了维系游戏中“侠之大者”的形象，受访者会帮助较为低级的玩家，提升他们的实力。在受访者看来，“有时因为入会很久了，而且级别高了，会有一些事情，比如带人升级，帮人做任务，这总不能拒绝吧，难免的”。这种“难免的”行为方式在一定意义上让虚拟的人物品质现实化了，也让现实的个体诉求演绎成虚拟的完美表达，从而最终交织成一个血肉丰满的“侠士形象”。这样的虚拟生活使得受访者“玩网游也是受别人影响，看到别人玩自己也就玩玩，不过一般不会受游戏里的人或事影响”式的说辞变成了一种也许是自己都没能意识到网络游戏对自我身份意识的影响的体现。这样的描述在其他的相关研究中也有所体现：“青年都承认网上交往出现的问题具有普遍性，但是受访者都否认网上交往对自己心理、观念有明显冲击，只是承认对日常生活有所影响。与此同时，‘第三者效应’充分体现出来，即认为其他人受到的影响比较大，而对自己影响不大。”（杨鹏，2006：87）在研究者的眼中，没有意识到自我身份意识的变化，否认网络对自身心理、观念的冲击并不单单是受访者刻意经营的辩词（这是个体的心理防卫机制在起作用），更是受访者在虚拟与现实的境遇中所展现的“人格内在一致性”的表露。正因为现实生活与虚拟世界的互嵌，那种日渐弥合的生存状态才使得受访者把网络游戏对自己的影响潜意识化了，变成了一种自身在意识层面上难以把握或者说不愿意承认的东西，于是便会出现那样一些与自己的生存状态并不符合的话语表达。

虚拟世界和现实世界在个体人格层面的弥合并不意味着受访者在

身份建构的过程中没有冲突和苦恼。由于在现实生活中，受访者作为一名学生的身份意识，是以“上课”、“去实验室”、“写论文”等相关行为建构起来的，而作为一个喜欢“网络游戏”、“动漫”、“韩剧”的网游者，却是以长时间的流连忘返于虚拟界面，并随之嬉笑怒骂的行为和心理体验建构起来的。两种不同的身份意识不可避免地会产生时空冲突和心理冲突。据研究者观察，这种冲突的结果往往是以受访者的“翘课”，“完不成论文”等现状为代价的。对于这样的“生活状态”，受访者表面的不以为然（受访者常以“上什么课”，“有什么意思?”等话语来敷衍研究者对其“学生身份”的强调）并不能真实地表达他内心的想法。在访谈中，研究者发现，虽然虚拟世界的“网络互动”对受访者本人能起到一定的“心理补偿”作用，能让受访者感受到那种“或许我的潜意识里也希望自己这样吧”的内心悸动（譬如，有时候赵同学会因为通过或通不过游戏中的某一关而眉飞色舞或者萎靡不振，在心理层面上，不论是正面的情绪体验还是负面的情绪体验都在相当程度上替代了现实生活中的情绪表达），但是那种待在网上时间长了便会产生“负罪感”的心理体验，让我们看到，网络并不能满足受访者“自我实现”的诉求。在受访者的内心深处，时不时地会传出别样的声音，这样的声音是什么呢?我们来看一下受访者发布在校内网（现已改名为人人网）上的一则叙事：

> 大学犹如象牙塔，是众人向往的地方。许多经历过大学生活的人离开校园之后还会留下对其一生的留恋，期盼能够再次重温。在我看来或许是校园中师生的关系和同学之间的友情使我们对曾经的校园生活念念不忘，当然也有可能是在此经历过刻骨铭心的爱情。总之校园生活给我们的印象总是一种难以割舍的情感(大学的总体印象)。然而大学并不只有这些。从幼稚园到小学，从小学到初中，从初中到高中，再到大学，然后读研，十几甚至二十年的岁月就在校园中度过，在这四分之一的人生里，我们的

> 成才历程怎样，作为一个学生，我们的学习任务完成得怎样。大学可能是你奋发向上的乐园，也有可能是你堕落的起点（人生境遇的总括）。曾经的我虽不是目标远大，但也为自己的粗俗的理想而不懈努力。回想过去，现在的我为什么目标变得模糊了，我奋发的动力又在何处。不得不承认，我堕落了，像是陷入了万劫不复的深渊（迷茫与痛苦的体验）。我好想爬起来，找回自己的原动力，至少变为以前的我，虽然我不是天才，也许没有别人聪明，但是我会尽力而为，把自己逐渐从堕落的深渊拉回来，或许会有别人嘲笑我，我不在乎，我不想一直堕落下去（决心、希翼）。

这是受访者发布在“校内网”（即现在的“人人网”）上的一段随感，在这则随感中我们看到了现实中的大学在受访者眼里的“美好形象”以及与之相伴的曾经的“我”蜕变到现在的“我”的那种痛苦的心路历程。这则随感发出来之后，研究者曾询问过受访者它所指涉的东西是什么，不过这样的询问每一次都会沉寂在“那都是我瞎写的”式的话语中。与这段叙事表露的决心形成鲜明对比的是，尽管受访者会有这样深刻的反思和心理体验，尽管受访者会以“我会尽力而为”，“我不想一直堕落下去”来劝慰自己，当早晨的太阳照常升起时，受访者往往还会以再次打开“虚拟世界的大门”为常态。在现实层面上，两种身份意识产生的冲突和苦恼以及由此带来的那种反省与自责似乎无助于日常生活的改变。对于其间的缘由，用受访者自己的话来说，是“因为没有别人聪明，也没有别人努力，很懒惰，所以就得过且过”。然而在研究者的眼里，这样的因由却有些单薄，并不足以诠释出受访者那种在冲突下、在苦恼中辗转反侧的生存状况。

法国社会学家布迪厄（1998）的“惯习”理论对当下的社会研究带来了深远的影响。在布迪厄的眼中，正是“惯习”决定了人们的行动模式，也正是“惯习”产生了对文化客体进行分类和区分的图式，产生了欣赏和评价的种种标准，使个体得以表达其偏好。在这一理论视域下，人们的行为方式是同那种塑造、组织实践的生成性结构和人们后天所获得的各种生成性图式的系统紧密关联的。“惯习”可以说是一种“体现在人身上的历史”，是一种“外在性的内在化”①。“惯习理论”凸显了个体行为模式的文化因素和心理因素，“惯习的力量”交织在群体与个体、个体与个体的互动中，使得个体无法置身于外。由此可见，“惯习”既是社会的又是个体的。基于“惯习”对人们行为方式的重要性，个体在“身份建构”的过程中，不可避免地要受到“惯习”的影响。在现代社会中，对于赵同学这样的个体来说，他所面临的最重要的任务之一便是在“虚实相生”的人生境遇下进行“自我认同的整合”。在进行“自我认同整合”的过程中，由于基于日常生活中的“惯习”在传统社会结构、观念、价值的影响下具有更强的社会性，而基于虚拟世界中的“惯习”则因为传统社会因素的消解而具有更强的个体性，二者之间难免会产生冲突和碰撞。一般来说，日常生活中的“惯习”之于个体常常具有明显的“规训性”和“压迫性”，沿袭这样的“惯习”也往往意味着要付出更大的“代价”，因此赵同学式的个体更愿意遵循虚拟世界的“惯习”，选择那些易于“自我实现”的行为模式，这或许也是许多“网游痴迷者”共有的心理机制（这是研究者的推论，可能会有些牵强）。于是尽管个体在现实世界的“惯习”的作用下，意识到“我不想一直堕落下去”，但长期纠缠于虚拟世界所形成的那种“心理惯习”还是会把他们引向“万劫不复的深渊”（赵同学有关“深

① “惯习”（habitus）又译做“习性”，是法国社会学家布迪厄思想的核心概念之一，主要体现在《文化资本与社会炼金术》、《反思社会学导引》、《国家精英——名牌大学与群体精神》等著作中。布氏思想被引入中国后，“惯习理论”在哲学界、社会学界、教育学界等都产生了较大的影响，也出了不少文章，甚至有人专门就此做了毕业论文。研究者在这里尝试着把“惯习”引入到虚拟情境中去，用以解释受访者的心理活动和行为发生的机制。

渊”的说辞意味深长，充分体现了他的痛苦与迷茫）。

（2）后续：作为“潜水者”的意义

在众声喧哗的校园论坛中，赵同学绝对算不得一个活跃分子，这使得研究者一开始就没打算将赵同学的访谈纳入基于校园论坛的网络互动的考察之中。但在随后的一次非正式访谈中，研究者发现，赵同学在校园 BBS 上的不活跃只是相对的，是相对于那些热衷于“灌水”（发帖）的人来说的。比之于“论坛名人”，赵同学属于那种长期关注论坛，浏览论坛，但却始终以“潜水”的姿态（即不参与，只做旁观者）隐匿在论坛背后，默默注视论坛上的一举一动的同学。这样的同学在数以万计的论坛用户中不算少数，本宿舍的另一位同学也是属于此种类型。他会每天都自然不自然地到网络论坛上逛一逛，进而随着论坛帖子的内容而嬉笑怒骂，体验人生百态，这样的情境类似于现实社会中熟人之间在进行沟通中产生的默契，不同的是，默契的对象置换成了那些跳跃在屏幕上的文字（发帖、回帖）而已。虽然这种隐匿的“潜水状态”远离了以文字或图像为主的表象性的网络互动，但是其对于长期浸染在百合中的这类个体的“身份意识”，也产生了很大影响。譬如，曾经数次上过论坛“十大”的“黑丝袜事件”①，就凸显和影响了论坛众生的性别意识与性别身份。再比如，作为“N 大学生”的身份观念也在同该地另一所重点大学的热议和对比中得以构建和显现。

（3）意义的重构：对赵同学的访谈与反思

在草草结束了约定已久的访谈后，研究者的心里一时间充满了莫名的挫败感，似乎所谓的研究在一刹那丧失了意义。原有的希翼与期盼在受访者不经意的话语中幻化作了深深的疑虑。这使得研究者不得不停下来，作一番检视了。

尽管是作深度访谈，尽管是抱着“虔诚”的心态去倾听受访者

① “黑丝袜事件”是 N 校大学生关于女生们夏天该不该穿丝袜的讨论。这个讨论之所以会演绎成一则不大不小的“事件”，同网络（校园论坛）的作用密不可分。

各自的故事，研究者发现如果想要湮没了研究的“研究者心态”，实实在在地和受访者进行互动、交流，也不是一件很容易的事。长期以来，“研究者心态”让本研究局限于某种特定的理论框架和预设之中，一旦访谈内容偏离了或者说是没有达到自己预想的效果，研究者的内心深处便会产生某种波动和不安。质的研究的一些基本常识告诉研究者，研究选取的受访者应该是能给研究者提供最大相关信息量，具有典型意义的人，最好能够选取一些极端的例子予以考量。如果不能做到这一点，研究对象的择取方面就要重新加以考虑，整个研究的价值就要重新作一番评估了。在研究者对赵同学进行访谈的过程中就发现，那种“虚拟世界的身份问题”似乎在他那里成了无关紧要的东西。那些表层化了的讨论话题使得个体在虚拟世界的境遇、感受都成了似是而非的所在。按最初的设想，研究者是要把赵同学作为一个“游戏痴迷者”的形象来对待的，因为在日常生活中，受访者用了大量的时间在互动游戏中驰骋纵横，并且常常还会玩得不亦乐乎。在这样的生活状态下，按理说受访者势必会显而易见地产生虚拟世界的“身份问题”。然而受访者的“个体化”生存状态（即在网络生活中“独行侠式”的存在方式）使得建基于“类化、认同、比较”之上的“身份建构”成了一种远离“群体”哪怕是“虚拟群体”的“怎么地?”（“怎么地?”是受访者的口头禅，这种反问带有浓重的感情色彩，常常用以表达受访者“不以为然”、“无所谓”、“不摆你”式的自行其道的心理状态）式的自娱自乐。这种自娱自乐的生存境遇，让“现实中的我”和“虚拟中的我”难分难解地紧密交织起来，于是“一点儿也没有群体归属感”的受访者、“不太喜欢这种虚拟的感觉”的受访者让研究者原有的研究理路变得模糊，变得苍白无力了。这种“显性问题隐性化”的出现，让研究者饱尝了丧失研究重心的痛苦，也让研究者开始反思自己过于模式化、理想化的研究主旨是不是应该有所调适了。

按照原先的研究主旨，由于现实世界和虚拟世界的差异化表征，个体在两种生存境遇下，往往会遭遇到“身份再建构”的问题，这个应该是比较容易把握的，这正如跨文化的境遇下个体产生的“文化身份重构”的道理一样。但是诸如赵同学这样的个案，我们却很难在两种境遇下的差异化表征中，求得个体“身份建构虚拟化”过程中那种显而易见的状态，因为在赵同学式的人身上（据研究者观察，此类人不在少数），研究者看到的是现实生活和虚拟世界的互嵌和交融，并无研究者那种想当然的“境遇差异”势必会造成“身份错位”的假想出现。受访者认为自己在现实生活中是那种“腼腆的、内向的人”，在虚拟世界中常常也是“默默无闻”的，“基本不和陌生人聊天”。据研究者的观察和了解，受访者对自己的认识和对自己在虚拟世界中生存境遇的描述还是相当准确的。在现实生活中，受访者不是一个爱交际的人，在虚拟世界中同样也是如此，这种品性是一以贯之的。对受访者来说，那种经常在网络上进行“角色扮演”的行为，他是不太认同的，他认为自己“感觉在游戏里不太想和其他玩家搞得太熟，太亲密”，“有些人在里面还结婚了什么的，我不喜欢。”当访谈者追问到这种“角色扮演”的方式“不是很有意思吗?”时，受访者的回答也颇让人诧异，他说：“也许是我不敢尝试说不喜欢吧，也许我对这方面太在意，太胆怯。”“太在意、太胆怯?”一个时常混迹于虚拟世界的人说出了这样的话，不是该值得我们去反思吗？在许多类似的研究中，研究者们反复强调虚拟世界同现实世界的“割裂”造成了网虫们类似“人格分裂”式的心理状态，以至于我们的青少年似乎都成了以变脸见长的“川剧高手”。有人就断言，“与传统的物理社会空间不同，网络空间是一种没有时空边界，没有身份、家庭和阶层等社会背景的虚拟社会空间。在这一虚拟空间中，社会成员消解了其在真实社会中的身份差别和限制，由此一来，经典社会学用以划分阶层或阶级的财富、学历、职业、地位等概念，在网络世界中也随之失去了作用。”（黄少华，等，2002：5）究竟是不是这样呢？起码在叙事研究的层面上，这样的观点割裂了虚拟和现实的关系，让虚拟空间成了一种完全脱离了“实体”的“空中楼阁”，未免有些武断了。

实际上，刻意强调虚拟空间和传统物理空间的差异与无视二者之间的差异在内在逻辑上是一致的，并不能很好地彰显网络空间与现实生活的纠葛。通过赵同学的个案研究，研究者发现，游弋在虚拟与现实生活中的受访者模糊了现实与虚拟截然两分的边界，也让身份建构的过程内隐化了，从而将现实与虚拟的东西紧密地交织在一起。这也正应了学者黄厚铭的观点，“以网络为基础的网络人际关系，就其本质而言，是一个隐藏在面具背后、以局部人格互动为特征的自我塑造的过程。”（黄厚铭，2000）也就是说，虽然网络之于现实社会可以看做是一个“身体不在场”的虚拟的存在，虽然个体在这样的境遇下会有各种各样的身份建构的过程，究其根源还是脱不了现实生活的影子。现实生活的烙印使得那些貌似“多重身份”的形象，在个体的心理层面上，渐渐地重叠起来，最终还原为一个徘徊、踯躅于现实生活与虚拟生活夹缝中的“我”。作为一个个案，赵同学的意义在于他让研究者从某种二元的思维模式下解放出来，开始尝试用一种整体的、延续性的“生活眼光”重新审视“身份建构”的问题。而这种意识恰是研究者长期以来孜孜以求的叙事研究范式的根本所在。

案例三　张同学、王同学的故事

(1) 置身张、王同学的虚拟世界：作为“论坛名人”的身份建构

① 直面“校园论坛”

在这一段文字中，研究者打算用“双重叙事”的方式对张同学和王同学的“网络身份”的建构过程进行叙述。之所以如此，一方面是由于二者“虚拟身份”的同构性（都是论坛名人，乍眼望去，都会让人误以为是男生）以及“现实身份”的关联性（二者是认识的）；另外一点，则是建立在差异化的视角中的。虽然二者同为“论坛名人”，具有一定的同构性与关联性，但是网友对这两位同学的态度是有较大的差异的。相比较而言，王同学的网络口碑很好，在评“十大名人”的过程中，大家差不多异口同声地“力顶”。而张同学的作为“论坛名人”的网络身份的认定就充满了喧嚣、争议与矛盾。

通过研究者的访谈以及对二者在 N 大 BBS 中的虚拟田野考察，研究者发现，二者在论坛上实际上是有着双重或者说是多重身份的。卸去“论坛名人”的光环，二者首先是普通网民中的一员。谈及自己加入“校园论坛”的经历，王同学在“印象中 2001 年就听说了 BBS，2004 年实习的时候（指没考进 N 校之前的本科实习）开始接触校园论坛，想都没有想就注册了”，它“互动性太强了，大家都是生活在校园里的人和事，所以觉得特别亲切。有时候会忍不住参与到其中去”。而张同学则通过这样的一段话语，来论述“校园论坛”的意义。它是“一个会让人上瘾的 BBS，一个浓缩了整个 N 大的社区，一个可以更贴近同学、老师、教工之间关系的地方。在这里你可以向校长直接提问获得回复，也可以寻找到你想要的文献，甚至更快地找到你的校友。论坛就是一个‘浓缩的 N 大’”。在这几段话语中，不论是王同学强调的互动性、情感性，还是张同学概括的“浓缩的 N 大”的寓意，都在很大程度上凸显了 N 大 BBS 之于本校学生的在“身份建构”方面的意义（不仅包括虚拟身份，也包括现实身份）。我们来看一看王同学在他人眼中的“身份”是如何构建起来的（王同学在 BBS 上的网名用字母“D”来标示，括号里的文字是研究者的理解和诠释）：

> 想了半天也不知道该怎么开头，反正这篇文章是记论坛站花 D 的（个体身份的界定），就这样吧。
>
> 她自称小王，不过我们都习惯喊她 D 哥（虚拟性别身份的延续），当然，严格意义上来讲我应该郑重叫她一声师姐，虽然她年龄没我大，其实我心里一直当她是师姐的（回归现实），只是嘴硬罢了（D 哥看到这估计乐得花枝乱颤了）。初识 D 哥已经记不清具体时间了，大概在大三暑假或者大四开学的样子吧。那时候在属于版主们的版面里发现有个叫 D 的 ID 很活跃，经常凑在一起聊天灌水，后来发现是外院版主，于是好感度立马上升了 10（网络互动），因为一直以来我都是靠英语这玩意骗钱混饭吃

的，所以对外院尤其是英语系的人觉得特别亲切，汗。那时候D哥的昵称叫会发光的物体，我知道她的名字后才明白这是啥意思（互动的加深）。混熟了之后，突然有一天D哥要求我去当她的小白鼠（由虚拟走向现实），说是她老板有个什么课题要研究需要若干语言测试人员。我开始不想去，然后她说Rufev都已经从了她了，我心说这么大牌的人都成了试验品，那我也不好推辞了。于是在一个周日的上午，在东南楼后面的石凳上，我拿着若干张写满英文句子的纸开始给D哥当小白鼠，这段语言测试的音频文件我现在还保存着。后来我还帮她捕获了另外两只小白鼠，一个我老乡，一个是小朋友（唉，提到她就一把辛酸泪啊，不说了）（二者互动的扩展）。就这样渐渐跟D哥混熟了，而且是非常熟。无论是大四毕业，西部支教还是读研期间，D哥都是我灌水聊天、倾诉牢骚、插科打诨的必备佳品（亲密关系的强调1）。无聊的时候就在QQ或者飞信上骚扰下D哥，时间就在闲磨牙中打发掉了；郁闷的时候就找D哥说说话，一肚子苦水冲她哗哗哗全倒出来，就会觉得好受多了。我还记得在宁夏支教的时候，喝酒喝进了医院，差点一命归西，回来在网上跟D哥诉苦，诉得我眼泪好悬没下来（亲密关系的强调2）……话说D哥真的是脾气超好，人品超赞，认识她这么久就没见她发过火红过脸什么的（对个体的总体性评价）。

作为一名女同学，王同学在论坛上的性别形象用了一个比较男性化的称谓来标示，以至于许多人的最初印象，王同学是一个“男生”。所以在这则叙事中，作者虽然已经知道了王同学真实的性别身份了，还是“习惯喊她D哥”。这个话题研究者在相关访谈中也曾涉及，王同学自己是这样看待的，“刚开始并不关注别人的性别，但后来隐藏了自己的性别。觉得在网上只是ID的标示，大家都是萍水相逢，没有必要向别人透漏自己的性别，这是自己的隐私。”王同学对隐私的强调显然是建立在网络虚拟性的基础之上的。在现实世界中，由于“身体的在场”以及“社会性别观念的在场”，一个人想要隐匿或改变自己的性别身份是相当困难的，以至于像“性别”这样的身份表征很难进行自我掩饰。而虚拟世界中的“身体的不在场”，则为这种身份的“可选择性”或者说是隐匿性打下了基础。由此可见，“网路的效果并不仅仅是联结而已，它还有隔离的作用。使用者可以隐匿其真实世界的身份，拉开与真实世界的距离。”（黄厚铭，2000）在这个意义上，王同学的性别身份的隐匿和重置之所以能够完成可以看做是网络隔离功能的一种效应。当然，对于热衷于网络互动的王同学来说，隔离的同时其实也还意味着另一种形式的联结。通过上面的一则叙事，我们看到“在借着网路的隔离功能抹去真实世界的身份，卸下真实世界人际关系的牵绊之后，还反而能够促成一些在真实世界中并没有条件发生的人际关系”（黄厚铭，2000）。这种人际关系的形成对于形塑个体的“网络身份”也产生了重要影响。譬如这则叙事作品的作者和王同学人际关系的确立就是凭借着网络进行的。在作者的眼里，“那个活跃的 ID”引起了他或她的注意，“由于 D 同学是该院院版的版主，又喜爱‘灌水’、‘聊天’”，于是作者的“好感度立马上升了”，从而产生了交往的愿望，于是一段新的网络人际关系就此形成了。由于作为“浓缩的 N 大”的校园论坛的现实性比较强，网友的同质性也比较高，这样的因素还促使此等关系很快地由网络走向现实。在这个过程中，虚拟世界与现实世界的身份印象也随着作者对王同学的认识和了解而渐渐地重叠起来，从而最终形塑了一种“脾气超好，人品超赞”的形象。这种形象的形成不仅仅表现在像上文作者这样的网友中，即使许多和王同学素未谋面的网友（指现实中是陌生人，但在网络中却是一种“网络熟人”的关系）也在其中起到了重要的作用。

前面，研究者提到，卸去“论坛名人”的光环，二者首先是普通网民中的一员，这还表现为两位同学在论坛上有多个“马甲”（即有几个不同的账号）。“从自我认知的角度看，网络互动的种种特点为人们提供了一个尝试建立新的自我的可能。”（黄华新等，2003：

53）而多个“马甲”的可行性则为个体建构崭新的自我提供了支持。“马甲”的存在属于网民对N大论坛站规的一项个人演绎，它不仅有保护隐私，保持神秘感的作用，还具有“身份赋予”的功能。从一定意义上来说，一个“马甲”即意味着一种身份的建构，多个“马甲”也就会造就多种身份。为了避免“名人之累”，张同学和王同学在论坛上皆有多个“马甲”。作为普通网民的“马甲”对于“充满争议”的张同学来说，“大家都是普通人，都想过普通人的生活，版主身份只是职务需要”，而“用主ID容易被围观，尤其是去一个有名的ID，去一些风花雪月的地方插一脚”。而对于王同学来说，“不想被知道我这个ID地址（即作为论坛名人的那个ID）的人知道，这也是用其他‘马甲’的原因，也是自我隐蔽的一种表现。”由此可见，另一些“马甲”的存在，在维持两位同学作为“普通人”的身份上是有其重要意义的。这也是二者应对虚拟世界中主ID身份越来越现实化（即由于二者知名度越来越高，凭借单一的ID再也无法维系那种常态的虚拟生活了）的一种反映。

②“论坛名人”的形塑

下面让我们回到“论坛名人”的话题上来。前面叙述的王同学作为普通网民的“身份建构”的过程，其实已在不少方面涉及了其作为“论坛名人”的一些因素和表现。但上面的故事和叙述多半是二者卸去了“名人的光环”之后的虚拟生活的基本状况，有关其作为“论坛名人”的构建过程，还需要浓墨重彩予以重点描绘。在对张同学、王同学进行访谈的过程中，研究者用了这样的话语来引出相应的主旨。即如果要你把自己在N大BBS上的历程划分为几个主题或章节，你会怎么划分①，你觉得做一个论坛名人需要哪些要素？根

① 学者麦克亚当斯（1993）曾提出一个适合于个体进行自我探索的访谈提问方案，其中的问题之一就是关于“个体人生篇章”的划分的提问，这样的提问可以给予受访者更多的空间来讲述自己的故事，研究者在此即采用了这种方案。参见马一波，钟华. 2006. 叙事心理学【M】. 上海：上海教育出版社：94-97.

据二者的回答，研究者整理出了如下一份表格（见表4）。

表4　“论坛名人”的生成过程与法则

受访者	论坛生活的章节	“论坛名人”的生成法则
张同学	1. 忐忑的文艺小白阶段。 2. 小心翼翼的D版BM阶段。 3. 3个月后被相中丢进F的商业板块探索阶段。 4. 兼任A版后的“恶霸阶段”至今。	我就是封人封得太狠，加上对于complain版的投诉从不服软，持续回嘴攻击，导致版主群与普通百合众关系恶化。简言之就是封人吵架炒出来的。
王同学	1. 入学之前感到很神秘。 2. 刚入学时热衷于发现同学的ID。刚才是序幕吧。 3. 2005年百合关站。关站激起了大家的愤慨，复站的时候感到很高兴。 4. 之后申请成了版主（在失败三次之后）。	首先发帖数量特别多，某项特别突出，一定要作出正面的贡献，这是必不可少的。 其次要认识一些在百合上有分量的管理层的人物和一些支持者。

张同学：“网上恶霸”——封人吵架炒出来的

通过表4，我们可以比较清楚地看到，同样是作为“论坛名人”的张同学与王同学在相应的身份赋予的过程中的差异化表征。对于张同学来说，真正使她暴得大名，成为“恶霸”（受访者自我调侃的用词）的原因并不是她在论坛上积极表现，而是一系列作为“论坛站规”的“化身”维护论坛法则的行为。这样的行为，在论坛的管理层看来，无疑是起着表率作用的，是值得褒奖的。我们来看看张同学成为“优秀版主”的因素都有哪些（张同学在网络上的网名用字母“C”标示，引用部分已得到她的认可）：

> C同学自从就任F版版主以来，兢兢业业，忠于职守。初上任时即雷厉风行地就版面秩序进行了整顿，并对版规进行了规范化修订，使得版面管理更加有章可依。在版务处理上，铁面无私，不徇私枉法，严格维护了版面秩序，及时清除版面帖子，长期以来未曾懈怠。在春运特殊时期，因势利导，综合版面情况，发布火车票买卖综合帖与黄牛票处理意见，指导并帮助版友适应春运形势。面临新问题时积极应对，及时提供版主提醒、意见和事件总结。兼任A版之后，遵照A版的既定版规对版面进行长期监督，明察秋毫，作风强硬，既对代理进行了规范化管理，又努力保护版友的利益。对A版运行过程中所发生的问题不定期进行总结，提出应对措施与相应的解释规定。虽因工作原因招致不少嫉恨，依然坚守岗位。任职期间良好地维护了论坛这两个商业板块的运作和商业秩序。兹推荐C为论坛优秀版主。

这段文字可以看做是“论坛管理层”对张同学的肯定和支持。单从文本的角度来看，它为我们塑造了这样一种身份印象，即张同学是一个强调秩序与职业操守的“网上管理者”，她在该论坛的“秩序重建”和“稳定运行”方面作出了很大的努力与贡献。只是，这种努力与贡献能不能得到广大学生网民的认同呢？她的这种身份意识给自己的网络生活带来了哪些影响呢？由于张同学“封人封得太狠，加上对于complain版的投诉从不服软，持续回嘴攻击，导致版主群与普通百合众关系恶化”，张同学逐渐从论坛的幕后走向台前，不得不站在“舆论”的风口浪尖之上，这对她的“论坛名人”的身份构建产生了很大影响。基于此，有人对张同学“优秀版主”身份的赋予发出了不一样的声音：

C 自就任 F 版和 A 版版主以来，在版务工作上能够做到尽心尽力，通过切实的管理保障了这两个百合热门版面的正常稳定运行，为这两个版面的发展作出了不懈的努力，也取得了较为良好的效果。同时，正如推荐文中所说，在正常版务工作之外她能够发挥余热，面向版友提供有针对性的服务，在一定程度上给版友带来了便利。这些都是其版主工作中值得肯定的地方。但是另一方面也应该看到，C 在版务工作中存在着较突出的问题。在铁面无私的背后，是对于部分版友过分甚至是无端的苛责，乃至极其冷酷无情的打击讽刺挖苦，并以此为乐；在不徇私枉法的背后，是对于部分问题的过分干涉以及个人主观色彩的强烈表现。对于站友就版务工作提出的意见不能够虚心接受，而是刚愎自用，我行我素。在与部分版友交流的过程中也缺乏耐心，动辄恶语相向，经常导致简单问题复杂化，激化版主和版友之间的矛盾。老子说过，最好的国家，应该是老百姓不知道统治者是谁。我觉得这句话拿到版面管理上也具有一定意义。一个好的版面，或者说，像 A 和 F 这样性质特殊的版面，好的一个标准我觉得就是版友感觉不到版主的存在，但又不能忽视版主的存在。C 为两个版面的管理工作作出了大量努力，这种努力在部分情况下由于过于大量反而带来了不好的效果，也就是传说中的伸手太长带来的过犹不及。综上所述，我认为 C 尚不够条件当选优秀版主。

这是研究者截取的另一则叙事。与论坛管理层的积极肯定不同，这则叙事的作者认为张同学存在着“较突出的问题”，“尚不够条件当选优秀版主”。这样一种声音在论坛上得到了不少附和，这使得张同学的“优秀版主”的身份建构受到了质疑和挑战。在 complain 版版面上，围绕着张同学的版务问题，网友们曾展开过激烈的争议，其中不乏一些富有“人身攻击”意味的修辞和话语。考虑到受访者的隐私，这里不再将其一一呈现出来。在各种声音的激荡中，张同学在论坛上的主 ID 的网络互动被处于不同情境下的网民赋予了两种类型的身份。一种身份乃是偏重于理性化、技术化的“优秀版主”（论坛名人），另一种身份则是偏重情绪化的所谓的“恶霸形象”，这也可以看做是另一种意义上的“名人”。在相关访谈中，对于这两种类型的身份，张同学更为在意的是第二种，这也是她反复强调个人隐私的重要原因。张同学甚至认为，“恶霸形象”对自己的影响已经超出了虚拟层面的意义向现实生活蔓延了。下面是研究者同张同学的一段对话。

研究者：没有参加过兴趣类版面的版聚？

张同学：业务类版面倒是被迫参加过。

研究者：被迫？为什么啊？

张同学：我不轻易抛头露面的。

研究者：是为了保持神秘感，还是其他什么原因？

张同学：有这方面考虑，但是更主要为了人身安全考虑，怕被认出来被围殴致死。

研究者：说笑了，哪有那么夸张？

张同学：具体情况你可以看F版191贴，认出来不被打死才怪了，要不你明早到XX路YY门口喊三声“我是F版版大”，然后看看后续情况。最好你今天先买个保险！再说了，我又是女的。

在这段对话中，张同学通过一种假想的方式强调了“网上恶霸”的身份是如何作用于现实的。虽然虚拟世界的身份建构实现的主要途径不是现实生活中的人际互动，而是通过一系列的存在于既定情境下的文字、图像符号的互动来实现的。但是，在一个关系性比较强的虚拟社区中，个体的在网络上的自我呈现往往最终会导向现实生活中去，进而影响个体在现实生活中的身份建构。研究者对几位受访者的访谈和相应的虚拟田野考察的结果也都印证了这一点。对此，研究者在叙事中都用了比较多的文字予以描述（除了王同学以外）。其中对李同学来说，他遭遇了一个“理想的自我”与“现实的自我”的困境；对于赵同学来说，作为“学生的身份”和作为“游戏痴迷者”

的身份有着难以调和的矛盾；对于张同学来说，“优秀版主”又与“恶霸”相互纠结。

王同学：“我是二哥”——只要灌的多了就会受到别人的关注

与张同学“论坛名人”的生成法则不同，王同学在形塑“论坛名人”的过程中几乎没有出现过“剑拔弩张的场景”。王同学“印象中2001年就听说了BBS，2004年实习（本科）的时候开始接触校园论坛，想都没有想就注册了。”对于本科来自外校的王同学来说，其注册的时间不算长，但她却在较短的时间内，一跃成为“论坛名人”。基于自己的切身体验，对于“论坛名人”的生成法则，王同学作了很好的概括：“首先发帖数量特别多，某项特别突出，一定要作出正面的贡献，这是必不可少的。你只要表现积极，自然会有人关注的。你只要灌水（即发帖），哪怕是纯水，别的什么都没有，只要灌得多了就会受到别人的关注。其次，要认识一些在百合上有分量的管理层的人物和一些支持者。”在这里，王同学实际上强调了成为“论坛名人”双重法则。一重法则是，网络互动的频率要密集；另一重法则是，要与隐匿在“论坛”背后的“管理者”熟悉。实际上，对于张同学、王同学来说，成为“论坛名人”都少不了某种程度的“官方意蕴”。当二者经过一番努力，成为某些版块的版主时，已然带有“体制内”的色彩了。实际上，前面提及的张同学在“论坛名人”的身份建构过程中的硝烟四起，在很大程度上体现了青年亚文化同隐匿在背后的主流文化的交锋和对抗。尽管王同学的“论坛名人”的身份赋予过程没有那么多的争议和喧嚣，但外院版的版主，家庭生活版的版主，BBSHELP版主（最后一个是没有申请直接任命的）的经历也让受访者感受到了“体制内”与“体制外”的差异。王同学就觉得，与普通网民相比，“当了版主，容易被别人关注，由单纯灌水到在百合上灌水式的聊天。”

“校园论坛”对王同学的生活产生了很大影响。以至于到了“有论坛觉得是很正常的事情，但没有论坛就觉得不知道该干什么了”的地步。而论坛“十大名人”的称号更是让王同学成为N大BBS的风云人物。用她自己的话来说，“我本来认为这个称号对自己没有多大影响，但后来渐渐地发现，那些08级的小朋友们，觉得你是那种‘很遥远的长辈’，不自觉地流露出崇敬的样子（似乎有那种崇敬的样子），我觉得挺惊讶的。为什么惊讶呢？我没有想到这些网上的东西，对现实有这么大的影响。”在研究者对王同学进行访谈的过程中，王同学在不断地诠释这样一种虚拟生活的情境，“在情感和心理层面还是比较依赖的，有时候就觉得校园BBS就和周围的环境一样，似乎熟视无睹，但又离不了。”但是，正如研究者对前几位受访者描述的那样，单纯的虚拟情境实际上是难以满足人们的心理需求的。于是，“游荡久了也会觉得无聊，有时候觉得BBS上也无非是那些东西。开始时觉得非常新鲜，但时间长了就觉得索然无味了，这时就要换换口味了（尝试一些新鲜的），比如由不注册到注册，做做版主。”

对于校园BBS的功能，身为论坛“十大名人”的王同学很有一番自己的见解。她认为，

> 网络和现实是互补的，有性格的互补，在网络上很活跃的人，他在现实中可能不为人注意，可能很不起眼的，在网络上花很多时间。为什么有那么多无聊的人呢，就是因为在现实中无所事事，所以才在网络中找乐子（BBS的心理补偿作用）。虽然网络上猥琐的、极品的人很多，但总体来说对N大师生的心理健康很有益，它有一种心理补偿的作用，在现实中感到很无聊、无助的话，可以到网上发泄一下。在现实生活中很自闭的人，我也有点属于那种在现实生活中没事做，我也是一步步地陷落进去的（这也是王同学在论坛上活跃的重要原因，也是其成为‘论坛名人’的心理动因之一）。一步一步，甚至不是自己有意识地陷落进去，刚开始的时候没有觉得特别依赖，慢慢地越来越关注。

当王同学成为“论坛名人”之后，“在现实中认识的人开始多起来了，以前都是在 BBS 上互动，现在逐渐转移到现实中来。”譬如，王同学通过 BBS 结识了不少朋友，这些朋友都闯入了王同学的现实生活中。借助于网络互动的深化，王同学并没有因此而一味地耽于虚拟世界的情境，而是将其现实化，这同研究者前面访谈的几位同学都不一样。对于李同学、赵同学来说，网络生活之于现实生活尽管是以一种交融、交互的方式呈现的，但那种由于游离于现实情境之外产生的“心理冲突”依然将他们置于痛苦的境地。对于张同学来说，虽然其在网络上的自我呈现最终会倾向于导向现实生活中，但是她的“网络恶霸”的形象又阻碍了“网络互动的生活化”。相形之下，王同学在这方面做得较好，也能够较好地处理好二者间的关系。

不过，对于王同学来说，有关自己的“虚拟世界的身份建构”也并不是一则和谐的叙事。一方面是家人的反应。“对父母讲了，但他们比较反对，原因是，老趴在网上忽视了现实生活，再一个就是对健康不好（眼睛、腰、颈椎、关节）。肩膀疼，（我）也希望好几天不上网。没别的事情做，只要上网还是要上百合的”。另一方面，对学习的影响。“那是显然的，肯定是有的。比如那时候我写毕业论文时，要是老板知道我在 BBS 上那么活跃，肯定认为这是影响论文进度的。”由此可见，尽管就“虚实相生”的程度来看，无疑，王同学是融合得比较好的，但现实生活的逻辑却依然对她提出了种种质疑。当然，现实生活的逻辑是符合常理的，在某种程度上而言，也是有益于王同学的身心健康的。

（2）警戒与热心：对张、王两位同学的访谈与反思

研究者在联系访谈者的过程中，曾经在很长一段时间里，由于找不到合适的女性受访者而陷入困境，直到 2009 年 10 月在同学的帮助下才先后对张同学和王同学进行了比较系统的访谈。由于张同学已经毕业离校，对她的访谈主要是通过 QQ 网聊的形式进行的，这样的访谈大约先后进行了 3 次。而对王同学的访谈，则是通过近两个小时的正式面谈和两次非正式网聊进行的。在访谈的过程中，两位受访者都

给研究者留下了较为深刻的印象。张同学和王同学都是论坛“十大名人”。作为论坛中“超级大佬”的张同学现任多个版面的版主或版副（考虑到个人的隐私，特将这些版面的名称隐去），手握着决定他人论坛命运的权力。因为张同学在处理版主与普通论坛民众的冲突时，雷厉风行，“封人封得太狠”，因此得罪了好多同学。张同学对于我的访谈带有很大的顾虑，多次强调要对自己的相关信息作模糊化处理，以免泄漏个人隐私。这种沟通姿态让研究者出现了莫名的诧异。因为在前几次访谈中，研究者只要在开始的时候把相关事项说明即可，并没有人在个人隐私上面做文章，有些受访者毫不在意自己的虚拟形象与现实生活出现在文字中。张同学的态度迫使研究者开始去反思以往访谈中的心态与预设的合理性。在前几次访谈中，研究者预设的观念是，虚拟身份虽然建立在现实基础之上，但毕竟是徘徊于现实生活之外的事物，无须过多地考虑访谈中的伦理和道德问题。经过张同学的强调和提示之后，研究者意识到这样的观念是有欠妥当的，这也是和本研究的主旨不相符合的。与张同学的谨小慎微不同，王同学是位“非常热心的论坛名人”，她比较爽快地接受了研究者的访谈请求，在访谈中侃侃而谈，往往是研究者刚开了个头，便会有一系列的回应出现。不过这次访谈之后，由于王同学很少网聊，研究者仅仅和她进行了两次非正式的在线交流，其中获得的相关信息也较少。

不知道是巧合，还是一种比较普遍现象，对这两位女同学的访谈后，研究者发现，同样是关注校园论坛，类似赵同学这样的用户更倾向于网络互动的“内隐性”，即自身很少参与其中，与那些喜欢“出水”的同学相比，更愿意做一个默默无闻的“潜水者”；而类似张同学、王同学这样的网络用户，其之所以成为“网络名人”，乃是长期积极参与论坛活动的结果。另外，在访谈中，一些性别方面的差异化表征也引起了研究者的注意。譬如，身为“男生”的李同学与赵同学的网络互动往往凭借较为虚拟化的媒介予以实现，所关心的话题也都是与此相关的。而身为“女生”的张同学与王同学则对那些大游戏（多用户在线游戏）的版块不感兴趣，她们更愿意将自己的精力放在维系整个网站的运行和繁荣局面上来。而且，在谈及虚拟身份建构的过程中，张同学与王同学都在围绕它的现实意义进行描述。譬如，张同学对隐私的强调其实是其对网络生活现实意义的强调，王同学则更是通过对自己的“朋友”从网络走向生活的描述凸显了这一点。这样的倾向性在研究者对李同学与赵同学的访谈中都不明显。不论是作为“动漫爱好者”的李同学，还是作为“游戏痴迷者”的赵同学，他们在虚拟身份建构的过程中都很少将网络互动直接延伸到现实层面上来（虽然李同学也参加过版聚，但是总体而言他对这种活动还是比较抵触的）。这种倾向性的差异化表征是不是同性别因素相关呢？斯坦福大学医学研究中心的艾伦·瑞斯（Allan Reiss）教授等人对玩同一款游戏的一组男女分别进行了大脑核磁共振实验。研究发现，玩电脑游戏更容易激活男人大脑中同“奖励”和“上瘾”感觉相关的区域。该区域中的三个结构：分析伏隔核、杏仁体以及眼窝前额皮质，在男人大脑中的相互影响要比女人多①。中国学者黄佩等人对北京某大学的一项实证研究表明，“在使用即时互动工具寻求或给予精神支持、使用 EMAIL 给同学和朋友写信的关系假设的检验中，女学生的平均水平要高于男生”；“从关系倾向上来说，女大学生更愿意和熟悉的人维持关系。”（黄佩等，2009：34）虽然这个研究适用的具体场景和研究者的研究场景是有所区别的，但由于研究对象的同质性（都是中国都市文化的情境，都是在校大学生）较高，这样的研究结果对于本研究还是有一定的参考意义的。

① 原文发表在美国《精神病学研究》上，美国著名科学杂志《科学日报》（*Science Daily*）予以转载介绍。这里要说明的是，该项研究的被试是美国人，由于黄种人和白种人在生理体征上（包括脑部结构）均有一定程度的差异，研究结论在中国的适切性有待考察验证，这里将其列出，仅仅是作文献上的介绍。http://www.sciencedaily.com/releases/2008/02/080204140115.htm，*Feb*. 8，2008。

五、小　结

人类学家布鲁纳（Bruner，1986）认为，人们对这个世界和自身的思考存在着范式思维（paradigmatic mode of thought）和叙事思维（narrative mode of thought）两种截然不同的方式。前者指，人们依靠严谨的理性分析、逻辑证明、实证观察来探索这个世界；后者指的是，人们通过故事来筛选和理解自身的经验。范式思维无疑是一种实证思维模式，它曾一度主导了社会研究的各个方面。近年来，随着质的研究的方兴未艾，叙事思维渐渐地渗透到社会研究的角角落落，成为一种影响广泛的研究范式。正是在这种背景下，本研究也尝试着运用叙事思维对生活在N大场域下的四位大学生们进行了“叙事式的考察”。通过这样的叙事考察，研究者发现：

第一，就网络与身份的关系来说，显然四位同学的“身份意识”都受到了虚拟世界的深刻影响。作为“动漫爱好者”的李同学不仅在互动方式上深受“动漫”的影响，甚至其思维方式、言语表达方式等方面都带有浓重的“动漫色彩”。在他看来，动漫“说是生命也不为过”。作为“游戏爱好者”的赵同学尽管没有那种非常鲜明的差异化表征，但每日里沉湎于游戏营造的世界里，他的身份意识已然镌刻上了“游戏角色的印迹”。作为“论坛名人”的张同学、王同学则是校园BBS的风云人物，她们早就被同学们贴上了“恶霸”、“D哥”的标签。论坛“菜鸟”们会觉得她们是“那种很遥远的长辈”，“会流露出崇敬的样子”。

第二，就性别向量来说，四位受访者的网络故事存在着比较鲜明的性别差异。其差异化表征主要表现在互动方式的差异上。譬如，身为“男生”的李同学与赵同学的网络互动往往凭借较为虚拟化的媒介予以实现，所关心的话题也都是与此相关的。而身为“女生”的张同学与王同学则对那些大游戏（多用户在线游戏）的版块不感兴趣，她们更愿意将自己的精力放在维系整个网站的运行和繁荣局面上来。为了更好地说明这种性别差异，研究者还援引了美国学者的脑科学实验以及中国学者最新的研究予以印证。另外，在文章中，研究者还通过叙述王同学的网络故事，就“网络的隔离效果”怎样为他们在现实与虚拟境遇下的性别身份的转换创造某种可能作了一些探讨。

第三，就叙事与人格的关系来说，研究者通过对赵同学的个案研究发现，在虚实相映的情境中，赵同学表现出了“人格的内在一致性”，并无研究者那种想当然的“境遇差异”势必会造成“身份错位”的假想出现。受访者认为自己在现实生活中是那种“腼腆的、内向的人”，在虚拟世界中常常也是“默默无闻”的，“基本不和陌生人聊天”。这对研究者的启发很大，也促使研究者反思“刻意强调虚拟空间和传统物理空间的差异化表征”的合理性。实际上，这种“一致性”还体现在其他受访者的身上。对于张同学、王同学等人，这是一个更为现实化的问题。

第四，四位受访者的网络故事也体现了“青年亚文化”与“主流文化”的对抗与融合。当网络文化作为亚文化的一种载体遭遇到主流文化的检视时，受访者们都表现出了某种程度的“自我认同的危机”，这在李同学的身上体现得尤为突出。对于其中的缘由，文中提到，在进行“自我认同整合”的过程中，由于基于日常生活中的“惯习”在传统社会结构、观念、价值的影响下具有更强的社会性，而基于虚拟世界中的“惯习”则因为传统社会因素的消解而具有更强的个体性，二者之间难免会产生冲突和碰撞。这种对抗的结果，最终有可能会导向“主流文化”，我们通过诸位受访者的相关叙事即可看出这种趋势。譬如，李同学由“正太向大叔的转变”的叙事，赵同学那一段人生境遇的反思，张同学和王同学家人、老师的反对等都说明了这点。

第五，四位受访者的生活现状体现为“虚拟世界与现实世界的互嵌”。“赛博空间并不是超越我们日常生活的一个自主、自由的地带，而是一个与我们的日常现实性紧密交织在一起的空间”（约斯·德·穆尔，2007：前言）。通过对诸位受访者的叙事研究，一种虚实相映、虚实共生的生存体验和生活状态渐渐地呈现在人们的眼前。在受访者的生活故事里，现实与虚拟已经难分难解地交织在一起了。就像王同学所说的，“网络和现实是互补的（虚拟与现实的互嵌），有性格的互补，在网络上很活跃的人，他在现实中可能不为人注意，可能是很不起眼的。在网上花很多时间。为什么有那么多无聊的人呢，就是因为在现实中无所事事，所以才在网络中找乐子。虽然网络上猥琐的、极品的人很多，但总体来说对N大师生的心理健康很有益，它有一种心理补偿的作用”。因此，BBS之于N大师生“似乎熟视无睹，但又离不了”。也正像张同学描述的那样，这是“一个会让人上瘾的BBS，一个浓缩了整个N大的社区，一个可以更贴近同学、老师、教工之间关系的地方。论坛就是一个浓缩的N大”。这不正体现了一种“网人共生”的生存状态吗？

每一个个案都是一个鲜活的所在，每一个人都有自己的生活故事。“故事再现了生活并向外部世界展现出一个真实的内心世界；同时它们也塑造和建构着叙述者的个性和生活现状。”（艾米娅·利布里奇等，2008：6）怀揣着叙事探究的心境，研究者试图对四位同学的虚拟生活进行叙事式的描述和思考。在研究中，通过相应的“自我叙事”和“他者叙事”，研究者试图勾勒出作为“N校大学生”的四位同学在虚拟世界中身份建构的种种样态和生存境遇。在这种尝试中，四位同学在虚拟世界中的形象逐渐地呈现在我们的眼前。面对着这种身份印象，研究者小心翼翼地作出了自己的理解和诠释。尽管这样，最终的结果还是难以令人满意。之所以不能令人满意，或许不仅仅是源于研究者自身的局限性，更源于“生活叙事”永远是延续着的，研究者不过是截取了生活中的某一小段，这种做法本身是有着难以克服的悖论的。因为“我们每个人的教育日常生活就是一张诸多的‘我’所参与的社会网络，这张网有些部分已经被编织完成，但更多的正待人们去编织”（阎光才，2005：12）。基于此，人生的境遇实际上是一个“正在进行，正在发生，正在建构”的过程，“身份并不是一种事实，而是一项永远有待于完成的任务。在我们的日常生活的存在中，我们——正如我们的网站一样——总是‘正在建构’。”（约斯·德·穆尔，2007：171）从这个意义上来说，受访者在研究者的劝诱下的暂时地小憩和回顾，不过只是造成了一种局部的生活现象。真正的生活故事，永远也是讲不完的，真正的身份意识也只是一种流变性的存在。当代的叙事理论也普遍地认定这样一个思想，即，“叙事只是构筑了关于事件的一种说法，而不是描述了它们的真实状况；叙事是施为的而不是陈述的，是创造性的而不是描述性的”（马克·柯里，2003：130）。

另外，叙事与阅读的关系也是研究者不能不提及的话题。对此，英国学者马克·柯里概括得非常好：

> 叙事与叙事阅读呈互相对话的关系，不是你却又不能没有你。它们似乎又是缝合在一起的，不能拆开、不能分离。叙事并不能为自己说话，它需要阅读为它说话，而阅读却永远是一种重写。但阅读不能完全自由地阐释文本，不能畅所欲言。阅读总在客观性与主观性的两极之间摇摆。阅读创造了叙事，阅读也同样被叙事所创造。有一个恰当的隐喻可以描述这种互相依存的关系，即两面相对的镜子。这个隐喻之所以有用是因为它传导了阅读既是决定者又是被其对象所决定的意义。（马克·柯里，2003：149）

从这个意义上来说，四位同学在虚拟世界中的生活故事不仅仅是“他们的生活故事”，也是“我们的生活故事”。这个“我们”不仅仅包括研究者本人，也还包括所有的阅读者和评判者。因为只有当叙事映入我们的眼帘，“只有当叙事在进行的时候，身份才成为身份”（马克·柯里，2003：137），这种“叙事”包括研究者以文字、表格为载体的叙事，也包括了阅读者、评判者对于该叙事的内在诠释以及诠释的诠释。

参考文献

中文部分

A. 麦金泰尔. 1995. 德性之后 [M]. 龚群，等. 译，北京：社会科学出版社.
埃里克·H. 埃里克森. 1998 同一性：青少年与危机 [M]. 孙名之，译. 杭州：浙江教育出版社.
艾米娅·利布里奇，里弗卡·图沃-玛沙奇，塔玛·奇尔波. 2008. 叙事研究：阅读、分析和诠释 [M]. 王红艳，主译. 重庆：重庆大学出版社.
安东尼·吉登斯. 1998. 现代性与自我认同 [M]. 赵旭东，方文，译. 北京：生活·读书·新知三联书店.
布尔迪厄. 1997. 文化资本与社会炼金术 [M]. 包亚明，译. 上海：上海人民出版社.
鲍道宏. 2007. 教育叙事研究：批判与反思 [J]. 教育理论与实践 (5). 陈振中. 2005. 论教育身份 [D]. 上海：华东师范大学教育学院.
陈向明. 2000. 质的研究方法与社会科学研究 [M]. 北京：教育科学出版社.
丁道群. 2005. 网络空间的自我呈现——以网名为例 [J]. 湖南师范大学教育科学学报 (3).
杜骏飞，巢乃鹏. 2003. 认同之舞虚拟杜区里的人际交流 [J]. 新闻大学 (夏).
冯聪，管雷. 2005. 大学生网络成瘾者自我同一性缺失研究 [J]. 经济与社会发展 (7).
冯建军. 2004. 生命与教育 [M]. 北京：教育科学出版社.
黄少华，翟本端. 2006. 网络社会学：学科定位与议题 [M]. 北京：中国社会科学出版社.
黄少华，陈文江. 2002. 重塑自我的游戏——网络空间的人际交往 [M]. 兰州：兰州大学出版社.
黄华新，徐慈华. 2003. 符号学视野中的网络互动 [J]. 自然辩证法研究 (1).
黄佩等. 2009. 大学生性别因素与互联网互动服务使用行为的关系研究 [J]. 青年研究 (5).

黄厚铭. 2000. 网路人际关系的亲疏远近 [J]. 台大社会学刊 (28). http://itst. ios. sinica. edu. tw//seminar/seminar3/huang-hou-ming. htm.

侯志军. 2007. 大学叙事与院校研究 [J]. 高等教育研究 (8).

伽达默尔. 2002. 真理与方法 [M]. 洪汉鼎, 译. 上海: 上海译文出版社.

罗伯特·C. 波格丹, 萨莉·诺普·比克伦. 2008. 教育研究方法: 定性研究的视角 [M]. 第4版. 钟周, 等, 译. 北京: 中国人民大学出版社.

刘良华. 2007. 教育叙事研究: 是什么与怎么做 [J]. 教育研究 (7).

刘泓. 2003. 虚拟游戏的身份认同——网络游戏的文化体验之反思 [J]. 福建论坛·人文社会科学版 (3).

刘丹鹤. 2006. 虚拟世界自我虚构与超真实 [J]. 晋阳学刊 (2).

马一波, 钟华. 2006. 叙事心理学 [M]. 上海: 上海教育出版社.

马克·柯里. 2003. 后现代叙事理论 [M]. 宁一中, 译. 北京: 北京大学出版社.

曼纽尔·卡斯特. 2001. 网络社会的崛起 [M]. 夏铸九, 等, 译. 北京: 社会科学文献出版社.

曼纽尔·卡斯特. 2001. 认同的力量 [M]. 曹荣湘, 译. 北京: 社会科学文献出版社.

莫颖怡. 2006. 博客与网络身份建构 [J]. 国际新闻界 (5).

尼葛洛庞帝. 1997. 数字化生存 [M]. 胡泳, 译. 海口: 海南出版社.

约斯·德·穆尔. 2007. 赛博空间的奥德赛——走向虚拟本体论及人类学 [M]. 麦永雄, 译. 桂林: 广西师范大学出版社.

诺曼·费尔克拉夫. 2003. 话语与社会变迁 [M]. 殷晓蓉, 译. 北京: 华夏出版社.

彭淑云, 饶培伦. 2003. 网路沉迷个案探讨 [J]. 电子商务与数位生活研讨会. http://www. im. usc. edu. tw/EC2003/pdf/200200054_MainFile. pdf.

唐魁玉. 2007. 心、身体与互联网: 一种虚拟世界心灵哲学的解释 [J]. 自然辩证法研究 (10).

王洪才. 2004. 大众高等教育论 [M]. 广州: 广东教育出版社.

王梅. 2004. 大学生网络行动与自我意识——对华中科技大学428名大学生的调查分析 [D]. 武汉: 华中科技大学社会学系.

[美] 雪莉·特克. 1998. 虚拟化身: 网络时代的身份认同 [M]. 谭天, 吴佳真, 译. 台北: 台湾远流出版事业股份有限公司.

徐琴玲. 2007. 教育叙事研究的理性反思 [D]. 济南：山东师范大学教育学院.

谢贵俊. 2002. 当代社会变迁之技术逻辑——卡斯特尔网络社会理论述评 [J]. 学术界 (4).

许锡良. 2004. 评“怎么都行”——对教育叙事研究的理性反思 [J]. 教育研究与实验 (1).

徐永. 2010. 关于教育叙事研究的反思——基于“叛逆与回归”一文的考察 [J]. 教学研究 (1).

杨波. 2008. 网络游戏中的人际互动——以“华夏”为例 [D]. 兰州：兰州大学哲学社会学院.

杨鹏. 2006. 网络文化与青年 [M]. 北京：清华大学出版社.

杨玲，樊召锋. 2007. 网络成瘾对大学生自我同一性的影响 [J]. 电化教育研究 (11).

闫隽. 2004. 网络交往中的角色扮演 [D]. 武汉：华总科技大学新闻与传播学院.

阎光才. 2005. 教育日常生活之网 [J]，教育科学研究 (11).

余兰. 2007. 大学生 BBS 交往中的网络角色研究 [D]. 重庆：西南大学教育学院.

周永康. 2008. 大学生角色认同实证研究 [D]. 重庆：西南大学文化与社会发展学院.

周晓红. 2000. 文化反哺：变迁社会中的亲子传承 [J]. 社会学研究 (2).

外文部分

Carlae Stokes. 2007. Representin' in Cyberspace: Sexual scripts, Self-definition, and hip hop culture in black American adolescent girls' home pages [J]. Culture, Health & Sexual, March-April 9 (2): 169-184.

Daniel Chandler. 1997. Writing Oneself in Cyberspace [J]. http://www.aber.ac.uk/media/Documents/short/webident.html.

Daniel Chandler. 1998. Personal Home Pages and the Construction of Identities on the Web [J]. http://www.aber.ac.uk/media/Documents/short/webident.html.

Erickson, T. 1996. "The World Wide Web as A Social Hypertext", Communications of he ACM, 39 (1).

Haraway, D. 1991. Semians, Cyborgs, and Women: The Reinvention of Nature, New York.

John R. Suler. 2002. Identity Management in Cyberspace [J]. Journal of Applied Psychoanalytic Studies, Vol. 4, No. 4, October. 455-459.

Patton, M. Q. 1990. Qualitative Evaluation and Research Methods. 2nd Ed. Newbury Park: Sage.

Stone, A. R, 1995. The War of Desire and Technology at the Close of the Mechanical Age, Cambridge.

困顿与超越——学校场域内小学男教师幸福的叙事探究

Transcending the Dilemma: A Narrative Inquiry about the Happiness of a Male Elementary School Teacher

陈学金 (Chen Xuejin)
中央民族大学教育学院
(School of Education, Minzu University of China)

内容提要：本研究采用加拿大学者康纳利教授倡导的叙事探究的方法对一名小学男教师——高志的学校场域内的幸福状况进行了研究。本研究主要解决两个问题：第一，真实的学校场域中，小学男教师个体的幸福状况如何？第二，小学男教师个体幸福受哪些因素的影响以及这些因素是如何发生影响的？研究者通过参与式观察、访谈等方式，与合作教师进行了长达一年的带有实践性行动取向的合作研究。本研究的主要结论：第一，作为一名小学青年男教师，高志自认为在学校中"不幸福多一些"，甚至感到"不幸福"。高志学校场域内的幸福状态可以用"困顿与超越"来描述。人格特征、个人需要、专业地位、社会性别、社会比较、社会支持以及宏观的社会变革可以解释高志的这种复杂而矛盾的生活状态。第二，课堂教学、作研究、教研组对高志的学校生活状态具有重要影响。这三个因素对高志幸福状态的影响不是独立作用的，而是相互联系形成某种合力发挥影响。第三，最初工作的一至两年可能是小学新教师形成幸福总体感知的关键阶段。

Abstract: With the tool of narrative inquiry advocated by M. Connelly, this study, based on the happiness story of GaoZhi, an elementary school teacher, aims to address two issues: First, in the school field of elementary school, what is the happiness experienced by the case male teacher? Second, what are the major factors shaping the male teacher's happy experience, and how the male teacher are affected by these factors? Based on one year field observation and interviews, this study will discuss three major conclusions: First, as a young primary male teacher, GaoZhi feels that there are more unhappiness than happiness in the school, he even "do not feel happy at all". How to overcome the dilemma of the unhappiness in the school, caused by personal characters and expectation, social gender and status, and the overall social transformation, is the essential problem in his professional life. Second, classroom pedagogy, pedagogical studies, and the professional group have important influences on GaoZhi's school life. Third, the first two years may be the most important stage for the formation of an elementary teacher's happiness.

第1部分　导　　论

> 每一个人的意识或感觉中都存在着这样的原则，它们是颠扑不破的原则，是整个历史发展的结果，是无须加以证明的……例如，每个人都追求幸福。（马克思，恩格斯，1979：373-374）
>
> ——恩格斯

“百年大计，教育为本；教育大计，教师为本。如果说教育是国家发展的基石，教师就是基石的奠基者”①，教师已被普遍认为是教

① 温家宝总理2009年教师节前夕在北京三十五中的讲话。

育事业的关键和核心所在。教育改革能否取得成功归根结底取决于教师对改革愿景的认同、积极主动参与以及有效的专业发展。事实上，只有当教师对教育怀有一种崇高、美好、纯洁的感情和理想，“过一种幸福完满生活”的时候，教师才能够全身心地投入到工作中去，不断寻求超越。另一方面，追求幸福是教师的权利，获得幸福是人生的终极目的，科学发展观和以人为本的教育理念要求在关注学生当下的生命质量的同时，关注教师的幸福生活。

1.1 问题提出

对于小学男教师的“生存状态”，自工作之初我就有所体验和思考。从2004年7月大学毕业到2007年7月，我在北京市区的一所小学工作了3年。这3年是我深入学校、理解教育的过程，也是我的教育理想与现实不断冲撞与调和的过程。在将近九成同事是女性的圈子里，我充分体验到了作为一名大学本科毕业的小学教师，尤其是一名男教师的无助、彷徨与无奈，深刻认识到幸福对于教师工作具有重要意义。我也耳闻目睹了许多教师以消极被动的方式应对工作，工作仅被他们视做一种谋生手段，很多教师难以从工作中获得幸福。

小学男教师是小学校中的“稀缺资源”①，他们对小学生的思维发展、健康人格和心理的养成具有重要意义。而据我的不完全统计，与我同级的37名首都师范大学初等教育学院数学方向的男毕业生中，已经有8名先后离开了小学教育的岗位。为什么有这么多男教师离开小学教育的工作岗位？到底是什么原因使他们觉得做小学教师不幸福？

从理论研究来看，20世纪我国关于教师生存状态的研究主要集中于“焦虑”、“工作压力”、“职业倦怠”等消极情感体验。21世纪

① 据国家教育督导团2008年12月3日发布的《国家教育督导报告2008（摘要）》显示，“从城乡看，女教师比例城市高于农村，特别是城市小学女教师的比例达79%”。

初，受国际积极心理学发展的影响，国内的教师幸福研究取得了快速发展。但通过梳理文献发现，已有的教师幸福研究，无论采用定性还是定量的研究方法，都具有某种“自上而下”的特点，即研究者往往采用“居高临下”的方式对教师幸福进行各种外部解读与建议。理论研究者很少真正承认教师日常教育实践所蕴涵的巨大力量和潜在意义，更鲜有研究者深入到学校教育实践中去理解教师的幸福。

从研究趋势上来看，“20世纪70年代以来，西方教育科学领域发生了重要的‘范式转换’：开始由探究普适性的教育规律转向寻求情境化的教育意义”（钟启泉，张华，2001：主编寄语）。然而，在一定意义上，国内有关教师幸福的研究已经进入了一个“停滞不前”的状态，现象学的“回到实事本身”的精神昭示着教师幸福的研究亟待转向实践领域。

我相信每一个小学教师都和我一样向往一个团结、和谐、积极、自由的工作环境，我相信每一个小学教师都和我一样期望在“燃烧”自己的同时也享受到自我生命的尊严和教育的幸福。我希望我的研究主题能够契合于“战斗在一线”教师们的实际，并且能够或多或少地为他们的生活状况的改善贡献一点力量。正是基于上述的考虑，我走进学校场域，采用叙事探究的方法研究小学男教师个体的幸福状况。

1.2 文献回顾

1.2.1 国外部分

幸福研究可以追溯到古希腊时代的亚里士多德。亚里士多德认为幸福是“至善”，是人所追求的唯一的、终极的、自足的价值。“终极的”表现为其他所有活动都是达到这个目的的手段，“自足的”意即为达到幸福，便别无他求。对于幸福的理解，哲学史上自古以来便有“快乐论”和“完善论”之争。（孙英，2004：53-57；邢占军，

2005：29-38）20世纪60年代以来，行为主义科学家重新聚焦幸福，并使用了主观幸福感、斗志、积极情感和生活满意度等测量规范。（ED Diener，1994）

国外对教师幸福的研究并不多见，20世纪80年代之前多以焦虑、职业倦怠等主题研究教师的生存状态。英国学者伊丽莎白·霍姆斯（Elizabeth Holmes）所著《教师幸福——关注自己以及学校生活》（*Teacher Well-being—Looking after yourself and your career in the classroom*）揭示了英国教师学校生活存在的问题，阐述了教师幸福的意义，对教师幸福感与压力的原因进行了探讨和分析，并用5章的篇幅介绍提高教师幸福感、促进专业发展、改善生活品质的方法和策略。（Elizabeth Holmes，2005）

美国明尼苏达大学约翰·罗马诺（John L. Romano）和凯拉·瓦尔斯特龙（Kyla L. Wahlstrom）在2000年采用质的研究和量的研究相结合的方法，调查了215名选择性教育项目（alternative educational programmes）① 的幼儿园到12年级的教师的压力和幸福状况，结果发现：教师的压力在中等水平以上，工作压力与幸福的几个维度都呈负相关。教师压力主要来自于学生的需求，教学的劳累以及低水平的工作收入。教师的压力与备课、同家长及同事的交往存在很大关联；较高水平的职业承诺与低水平的工作压力相关；小学教师的压力比中学教师更大。（John L. Romano，Kyla Wahlstrom，2000）

1.2.2 国内部分

刘次林在《教育研究》2000年第5期上发表的“教师的幸福”是最早专门以“教师幸福”为研究对象的论文。也有论者认为叶澜教授于1997年发表的“让课堂焕发生命的活力”开启了我国教师幸福研究的大门。（程雯，2008）

① 选择性教育项目是指为那些由于学习、社会或者心理因素导致无法正常学习的学生开设的学习项目，这些项目的教师往往根据学生的需要单独上课，没有固定的课程框架。

从研究视角来看，不同的研究视角对教师幸福的关注点不同：伦理学主要探讨教师道德与幸福的关系，心理学基于个体心理层面探讨教师主观幸福感，哲学上关注幸福与人性的关系，教育学关注“具体的”、“完整的”、“关系中的”教师幸福。（杨钦芬，叶瑞烽，2007）

从方法论上来看，近年来国内的教师幸福研究主要可以分为两大类：一是关于教师幸福的定性研究；二是以“教师幸福感”为主题的量化研究。

已有的教师幸福感量化研究主要探讨了人口学变量、教师内部因素和教师外部因素对教师幸福的影响（陈学金，2009）。我国教师幸福研究已经取得了可喜的成绩，但囿于研究方法的限制，还存在以下几方面问题。

第一，教师幸福的定性研究大多基于研究者的主观经验，采用形而上的思辨方式进行的。定性研究寻找普遍存在的“本质”，偏向结论性、抽象性和概括性，因而缺乏具体性和针对性。从研究结果上看，对“教师幸福”的理解尚未有定论，对于“如何使教师幸福”基本属于“研究者的场外的建议”，这些建议并没有得到研究者普遍认可，更不用说对改善教师生活状态产生积极影响了。不同时代、不同种族、不同文化背景、不同的生活境遇的人们，形成不同的人生观、世界观和价值观，这些观念和感受影响着人们对生活的审视和体验，导致对幸福产生不同的理解和感受。

第二，教师幸福感研究没有令人普遍认同的权威的测量工具。很多研究使用国外的测量工具，其合理性和适用性还有待进一步考察。国外的研究为我们提供了理论框架、研究视角和方法指导，但是由于文化差异的影响，国外的研究并不能代替本土的研究。

第三，现有的研究都属于“横断面式”，研究内容主要集中在人口学变量对教师幸福感的影响上，而且研究结果并不完全一致，有关教师个体的内部因素对教师的幸福影响的研究相对较少，幸福感影响因素还未被归纳分类。我们不能简单地用特定的几个因素来表述一个教师全部的幸福感，同时也不能简单地用对一个群体的测量来代表教师全体的幸福感。

伊斯特林（Richard A. Easterlin）教授曾经指出，目前流行的对幸福的心理学研究是一种“定点的理论”，这种理论认为遗传基因和性格为每个人的快乐限定了水平，结婚、失业、严重的伤害等生活事件可能会影响一个人对幸福的感知，但是快乐的调节系统会把幸福调节到最初的水平。他指出不能忽略生活环境对幸福的影响。（Richard A. Easterlin，2003）

因此，接下来的研究可以围绕两个主题展开，即在真实的教育实践领域中教师个体幸福感如何？在真实的教育实践领域中，如何促使教师个体更加幸福？特别值得注意的是，对这个主题的研究都应该了解、倾听中小学教师的声音，而不是研究者的主观判断。（邓艳红，陈学金，2009）

1.3 研究意义

1.3.1 促进研究合作双方共同发展

3 年在小学工作的经历使我意识到教师幸福对教师的教育实践有非常重要的意义。离开一线教育实践之后，我最大的愿望就是想探寻出一条促使教师幸福工作、生活的方法。现在来看，这个想法有些单纯，让每一个人按照一个方法生活行事都能快乐是不可能的。我意识到，揭示出真实教育情境中的教师工作的状况（能否感受到幸福），哪些因素影响了教师的幸福，以及它们是如何影响的，这是研究的第一步。我对这些问题一直怀有强烈的个人兴趣。因此，我的研究的过程也就是我不断学习、不断探索，享受知识的过程。而且，我对质的研究方法以及社会学、人类学理论情有独钟，通过研究，也能深化我对这些领域的学习与探索，有利于我今后学术水平的进一步提高。

澳大利亚墨多奇大学学者格兰迪教授根据哈贝马斯的人类旨趣将行动研究分为技术的、实践的与解放的三种模式（Grundy，S.，

1982）。当我深入到学校教育情境中时，我与合作教师对共同感兴趣，共同关心的学校问题、教育问题、课堂教学问题可以开诚布公地讨论，从而达到某种“视域的融合”。这种讨论会在一定程度上改变我们已有的观念和想法，并作用于实际的教育实践。因而，我与合作教师的合作有一种“实践的行动研究”的意味。研究者来自大学，具有理论上的优势，合作教师富于实践经验，研究者与合作教师可以形成经验的互动，研究不再是研究者的一相情愿的事情，可以促进合作双方的共同发展。

我的合作教师在2009年4月间给我发过这样一条短信：“人要想改变自己的缺点，成长得快，最需要的是反思。但反思需要一面镜子，清楚地认识自己。你就是我的镜子，你这课题研究最大的价值也许不是论文，而是你帮我的这种方式本身，就是一种很好地促进教师成长的方法。你可以以此为研究。”事实上，研究过程和结果业已在一定程度上实现了促进双方不断发展的价值。

1.3.2 唤起人们对小学男教师的关注

本研究试图从教师个体的视角，采用叙事探究的方法研究青年男教师个体的幸福的影响因素及作用机制。叙事探究是质的研究方法中的一种，它的研究特点在于：自然主义的探究传统；对意义的“解释性理解”；研究是一个演化发展的过程；使用“自下而上”的归纳法；重视研究关系。从一定意义上，本研究拓展了教师幸福研究的方法论，从“关系”、“意义”和“体验”的角度唤起人们对小学男教师群体生存状况的关注和理解。

1.3.3 为小学男教师的专业发展提供依据

近年来，国内学者译介了发达国家的许多教育理论与改革经验，呈现出一片欣欣向荣的局面。但是十分遗憾的是扎根于本土实际、挖掘本土概念的研究和实践相对较少，能够得到普遍认可并对其他地区的教育发展起到借鉴意义的理论成果则更少。另一方面，如何促进教师自主自觉地发展一直是影响教师专业化发展的难题。本研究着眼于教师的内在需要与动力，通过与合作教师长期合作，试图发现教师日常教育生活所富含的意义，探索一线教师深层次的价值取向与职业追求，挖掘富有中国特色教师幸福的概念和意象，这些工作无疑将有助于促进理论界和政策制定者对一线小学男教师的理解，推动小学教师专业化的发展。

第2部分　研究的设计

我们通过讲述我们自己的故事来创造我们自己。
（S. E. 斯通普夫，2009：442）

——理查德·罗蒂

2.1　核心概念界定

2.1.1　教师幸福

国内已有的研究使用了“教师的幸福”、“教师的幸福感”、“教师的职业幸福”、“教育幸福”、“教师的专业幸福”等诸多概念。围绕着“教师幸福到底是什么”，主要有以下几种倾向：一是把教师幸福归结为某种愉悦或快乐的“体验”，二是把教师幸福定位于一种“状态”，三是把教师幸福看做一种“心性能力”。

第一种观点认为，教师幸福是教师“发挥自身工作潜能”、实现“职业理想”时产生的“持续快乐体验”（王小红，2008；许琼华，2005），或为感受到的“职业乐趣”和“人生欢愉”（黄正平，2003）、“自我满足感”和“自我愉悦感”（高延春，2006）。

第二种观点以檀传宝为代表，他认为教师的幸福就是“教师在自己的教育工作中自由实现自己的职业理想的一种教育主体生存状态”（檀传宝，2002），“自我愉悦的生存状态”（陈艳华，2003）。

第三种观点认为，教师幸福是以教师为职业人在教育生涯中积极创造和享用幸福资源，自由实现自己的职业理想和人生价值的一种心性能力。广义的教师幸福能力包括教师幸福的技术性能力（如良好的知识结构、高超的教育能力、审美的素养）和狭义的以德性能力为灵魂的主体心性能力。狭义的教师幸福能力主要是指教师的健康向上的人生观、价值观和品味人生意义的价值生活的能力，是教师实现幸福人生的德性能力。（沈又红，黎钰林，2008）

对教师幸福感的量化研究的统计发现，一半以上的研究采用美国学者迪纳（Diener）的主观幸福感（subjective well-being，SWB）的概念（陈学金，邓艳红，2009）。主观幸福感建立在快乐论的哲学基础之上，是指个体根据自定的标准对其生活质量的整体性评估以及情绪体验。其核心概念与操作指标就是生活满意度、积极情感与消极情感。还有一些量化研究采用心理幸福感（Psychological well-being，PWB）的概念。心理幸福感的哲学背景是“完善论”。心理幸福感强调人的潜能充分实现，具体来说，就是重视积极的自尊、社会服务、生活目的、友好关系的普遍意义，这些构成幸福感的核心要素。（苗元江，龚继峰，2007）这两种研究线路实际上体现出了主观与客观的冲突，快乐与实现分歧，感性与理性的对峙。（苗元江，2003）

在一定意义上，对教师幸福的不同理解源于人们对幸福理解的多元化。教师首先是人，所以一个教师的幸福本质上是一个人的幸福，作为职业的幸福是教师作为一个完整人的幸福的一部分，教师对于职业生活的体验是影响教师幸福的重要组成部分。冯建军认为，教师的幸福是教师作为“人”、作为“职业人”和作为“教育主体”的完整的幸福，是物质性、社会性和精神性的统一，其构成要素包括中等财富、身心健康、人际和谐、高尚德性和发展完满（冯建军，2007）。此外，檀传宝从教师职业理想角度出发，认为教师幸福具有精神性、关系性、集体性和无限性等特点（檀传宝，2002）。冯建军认为，教师的专业幸福是教师作为教育活动主体的幸福，是教师幸福的重要构成，具有精神性、内生性、关系性与理解性、创造性（冯建军，2007）。高延春认为，教师的幸福“重在精神性、必在创造性、先在给予性”（高延春，2006）。

历史上，人们对于“幸福”（well-being）的理解多种多样。韦氏英语词典1997年版对well-being的解释是“一种良好的或满意的生存条件；一种健康（health）、幸福（happiness）、兴旺（prosperity）的状态；福利（welfare）”（邢占军，2005：2）。

本研究无意陷入“幸福到底是什么”的纷争之中。综观现有的幸福研究资料，我更倾向于认同孙英在《幸福论》一书中提出的幸福概念。在孙英看来，“全面地看，幸福是享有人生重大的快乐和免除人生重大的痛苦；是人生重大需要、欲望、目的的肯定方面得到实现和否定方面得以避免的心理体验；是生存发展达到某种完满和免除严重损害的心理体验。快乐的心理体验是幸福的主观形式；生存和发展之完满是幸福的客观实质；介于二者之间的人生重大需要、欲望、目的得到满足或实现，是幸福的客观标准。”（孙英，2004：3）

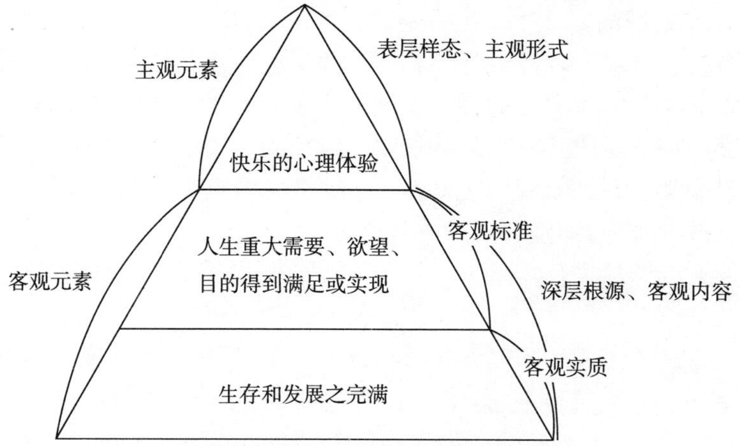

图1　幸福的结构（孙英，2004：29）

孙英根据马克思主义辩证统一的原理以及马斯洛需要层次理论，按照人的需要、欲望、目的的类型把幸福分为“物质幸福”、“人际幸福”和“精神幸福”三类。（孙英，2004：29-39）物质幸福是人的物质性需要、欲望、目的得到实现的幸福，也就是一个人的生理需要、肉体欲望得到满足的幸福，其表现是生活富裕和躯体健康等。人际幸福是人的人际需要、欲望、目的得到实现的幸福，也就是人的人际关系方面的需要、欲望、目的得到实现的幸福，其表现是达官显贵和爱情美满等。精神幸福即精神生活的幸福，是人的精神方面的需要、欲望、目的得到实现的幸福，其表现是自我实现、实现自我的创造潜能，特别是实现精神领域的创造潜能。就这三种幸福的关系来说，物质幸福是低级幸福，人际幸福是中级幸福，精神幸福是高级幸福。

本研究认为，教师个体的幸福是教师作为一个完整的人的幸福，它不仅包括教育职场中的体验，而且包括家庭生活、理想追求、社区交往等诸多方面。此外，教师的幸福应该是一种持久的自我愉悦的生活和工作状态。本研究试图通过关注较长时期内教师个体的工作生活状态，达到以下目的：探索决定教师个体幸福的重大需要、欲望和目的是什么；哪些因素影响了教师个体的幸福；这些因素是如何作用的。

需要说明的是，本研究无意探讨或揭示教师个体幸福的程度如何。事实上，这一点很难做到，因为要了解合作教师的全部心理体验是十分困难的。另外一方面，不同人的重大需要、欲望和目的往往是不同的，一个人在不同阶段的需要、欲望和目的也往往是变化和发展的，因此教师的幸福具有相对性。本研究的重点在于揭示教师个体幸福的影响因素和作用机制。

2.1.2 学校场域

“场域”（field）作为一个专业术语，首先产生于物理学的研究，以后逐步被借用到社会学、心理学、教育学等领域（杨广军，2006）。“场”和“场域”的区别不大，在某些情况下也可以相互替代。相对而言，“场”作为一个专业术语更多地被运用于物理中，“场域”则更多地被使用于社会学、人类学研究中。

“场域”作为一个重要的社会学范畴，一般认为是法国社会学家布迪厄（P. Buodreiu，1933—2002）提出并广泛使用的。社会学的场域理论认为每个人的行为都会受行为发生的场域的影响。场域的范畴不是固定的，即使它有相对较为固定的实形疆界，也还会无形地受到场外的各种因素和力量的影响，从而对该场域中的运行规则发生作用。场域的有形构成可能具有一定的封闭性，但运行具有很强的开放性。(杨广军，2006)

马维娜依照布迪厄对场域的界定，认为学校场域是学校中各种复杂矛盾的多元位置之间存在的多元关系的网络，是有形与无形的整合集合与各种力量的不断重组（马维娜，2008）。

本研究仿照杨广军的博士后出站论文《符号的批判——消费社会"课堂场域"的"形上"分析》中"课堂场域"的概念界定来定义"学校场域"。

"学校场域"是学校中各种元素与矛盾之间存在的多元关系的网络，是影响教师个体幸福的有形与无形的各种元素与矛盾的整体形成与不断重组的一个动态性、开放性范畴（如图 2 所示）。它包含以下若干构成元素：

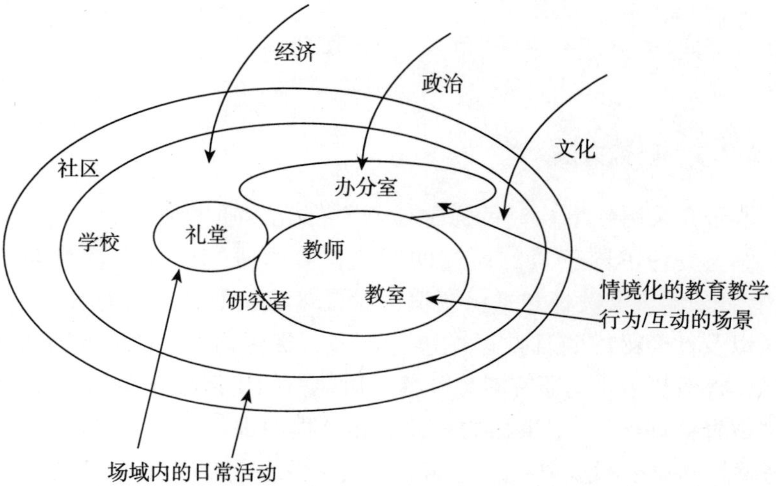

图 2　学校场域的系统关系

- 空间与时间的限定性存在（在一定的范围内、在一定的时间内）；
- 有形的物质存在（教室、课桌椅、教学设备与教具）；
- 人的存在（教师、学生、家长、其他人员）；
- 各种活动；
- 无形的关联性意识存在（与教学相关的精神与意识活动）；
- 目的性存在（要达成一定的预定性或偶发性目标）等。

学校场域是这些元素与矛盾动态地相互联结、相互影响，从而构成的一个动态的、开放性的、不断变化与重组的、整体的复杂关系网络。图2所示为学校场域内可能影响教师个体幸福的系统关系图。教室、办公室、礼堂等是主要的场地。教师个体的幸福可能受多种因素的综合影响。本研究即试图采用自下而上的方式探讨和归纳哪些因素对教师个体的幸福发生了影响，它们是如何发生作用的。需要指出的是，本研究虽然立足于学校场域内，关注教师个体职业的幸福，但本研究认为学校场域内的教师幸福与家庭生活、社区环境交往、个人的人生理想等因素是分不开的。

2.2 研究方法、分析视角及价值取向

2.2.1 研究方法

本研究采用叙事探究的方法。叙事探究是质的研究方法中的一种。作为一种不同于量的研究的范式，质的研究的最大特点在于："具有强烈的人文关怀和平民意识，在自然情境下对个人的'生活世界'以及社会组织的日常运作进行探究，提倡研究者对研究情境的参与，直面实事，与研究对象共情，对他们的生活故事和意义建构作出'解释性理解'，对事物的复杂性和过程性进行长期、深入、细致的考察"。（陈向明，2003：序言）

加拿大多伦多大学康纳利教授（M. Connelly）及其学生克兰迪宁

(J. Clandinin) 倡导和使用的叙事探究 (Narrative Inquiry) 在我国的影响较大。2009 年 6 月 13 日至 6 月 15 日，“课程与教学研究的实践取向——与施瓦布传人对话”的国际研讨会在首都师范大学成功举办，康纳利教授以及国内教育叙事研究的领军人物——华东师范大学的丁钢教授作为特邀嘉宾做了主题讲座，促使了这种教育研究方法进一步的推广和应用。

叙事探究反对用客观科学的方式研究人类经验，强调人类经验的理解性特征，强调研究要对教育情境、经验（体验）、人际关系等进行描述，并对这些经验描述作出解释性的分析。它关注意义领域和实践领域，具有强烈的人文情怀。叙事探究把“叙事”(narrative) 和“探究”(inquiry) 二者结合起来。“叙事”和对经验和故事的理解直接相关，而“探究”则表明研究者接近“经验”的方式是“到生活中去询问、追问”(inquiry)。“叙事探究”强调一种参与到实际生活中去的思考，去“经历经验”，去对经验的过去、现在及未来进行探求、询问，即怀有理解他人、自我和改变现状的旨趣。它是一种行动、实践取向的研究。

康纳利的叙述探究理论来源主要是杜威的实用主义思想。杜威的经验概念具有连续性 (continuity) 和互动性 (interaction) 的特征。康纳利指出，经验的连续性表明，当下的经验来自其他经验，而且导致将来的经验，因此，无论一个人处在连续体的哪一个点上，这个点都有过去的经验基础，而且都通向经验性的未来。而经验的互动性则表明，经验不仅是个体的，也是社会的。这种个体性和社会性总是在场。因此人总是处在关系中，总是处在社会情境中。叙事探究就是一种关系的研究（D. 简 · 克兰迪宁，F. 迈克尔 · 康纳利，2008：63）。在文本的表现形式上，康纳利把杜威的经验连续性、互动性和整体性思想与传统叙事所要求的时间、地点、人物和事件三要素结合起来，提出了以时间性为第一维度、人和社会为第二维度、地点为第三维度的“三维叙事探究空间”的概念。叙事探究文本不仅要考虑时间、地点、人物和事件，还要把人物和事件放到特定情境中考虑，在人际的互动和文化关系中去组织经验。

叙事探究注重研究者的故事与声音。声音（voice）和签字（signature）是体现研究者参与其中的两个概念。“声音是指研究者想说点什么的意识”，这是对传统“客观”研究中没有研究者声音的反抗，但声音要考虑其多重性，就是沉默也要作为研究文本中的声音来考虑。“签字是指可能确认某位作者的写作风格”，即叙事研究文本可以体现研究者的写作风格。

2.2.2 分析视角

在收集和分析原始资料的过程中，我借鉴了文化人类学中的主、客位研究的分析方法。这种研究方法是由文化人类学中文化唯物主义学派的代表人物马文·哈里斯（Marvin Harris）提出并倡导使用的。他认为，在研究中，应该解决两组不同的区别：第一，思想事件和行为事件之间的区别；第二，主位事件与客位事件的区别。区别主位事件和客位事件就是要对参与者的思想和行为能够从两个角度来考虑，即从参与者本身的（或称“局内人的”）观点和从旁观者的（或称“局外人的”）观点来考察。从这两个角度进行研究的方法分别叫做主位研究法和客位研究法。检验和判断主位研究法的叙述和分析是否科学合理，在于那些论述和分析是否符合参与者的世界观，是否被他们认为是正确的，有意义的。检验和判断客位研究法的分析和叙述是否恰当，看它能否就有关现象的原因得出某种科学的解释和理论。（哈经雄，滕星，2001：548–556）

人们判断幸福通常有三种标准：外界标准界定、以内在的情绪体验为标准、以个人的主观判断为标准（邱林，2006）。在本研究中，研究者观察到的事实、现象以及感受并不代表合作教师的主观体验，因此在本研究中研究者并不直接使用“幸福”或“不幸福”来衡量合作教师，而是观察并描述其在学校教育生活中的细节，以此勾勒出其基本的生活状态，并形成自己的解释，最后采用平等对话的方式达成共识。在研究中，研究者始终注意区分合作教师的行为和观念，把思想事件和行为事件区别对待，以期达到对问题更为客观、公正的认识。

2.2.3 价值取向

质的研究与量的研究是两种不同的理论范式，它们在本体论、认识论和方法论等基本问题上存在很大的区别（陈向明，2000：378）。哈贝马斯在《知识和人类旨趣》中区别了三种人类旨趣以及与之相适应的三种知识：经验分析的、历史解释性的、自我反思或批判性的。教育研究分为三种取向：技术的、实践的、解放的，它们的哲学基础分别是逻辑实证主义、自然主义的现象学解释学、批判的社会理论（Joanne M. Arhar，2002：31）。实践取向的研究者把现实看做个人或群体的经历，思考并达成共识的结果；研究者和研究对象之间是交互影响的，研究过程开展的同时，结果（现实）也被创造；研究的目标是情境化地解释并理解参与者的观点，从而使研究问题在研究者和被研究对象之间的循环互动过程中得到解答，比较和对比结果，使理解比开始研究时更成熟、深刻。解放取向的研究者认为现实是长期的社会、政治、文化、经济、种类和性别等因素共同创建的，研究者的价值取向会影响研究所得，旨在批判社会中的不公正以改善人的生活。

本研究以“实践的”和“解放的”的理念为指导思想，或者称之为一种思考问题的方式，即怀有一种整体的（或系统的）、实践的、批判的思维来看待和研究问题。

2.3 进入研究现场

陈向明教授在《质的研究方法与社会科学研究》一书中指出，质的研究中的抽样遵循的是“非概率抽样”的原则，不完全遵守量的研究中的抽样规则和程序，也不强调将其研究结论“推论”到抽样整体，质的研究中使用最多的“非概率抽样”方式是“目的性抽样”，即按照研究的目的抽取能够为研究问题提供最大信息量的研究对象。陈向明教授在书中也有意回避“典型的”、“有代表性的”这类表述，她认为这类表述本身就没有脱离量的研究思路的影响（陈向明，2000：103-116）。

牛顿因为一个苹果砸在了他的脑袋上而发现了万有引力，而并不是所有的东西都砸在他脑袋上他才能断定万有引力的存在。马克思主义的辩证唯物主义认为，任何个性中都蕴藏着共性，任何特殊性中都蕴藏着普遍性。在时间、精力、财力一定的情况下，深挖一名教师的故事与体验，从中找到与其他人的共通之处，并尝试建立适当的理论模型，是本研究的意义和价值所在。

叙事探究作为一种质的研究方法，强调研究者和被研究者的经验互动，只有他们建立和谐与相互信赖的关系，研究者才能获取更多真实的信息。出于这种考虑，我选择了北京市 H 区求实小学①男教师高志（按照伦理道德的要求，本文采用化名）作为我的研究对象。之所以选择高志作为我的合作教师，因为我们曾经是大学同学，并且毕业后一直没有中断过联系。得知我想和他进行合作研究，他很爽快地就答应了。

2008 年 10 月，经导师的协调，我和初等教育学院的 2005 级本科实习生一起以合法的“官方的”方式进入了求实小学。通过另一位大学老师的介绍，我结识了求实小学的教导主任 J 老师。J 老师是我的“学姐”，当我说明我的研究意图之后，J 老师非常爽快地同意了我同高志合作进行研究的请求，并提出可以随时进入小学进行观察、研究。

田野日志：2008 年 9 月 26 日，星期五

中午，我随首都师范大学初等教育学院 2005 级本科实习生以及实习指导教师一起来到求实小学。求实小学的主管教学的 Y

① 出于研究伦理的考虑，本研究所涉及的人名和校名等都作了技术处理。

主任和J主任接待了我们，进行了沟通。事后，我找到J主任说明我想跟踪一位教师作研究的想法。J主任是我本科上学时的一位师姐，所以对我的工作她给予了很大的支持，同意我可以随时和高志在一起进行研究。①

下午一点四十分左右，我来到了高志的办公室。高志把他的同事依次作了介绍。和他的同事熟识之后，既可以方便我们的交流，又不至于影响他们的正常工作。

随后，高志把我领到了四年级办公室对面的批改室，和我单谈。我坐在椅子上，把我的研究思路简单地介绍给他听。他坐在桌子上，表情和语言与刚才在办公室里明显不一样了。他以哥们的口气一连问了我几个问题，我发现他的情绪有点激动，可能带着一点点的反感。但是迫于朋友，他又不能多说什么，意思是说，你看着办吧！

“如果小学老师好，你为什么还考研？你本身就能说明问题。”他这样对我说。这着实让我很尴尬，这个研究怎么能深入进行下去呢？

2.4 研究内容的逐步聚焦

事实上，当我进入学校场域的时候，我还没有对研究问题有很深刻的认识，那时候我正在做梳理相关文献的工作。当我忐忑不安地向导师和同学汇报完我初步整理文献的结果时，他们向我提了很多关于“幸福”和“教师幸福”的问题，诸如“幸福到底是什么”、“幸福与快乐是什么关系”、“幸福受哪些因素的影响”、“幸福有没有相对性”、“前人研究了教师幸福的哪些方面”，等等。由于当时搜集的资

① 在随后研究的过程中，我曾经帮助J主任查找过教学比赛需要的理论材料，并和她交流过我对那些问题的看法。她很高兴和我一起探讨问题。

料相当多，“眉毛胡子一把抓”，导致我对很多问题都不能说清楚，最后导师建议我把教师幸福的定性研究和定量研究分别整理，暂时把“幸福是什么”搁置起来，首先完成定量研究的整理。我接受了导师的建议，用了两个多月的时间，从将近 300 篇的文献中挑选出 48 篇有关教师幸福的定量研究，对其进行了归纳梳理。随后，我又对教师幸福的定性研究进行了梳理，发现教师幸福研究应转向实践领域。

对理论研究的梳理与到小学进行观察是同步进行的，在一定程度上，做到了理论与实践相结合，思想与行动相互验证。2008 年 10 月到 2009 年 1 月在小学观察的这段时间，为我进一步深入研究作了非常有益的准备：首先，我熟识了四年级组所有的数学教师，并且经常参与他们的讨论；其次，学生对我不再感到陌生，不再把我看做一个“外人”，不会因为我而在上课时感到拘束；最后，重新走进小学的体验与原有工作经验的碰撞促使我重新思考了很多问题，同时阅读了许多相关的理论著作。

在小学进行参与式观察寻找问题的过程中，还不断面临着学院老师善意的质疑与批评：“什么是幸福”，“怎样衡量一个人是否幸福”，“你能把幸福说清楚吗”……面对一次次的“责难”，我并没有退缩，而是针对问题不断探索、学习，从问题中汲取养分，不断充实完善自己的研究。

需要感谢的是，最终的研究目标的确立得益于王智秋教授的直接点拨和启发。当我汇报研究进展时，王老师一针见血地问我“你到底想研究什么”，并帮我点出研究的目标：已有的研究主要围绕“教师幸福是什么”、“教师幸福的影响因素”以及“如何使教师幸福”而展开，但是对于教师个体的幸福究竟怎样，各种因素是如何影响教师幸福的尚没有研究。根据国内已有教师幸福研究所取得的成绩和不足，以及走进学校场域中的观察与思考，我逐步确定了研究目标：

- 学校场域中，小学青年男教师个体的幸福状况如何？
- 学校场域中，小学青年男教师个体幸福受哪些因素的影响？这些因素是如何相互作用或影响的？

经过一个多学期在小学听课、与合作教师交流互动，围绕着两个研究目标，我逐渐把以下几项作为重点观察和研究的内容：

- 个人因素对教师幸福的影响；
- 课堂教学对教师个体幸福的影响；
- 作研究对教师个体幸福的影响；
- 教研组对教师个体幸福的影响；
- 家庭、社区，以及社会政治、经济、文化等因素对小学青年男教师幸福的影响。

要特别说明的是，这些研究内容建立在研究前期的田野观察和理论思考的基础之上。此研究框架意在揭示我的研究重点以及研究思路的形成过程，而无意采用有悖于质的研究传统的“自上而下”的逻辑分析。

2.5　资料的收集与处理

自从与小学、合作教师建立良好的关系之后，我一直坚持每周到小学一至两次（通常是上午半天的时间），采用参与式观察和半结构性访谈的方法汇集研究资料，形成现场文本。

我与高志协商从每一周中选择一天（主要基于双方共同时间的考虑），早晨七点半到达求实小学，进入合作教师的办公室，观察并参与办公室内的相关活动，并重点记录教师交往活动的相关信息：课堂教学中的各种信息（包括教学过程中师生互动，教师和学生的状态，等等）；教研组内的教师活动信息；教师们的教学研究的信息；学校的各种例行活动，各种文化信息；各种主观经验（包括研究者的以及合作教师的，还有其他相关教师和学生的）。随后，跟随合作教师进入课堂，采用观察和录音的方式记录课堂教学的信息。一般情况下，每次听两节课，然后再针对研究问题展开对话，对话的地点通常是四年级数学办公室对面的批改室。

在学校中，我主要使用观察和访谈的方法获得原始资料。观察不仅是人的感官直接感知事物的过程，同时也是研究者积极思维的过程。从某种意义上说，观察是“看”与“思考”的统一体。在质的研究中，实地观察可以分为两种形式，即参与式观察和非参与式观察。参与式观察是指观察者进入被观察者生活世界，和被观察者一起生活、工作，在密切的相互接触和直接体验中倾听和观看他们的言行。参与式观察的优点在于研究者深入被观察者生活工作的环境内部，得到对当地社会文化现象的具体感知，理解被观察者对自己行为意义的解释。“参与观察法”是文化人类学方法，即研究者在一定时期进入特定的地区，描述通过直接观察与体验所获得的事实，并且由此发现、抽取文化特质，结构性地阐明对象之特质的方法。（佐藤学，2003：367）它采用“观察”、“记录”、“描述”、“解释”、“概念化”的研究步骤。参与的观察者可以分为积极参与者、特权观察者和有限观察者三类，在本研究中，我一直在“努力成为积极的参与者而不是被动的、特权的观察者”（威廉·维尔斯曼，1997：311–313）。

访谈就是研究者“寻访”、“访问”被研究者并且与其进行“交谈”和“询问”的一种活动。在质的研究中，访谈主要有以下几个方面的功用：了解受访者的所思所想，包括他们的价值观念、情感感受和行为规范；了解受访者过去的生活经历以及他们耳闻目睹的有关事件，并且了解他们对这些事件的意义解释；对研究的对象获得一个比较广阔、整体性的视野，从多重角度对事物的过程进行比较深入、细致的描述；为研究提供指导，事先了解哪些问题可以进一步追问，哪些问题是敏感性问题，需要特别小心；帮助研究者与被研究者建立人际关系，使双方的关系由彼此陌生变成相互熟悉、相互信任；使受访者更加有力量，因为自己的声音被别人听到了，自己的故事被公开了，因此有可能影响到自身文化的解释和建构（陈向明，2000：169–170）。

按照研究者对访谈结构的控制程度而言，访谈可以分为结构型、无结构型和半结构型三类（陈向明，2000：171）。在研究中，根据访谈目的，可以灵活运用这三种类型。

至研究结束，我在求实小学累计听课60多节，先后访谈了多位教师，整理课堂实录、访谈录音、田野日记等相关资料7万多字。

2.6 研究中的伦理道德

叙事探究非常关注研究者与研究对象间的关系对研究的影响，因此伦理道德规范成为研究中一个不可回避的问题。在本研究中，我时刻提醒自己注意伦理道德问题，尊重合作教师的权利，把他当做“人”而非“物”来对待；向合作教师承诺并履行保密原则；学校名称和教师、学生的姓名等都遵循“化名”原则；说明研究对象有随时退出研究的权利；录音时取得研究对象的同意，等等。

研究札记：融入到学生中

孩子们睁大眼睛直直地看着我，眼神中充满了喜悦，又有几丝敬畏。对于四年级的小学生来说，可能他们还不知道“研究生”是干什么的，也不知道“作研究”是为了什么，当他们的数学老师非常严肃地介绍我时，我心里却有几分不安：我能不能做出什么来？我的到场会不会吸引学生的目光，从而影响他们的学习？

事实上，我的担心是有必要的。在最初的两三个月中，只要学生看到我进入教室就会兴奋，或许他们对我也感兴趣，或许他们的生活中也需要加入一些新鲜的元素。当我进入课堂听课时，有时我坐在教室的前面，有时坐在教室的后面。坐在前面可以便于观察学生的表情和行动，坐在后面便于观察教室的教学行为。事实上，总会有一些学生在课堂中会与我的目光相撞，我知道那时他们的思维会转移到我的身上，因此再后来，我不会把注意力长时间放在一个人身上，我“游移”的目光可以部分地抵消或阻止学生对我的关注。

下课后，会有几个热情的同学跑到我的身边和我说说话，问我几个问题，但在将近45人的班级里这只是很低的比例。听课时我会注意每个学生的表现，并利用下课的时间对个别同学做适当的点拨。一个同学上课总是“走神”，我每次课都给她记着“走神”的时间，她会在下课时跑过来问我“老师，我这次有没有进步”。还有一个同学上课不敢举手表达自己的观点，我们交谈之后，他每次回答问题都会非常坚定地看我一眼……

我的原则是尽量不影响他们的学习。一个学期下来，我发现学生对我的关注少了很多，他们在我在场的情况下，还和同桌说话，在桌子下面玩一些小玩意儿，更有甚者，坐在我的眼皮底下就敢打闹。这时，我也会陷入一种矛盾，是不是应该提醒一下他们？但这又违背了“获得真实资料”的目的。更多的情况，我会在下课后找这些学生说上两句。

渐渐地，学生最终视我为“无物”或“不存在”了。事实上，走进学校场域后，我一直在试图“隐蔽”自己，在课堂中、在办公室里，在批改室里，尽量不占据显眼的位置，尽量少说话，多听、多看、多思考、多记录，以此来得到尽可能真实的信息。但同时，我也要公开表明自己的态度、想法，在一些非正式的场合我会和老师们聊天，在征得同意的情况下，我也会给学生们上一节数学课，当我和合作教师探究问题的时候，我会提出我不懂的问题，并在最后表明我的想法和观点。

2.7 研究的效度及推广

在社会学研究中，“效度”通常用来衡量研究结果的可靠性，即研究结果是否反映了研究对象的真实情况。陈向明教授指出，由于“记忆问题”、“研究效应”、“文化前设”、“间接资料来源”等原因可能会带来效度的“失真”（陈向明，2000：389-409）。质的研究理论认为，效度是多元的，可以分为描述型、解释型、理论型、评价型等类型。本研究主要使用三角验证法以确保研究效度。

三角验证法（triangulation）又称多元检验，是研究者在整个研究过程中，同时运用不同的资料收集方法、调查对象及其资料来源，通过研究者与研究对象、田野观察的有关文献三者之间的对话和相互印证，循环理解和深入阐释研究经验，从而提升研究结果的可信性及解释效度。

在本研究中，研究者从不同场地（教室、办公室、校外等）通过长达一年多的观察、交往和沟通获得合作教师——高志在学校场域内日常例行活动的信息，并与高志的同事、领导和学生进行对话，重点对L老师、P老师和J主任进行半结构性访谈，以此获得更多关于高志的资料以及多方面的、综合的理解。在初步形成高志对幸福的解释性理解后及时和高志进行交流，随后对结论进行修改与修正。我还对另外两名小学男教师进行了访谈，以此获知教师幸福的个性与共性的特点。

可能这项研究还会遭到这样的疑问：第一，你并未用高志的全部言行来证明他幸福与否，你这样得到的结论是否可信？第二，你怎么知道高志表现出来的和向我所说的是内心的真实想法、真实意志？事实上，事物总是处在不断的变化之中。在此，我借用吴康宁教授的观点，人都是“在假设的世界中生存”，“认识（包括对他人的认识）本来就是不断变化、允许变化的”，“我们的认识永远处于有待验证（进一步证实）的假设状态”（吴康宁，2008）。这项研究的结果需要在接下来的实践中不断修补和完善。

质的研究的目的是通过对一特定研究对象的深入研究而获得比较深刻的理解或相关理论，它具有与量的研究不同特点的推广理论。质的研究的结果来源于与研究对象长期生活、观察、对话的基础之上，因此对研究对象自身有一种预测的推论作用，这即是质的研究的“内部推论”。而“外部推论”是指借助读者的阅读来达到对研究结果的认同和传播，以达到“推广的目的”。

第 3 部分　高志的学校生活状态

他们“在形塑着历史和自我社会经验的同时也为之所形塑”。(迈克尔 W. 阿普尔，2005：前言)

——迈克尔 W. 阿普尔

这一部分主要探讨课堂教学、作研究和教研组活动对高志幸福（或生活状态）的影响。之所以采用“高志的学校生活状态”这一标题，是基于这样的认识。第一，任何一个人的幸福都是其重大需要、欲望、目的得到满足时所产生的积极的心理体验，都是自己对自己的生活状态的言说。因此，在研究中研究者不以自己的观察和判断作为合作教师幸福与否的标准。第二，事实上，在参与式的观察、半结构性访谈中，研究者不能总是询问合作教师是否幸福，这样做很容易造成合作教师的反感。第三，依据人类学中“人类心理一致说”的观点，“人类具有相同的心智过程，对相同的刺激会产生相同的反应”（夏建中，1997：42），研究者长时间生活于被研究者的时空中，观察被研究者日常生活的语言、行为和情感表现，从而可以形成对被研究者是否幸福的认识和体验。因此本部分以“学校生活状态”为题。

高志在学校中的教育生活故事来自我在求实小学对高志课堂内外的实地观察，与高志本人、同事和学生的交流、访谈，以及对高志的教学资料的收集。这些并不是现场文本，而是将我在不同时间、地点、场合了解到的片段有机地组织，最后经高志本人审阅，并经过多次对话形成的。必须指出的是，按照文化人类学中主客位的研究方法，这些故事是对高志学校生活的描述。在这里，研究者充分尊重了合作教师“主位的”经验与感受，并且通过研究者的叙述传达出合作教师的“某种声音”，并适当加入了一些来自研究者的“客位的”观察与思考。

3.1 高志的背景

本研究开始之时，高志27岁，正值他工作的第五个年头的开始。高志，1981年出生于北京市×区，父母都是农民，家中排行老大，还有一个弟弟。2000年9月至2004年7月，高志在首都师范大学初等教育学院学习，所学专业为小学教育（数学方向）。大学期间，高志是我的同班同学。

2004年大学毕业后，高志去了创新小学工作。创新小学是全国著名的小学，学校内聚集了一批有影响力的特级教师和名师。2006年7月，他离开了工作两年的创新小学转到了求实小学。2009年，高志被评为H区骨干教师。

高志的妻子小夏，1981年出生，北京M县人，城镇户口，家中还有一个妹妹，父母文化水平较高。小夏和高志是同级不同方向的同学，小夏所学专业为小学教育中文方向。小夏毕业后一直在H区M小学工作。由于工作成绩突出，已经成为学校的教学骨干，还担任二年级教研组组长。从2008年9月至2009年1月，小夏参加了为期半年的H区骨干教师脱产学习。

2006年，高志贷款买了房子，房子总价55万元。他们首付了11万元，现在夫妻二人每月的住房公积金即可支付每月的购房贷款。2007年5月，高志花了3万元购得一辆二手富康车。2008年9月，他们卖掉了二手的富康车，买了一辆价值7万元的雪弗兰汽车。

3.2 课堂教学之中

课堂教学即班级上课，把学生按年龄和知识程度编成有固定人数的班级，由教师根据教学计划中统一规定的教学内容和教学时数，按照课程表进行教学的一种组织形式。

课堂教学是教育发展到一定阶段的产物。在古代，各国教学普遍采用的组织形式都是个别教学。随着资本主义的发展，为适应教育范围扩大、学生人数增多和教学内容复杂的需要，在16世纪产生了课堂教学形式。17世纪，捷克教育家夸美纽斯总结前人经验，提出了班级授课制度。我国课堂教学制度是从1862年清政府在北京开办京师同文馆开始的，到20世纪初废科举、兴学校后，学校制度才逐渐推广。

20世纪90年代末，叶澜教授在“让课堂焕发出生命活力”一文中深刻揭示了我国传统课堂的本质，批判地指出“把丰富复杂，变动不居的课堂教学过程，简约划归为特殊的认识活动，把它从整体的生命活动中抽离出来、隔离出来，是传统课堂教学观的最根本的缺陷”，并倡导从生命的角度，用动态生成的观点看课堂教学，“课堂教学应被看做师生人生中重要的生命经历，是他们生命的、有意义的构成部分。对于学生而言，课堂教学是其学校生活的最基本构成，它的质量，直接影响着学生当下及今后的多方面发展和成长；对于教师而言，课堂教学是其职业生活的最基本构成，它的质量，直接影响教师对职业的感受与态度、专业水平的发展和生命价值的体现。”（叶澜，1997）也就是从那时起，越来越多的研究者认识到“课堂是我国中小学生和教师最日常的生存场域，是最值得研究者关注的领地”（杨小微，张天宝，2007：458）。

课堂教学对高志的生活状态有没有影响？如果存在，那是什么样的影响？带着这些疑问，我走进了高志的课堂。

3.2.1 走进高志的课堂

第一次以“他者”的身份正式进入高志的课堂是在2008年10月9日早晨，那是高志在四年级7班上的一节公开课。当我小心翼翼地推开教室门的时候，看到学生正在收拾自己的书本准备上课，教室的后面坐着学校主管数学教学的J主任和一位同年级组的数学教师。我坐在了教室前面靠近窗户的一个位置，这样既不挡住学生的视线，又能观察教师和学生的表情和行动。

“课堂教学”对“教师幸福”是否发生影响？可能会发生怎样的影响？最初进入小学的时候，我还没有来得及深入思考。走进课堂去探索教师的幸福被我理解为理所当然的事情：一方面由于我曾经做过教师，对课堂教学有一种特殊的感情；另一个方面，我准备研究教师的幸福，那么教师去哪里，我就应该跟着去哪里。

高志的面部表情比较严肃。很显然，有“局外人”听课或多或少给高志的教学带来了一些影响。“其他的就不用我强调了，是吧？这么多老师在看着大家！我再问一遍，数学作业纸都准备好了吗？”高志提醒学生作好课前准备。

这节课的教学内容是“乘法的交换律及其应用”。高志先在屏幕上出示两组乘法口算题让学生直接说出结果，学生观察后发现：有几组算式只是乘数位置不同，但乘积相同。个别学生因此提出“乘数交换位置乘积不变”。这是个别现象，还是一个规律呢？通过举例师生用归纳法得出具有普遍性的公式 $a\times b=b\times a$。接下来，高志借助一个实际问题使学生认识到在连乘的算式中交换律也成立。最后，用交换律解决实际的计算问题。在教学中，高志的语言富有激情，而且富于启发性。学生勇于发现和表达自己的见解，教室里不时传来学生的惊讶声和解决完问题的嘻嘻笑声。

田野日志：2008年10月10日，星期五

早晨七点一刻我准时来到了求实小学。办公室里面有三位教师：高志、高志的师傅W老师（也就是四年级数学组长），还有另一位不是很熟悉的女老师。这个办公室里面有5名教师，只有高志一个男教师，他们负责求实小学本部四年级10个班的数学教学任务。每一个人教两个班的数学，不担任班主任工作。

我先听了高志的第一节数学课，而后又听了高志师傅的一节数学课。两节对比后发现：虽是讲授同一类型的内容：高志的课不顺畅，但学生提出的问题很多；高志的教学语言还可以精练些；教学内容没有全部完成；对学生回答问题的反馈还可以再有针对性；教学时的状态不是很好，还可以更富有激情；有两处小的知识错误。

第三节课的时候，我去教导主任办公室和J主任讨论教学问题。其间，J主任顺便问了我一句“是不是觉得高志讲课比他的师傅站位要高”。我没有正面回答这个问题。J主任认为，W老师的课虽然很顺畅，但是总感觉缺了点什么；高志的课虽然一路磕磕绊绊，但是感觉学生的思维很灵活。

午饭后，我随高志去“看班”。与主任听课时的情况有了很大的不同，高志的语言更富抑扬顿挫，而且很明显，语气中夹杂了更多的“教导式”或“命令式”的意味。其间，我一直帮助他批改学生的练习题。课下，我提醒他，可以再耐心些，不要生学生的气，并告诉他学生不犯错误是不正常的。

下午一点半，高志要去H区教师进修学校报名三一英语考试，在其再三要求下，我和他一起乘公交车前往。因为我们关系很好，经常一人有事另外一人陪同。我窃喜答应他，因为这样可以获得很多更加真实更加丰富的研究资料。这次，我尽量由他主导话题，针对他的问题最后再谈我的看法。

我把我们这次谈话的内容归为以下几类：

第一，关于这次领导听课的准备情况、分析他和W老师讲课的风格。对于这次备课，他是和他的师傅一起进行的。原以为这次课校长要来听，所以准备得很随便，因为校长是语文老师出身，不是很懂数学，所以其本意不求有多大的创新，只要不出现什么问题即可。他又说，如果只是J主任来听课，他会采用另外的思路，方式方法，都会与现在的有很大不同，要尝试并突出自己对教材对教育的理解。针对W老师的课，他向我介绍了特级教师李烈的思路——“大胆地放，适时地收”，要重在培养学生的思维和意识。我说首都师范大学教育科学学院宁虹教授就是这样理解教育的，而且不止一次在教育哲学课上给我们讲授这种思想。高志听了我的介绍，很受鼓舞，我又赞赏了他几句，我们平时总是这样闹着玩，但我还是看出他很认真的样子，而且看他好像充满了力量。

第二，关于教师的幸福与物质关系问题。我在谈话前已经隐隐约约地感到，对于高志来说，物质因素并不是他认为当老师不幸福、经常抱怨老师职业不好的最重要的原因。

第三，关于男教师和女教师对待工作态度的不同。高志不止一次说，男教师应该获得比女教师更多的机会。为什么？因为男老师的事业心更强，他用马斯洛的需要层次理论告诉我，男人的事业心更强，更渴望成功，更渴望得到更多的人看重和赏识。为了证明他的观点的正确，他给我举了他的师傅和办公室其他老师的例子，并且重点以他的妻子小夏为例，说小夏不想努力工作，不想出人头地，但是学校却非常看重她，给了她很多的发展机会，但是她并不想要这些。我觉得这个事情很有意思，表达了继续关注这个现象的看法。

第四，关于三一英语的报名问题。为什么要报这个英语考试？他的论文已经获得了市级二等奖，做课在学区已经获得了一等奖，只因为错过了英语考试，而英语考试又是评选学科带头人的必要条件之一，如果不及时考过英语，以前获得的荣誉就要作废，还要重新努力。谈到学区评选骨干教师和学科带头人的问题，他认为政策很客观，很公平，而不像某些学校评选什么都是按资排辈，这种评价方式更能激励青年人努力工作。

记到这里，我不得不回到我最初的研究方案。我原本研究教师的幸福，现在发现教师的幸福在很大的程度上是教师的职业幸福，教师作为“人”的幸福原来与教师的职业幸福是密不可分的，而且教师的职业幸福可能会起决定性的作用。再进一步讲，教师的教育教学可能直接关系着教师的职业幸福，所以可能只有教师的专业水平提高了，教师的价值期望得到了满足，教师也就幸福了。是不是这个样子呢？还要看接下来的情况。

在随后的一年里，我听了高志在四年级7班和8班上的大约60节课。这些课堂教学片段是高志学校生活的一部分，也是我观察高志生活状态的重要手段。在我所观察到的课堂教学生活中，高志有快乐，也有苦闷。

接下来的这些故事就是从对高志的课堂教学观察的原始材料中摘取出来的，虽然这些故事带有一定的偶然性，但是这些偶然性的片段势必带有某种必然性。这些片段或许可以勾勒出高志生活的真实样态。

3.2.2 “不思考，拿过来就做！”

课堂观察：2009年3月4日，星期二　地点：四年级7班

早晨我刚走进四年级数学办公室，高志的师傅就兴冲冲地对我说：“你终于来了，高志已经做好准备了，要在你面前展示一下！”显然，在准备上这节课的时候，高志经过了认真而充分的准备。

走进四年级7班之后，高志这次使用了一种温和的方式进行开场白：“最快的是张子培，张维佳，吴天然，王竟奇，这边的组还有一个，孙天浩，这边还差一个人……”在不紧不慢又略带深沉的点名声中，全班很快就安静了下来。

首先，高志带着学生复习了“分类的思想”以及按照角和边两种方式把三角形分类，然后播放多媒体课件，屏幕上的直角三角形说：“我的内角和是最大的！”锐角三角形抓了抓头，不服气地说：“是这样的吗？”

事实是怎样的呢？高志让大家打开数学书27页，采用小组合作的方式探索三角形的内角和，高志提出要求：“大家可以分工去量，也可以量不止一个，比如说一个人量直角，一个人量锐角，一个人量钝角，要保证数据准确，其他人可以再量一遍。明白吗？数据越多，揭示的信息就越清楚……活动要求，听我说，一个组最多五个人……我不再细致地去分了。活动的时候，必须安静，谁那里声音大，影响别的组了，我就要制止你了。如果某些人没有量角器，要自己想办法！3分钟活动！”高志一字一句地说完后，学生们就开始活动了。

虽然高志已经提了要求要保持安静，但是活动开始后就“失控”了。教室里嘈杂一片，学生们几个人围在一起，有的人摸摸这动动那，有的人把量角器在书上翻过来调过去的摆弄，也有人自己一个人默不作声地想着什么，教室里不时传来孩子的惊呼声。高志走到学生中间，观察学生的操作并不时做着指导。

3分钟过去了，学生们仍旧兴趣盎然，高志并没有让学生们停止操作。5分钟过去了，学生们讨论的声音没有丝毫减弱。在将近6分钟的时候，高志开始组织学生汇报。

“哪个组量了5个三角形?”高志满怀期待，提高声音问道。

底下的学生们渐渐安静了下来，相互张望着，没有一个小组达到目标。一个学生小声嘀咕着：“老师，我量了4个。”

“好，哪些组量了4个或4个以上?”高志降低了标准。有两个组举起了手。

“量了3个三角形的请举手!”高志继续进行统计。

“好！坐直了吧，没量完的也不量了。大多数组量了3个三角形。”高志的语气中明显带着些许失望，停顿了两秒钟之后，高志大声地说，“那我就有一个问题!”

几个坐在前面的学生小声嘀咕着老师可能会问什么问题，老师打住了他们，“不是，我问别的。”然后提高了声调：“这么多人，怎么最多才量4个三角形啊？一个人量1个需要几分钟?”

学生们讨论着，说着，“一分多钟就够了吧。”

“每人量一个1分钟，3个人同时做，3分钟能量几个？给你们这么长时间了，想一想你们为什么慢！有没有合理进行分工……你要提高合作的效率！想办法！能够自己做的，比如说记录数据还用几个人一块写？别耽误时间！分好工，就自己做自己的。另外，你们可以选择一般的三角形，也可以选择特殊的啊？比如说，今天我没带量角器，是不是有三角板啊！我不能验证一般的三角形，我可不可以验证特殊的啊！特殊的角背下来没有，用量吗？所以说，你们在做之前，就没有分工，没有思考，拿过来就做！”说到最后几句的时候，高志的语速由慢变快，声调也升高了很多。

学生们都不说话了，教室里越来越安静。

“坐姿！”高志大声提示了一下，“再重复一遍，怎么还有人不注意听?！周一中午做的10道计算题的测试，我分析完了，最大的错误原因不是计算，是没有审题，没看清哪道题需要简算，没有观察！今天做这件事也是，要看看你想不想！”高志恶狠狠地说。

这个过程大约持续了5分钟，接下来重新开始了汇报，高志也在重新调整情绪。

3.2.3 课前“训话”

课堂观察：2009年4月14日，星期三　地点：四年级8班

上课铃已经响完，但是有些同学显然还沉浸在课间的活动中，有几个孩子虽然坐在座位上，但是眼睛还愣愣地盯着一个方向，好像在回味着什么，桌子上的学习用具还没整理好。

高志站在讲台上扫视着学生的一举一动，几秒钟之后，突然开口说话了：“好，刘浩宇，还在磨蹭，比较慢！陈嘉玮比较慢！”学生的精神迅速集中到了老师身上。

“最近的计算题，我看了有不少人有很多问题！”高志把话的重音放在了后半段，语气中带有几丝怒气，让我这个“局外人”都有点惊悚。学生们一下子都不敢乱动了。

“回家做的计算题，居然有人十道题错了八道！错得乱七八糟的！”学生中间开始传出“哇”的欷歔声，并有人小声重复着老师的话。一个孩子忍不住咳嗽了两下。

“我不看你的作业了!”高志的声调越来越高，语速越来越快，早晨批改学生作业发现的问题所带来的愤怒在这几十秒钟得到了释放，“王阳，你越来越松懈了，坐直了!”高志冲着一个学生吼道。那个学生稍微有些惊恐，赶快坐好了。我原以为高志还会继续说下去，哪知他话锋一转，把音调降低，语速放缓，“那好。昨天，我们学习了什么样的除法?一句话，用一句话，好吗?”

七八个学生举起了手，正式开始上课了。

这是高志在正式上课前组织教学的一幕。类似这样的场面，我观察到几次。在做小学教师的时候，我也有过这样的经历：当学生作业做得乱七八糟、错误百出的时候，当学生在上课开始时愣神的时候，我有时就会这样做。选择这样开场白的时候，有时是真的生气，有时是调动学生积极性的一种策略。当我和高志探讨起这个问题的时候，高志略带苦笑地告诉我，“全班将近50个人，组织上课不是一件容易的事，有时候上节课的老师下课晚，或者由于学生课间活动比较兴奋，让他们都集中精神上课就比较费劲!”

3.2.4 “我必须得表扬你们了!”

课堂观察：2009年4月15日，星期三　地点：四年级7班

上课了，高志什么话都没有说，在黑板上写下一行字“玲玲家的书房的面积是16平方米，正好用了32块方砖”，然后又在下一行写下两个算式“16÷32和32÷16”。同学们的注意力全被吸引到了黑板上。高志转过身来神秘地问学生：“谁能解释一下这两个算式表示的是什么意义?”

同学们对这个问题很感兴趣，非常踊跃地站起来回答这个问题，一个男生站起来的时候非常激动，略带结巴地回答：“第一个算式16÷32 表示的是一块砖有多少平方米。”在老师追问为什么的情况下，他继续说，“把16平方米分成32份，就是16÷32，一份就是一块地砖的面积。”

另外一个男同学站起来分析了第二个算式表示“每平方米有多少块地砖”，老师很满意。就在这个时候，坐在第一排的一个喜欢争论的女生站了起来，“老师，我不赞成第二个算式，如果不能整除的话，就可能会出现一些小数，这样就会比较麻烦，比较不好做！所以我赞同第一个算式。”

“现在我们没有说要解决什么问题，那你知道第一个算式是什么意思吗?”高志又把学生的话题引到了讨论算式的意义上面来。又经过几个同学的解释，老师带领学生一起总结结论，“除法算式中，除数很重要，除以谁，表示的意义就是每什么……”

数学书第66页第9题：有两摞同样的纸，第一摞厚4.7 cm，第二摞厚7.05 cm。第一摞有500张，第二摞有多少张?

在前一天，高志已经让同学们试着做了这道题，他已经知道了学生的思路，于是做了前面的铺垫工作，接着他带着大家用四种方法解决这个问题。

这节课进行到第26分钟的时候，新授的内容已经讲完，高志让学生在数学作业纸上做数学书上第65页第5题。

这时一个平时表现不是很好的同学举手问：“老师，数学作业纸是折成格来用吧?”

高志高兴地回答说：“对，折成大格!”然后接着说，“我必须得表扬你了！我必须给你的家长发短信了！必须说你表现好了！那是必需的了!”

学生听了，连忙接道：“那是！那是!”

……

在整堂课上，高志的精神状态都非常好，讲话铿锵有力，富有激情，学生的学习兴致也很高。师生之间，生生之间的互动此起彼伏，课堂氛围非常融洽，高志在课堂上不止一次说“我必须得表扬你们了”，“你们表现太好了”。从中，我能感受高志愉悦的心情。

事实上，课堂教学中，教师富于民主精神，学生的回答符合或超越了教师的预期目标，教师就会感到兴奋、快乐。教师“刻意刁难”学生，学生“心怀疑虑”反问教师，教师与学生，学生与学生斗智斗勇，问题起伏跌宕，新想法、新思路不断涌现，课堂气氛融洽，师生其乐融融。

3.2.5 “别说话，抬头看!”

课堂观察：2009年4月21日，星期二　地点：四年级8班

“翻开数学书第68页，看第四大题，5分钟时间，好吗？如果你5分钟做不完，说明你的方法就错了。”刚一上课，高志就首先布置了任务，并提出要求，学生便立刻行动起来，有的掏书包，有的打铅笔盒，一些速度比较快的学生已经开始在本子上写了起来。

北师大版《数学》四年级下册第68页第四大题由3道小应用题组成，如下：

（1）每套童装需要2.2米布，30米布可做几套这样的童装?

（2）每个油桶最多可装4.5千克油，装10千克油至少需要几个这样的油桶?

（3）一根钢管长3.8米，王叔叔想把它锯成长为0.7米的小段，最多可以锯多少段？余下的钢管还有多少米?

过了不到4分钟，高志就把几个学生的作业收集起来放到了多媒体展示屏上，然后让学生停笔一起观看。一个学生列的算式为30÷2.2，但是结果还没有写出来。底下的竖式已经算到了小数点后面第3位，仍然没有除尽，导致这个算式的结果到底是多少还没有写出来。

一个男生首先站起来，结结巴巴地说：“老师，我觉得他写得不对。商除到整数部分的最后一位就可以了，因为如果算到小数部分，你做出来半套服装谁来买呀？”

高志肯定地点了点头，请学生坐下。

“这道题，我需要除到整数部分就行了，小数部分就不用看了，那好——”刚说到这里，学生就开始讨论起来了，高志只好维持秩序，“别说话！一起看！昨天我们学了四舍五入保留小数的方法，为什么这道题只除到整数末尾就行了？为什么不看小数部分的第一位呢？”

一个男生站起来回答，但是其他同学也对此非常感兴趣，有十多个学生在小声嘟哝着。

学生讲完后，高志开始大声补充道：“你不用兢兢业业地往后除，除了这么多，没用！这道题除到整数部分就可以了。这是一个实际问题。你兢兢业业地做这件事情，你没有审题，审了题，没思考。”高志突然抬高声调，面部表情极其严肃，愤怒一样地接着说，“上来就动笔，按在那儿就做，忙了半天不知道自己干什么呢！想想你要干什么，想清楚了再下笔。”

正在这时，一个学习不错的女孩子举起了手，高志缓和了一下声调，让她发表看法……

接下来，高志又出示了另外一个学生的做法。他是这样写的：

30÷2.2=13（套）……14（米）（竖式略去）

高志统计了一下，有很多学生是这样写的。高志看起来很严肃，没有一点笑容，但是很多学生还在底下小声讨论着，“都抬头，有没有问题？举手来说。”高志大声嚷了两句。可是学生还在小声讨论着，没有人举手。“别着急，别着急，抬头看！”高志又提示了一次。

又过了两三秒，一个男生站起来说余数都大于除数了，肯定不对。另外一个男生站起来说，“只有商不变的规律，没有余数不变的规律”。

当第二位男生发表自己的看法时，学生显然不明白这是个重点，还在“各自为政”，声音也更大了。

“抬头看！好好听着!”高志用了最大的力气喊了一下，学生们一下子都停住了。我坐在教室的前排，也被吓了一跳。高志又请学生具体解释，然后又讲解了一遍。

在讲解后面的两道练习题的过程中，类似的情况又出现了几次。高志的声调又出现了几次升降，情绪又发生了几次波动。

3.2.6 期末考试前的烦躁

2009年6月16日早上7点50分，我从西北方向的小门进入了求实小学。进门的时候，我主动向保安打招呼。新来的保安20岁左右，这是第一次见到他，我走过治安岗亭，向他说明我的来意，他要求我测量一下体温，他拿测温计在我脑门前一晃，34.2 ℃，怎么会这么低?“还要加上2.5度!”保安笑着对我说。我在他的记录本上写下了我的姓名、来校目的等信息。

在楼道里走的时候，我突然想起昨天新闻报道香港由于出现学生集体感染事件，从12日起香港所有小学、幼儿园、特殊学校停课两周。往常的这个时间学生要上早操，不过今天学生都没有出来，而是继续在教室里学习。6月16日到18日，六年级的学生要举行毕业统一考试，上个星期高志告诉过我。教学楼里面不时传来读书声。当我从一个开着门的班级走过的时候，发现坐在后面的几个高个子学生正站着嘀咕着什么，而他们的老师手里拿着粉笔，面对着黑板正在沉思，看来正在思考给学生写些什么样的练习题。只是一瞬间，我忽然意识到小学的期末复习开始了。

课堂观察：2009年6月16日，星期二　地点：四年级8班

我到达二层四年级办公室的时候，办公室的门被一把小黑锁头锁着，我意识到老师们已经进入班级里了，我径直走到了四年级7班，学生的桌上都放着一张测试卷，高志正在提醒学生们测验中应该注意的事项，而班主任还没有离开班，正站在多媒体的讲桌前收拾自己的教学物品，我向他们点头示意后，就轻轻地坐在了教室门口的一张课桌前面（它是老师用来批改作业的地方）。有些学生发现了我的到来，但是并没有什么惊奇的表现，继续看卷子听老师的要求。

“看第四大题计算题！第一题，用竖式计算，这道题要验证，你甭说后面去验证，做完就验证，做完就检查；然后第二题保留两位小数，没法验，对吧？你最好在旁边重新做一遍，听见了吗？都做完题再做一遍。解方程马上做一遍，别和我耗着，听见了吗？底下给我写出来，把结果代入原题中……背面，脱式计算题，不要弄错计算顺序，能简便的要简便运算，要写竖式的旁边写竖式……第五题画图题，两问呢！啊！画三个图。第六大题，第六大题解决问题，人家要求列方程的你要列方程，没要求的，第二题第三题可以用算数方法也可以列方程，听懂了吗？最后一个画笑脸的题选做题，没有时间就不做了。第五题要做啊！就这些内容，时间一个小时比较紧张，现在开始做！”高志的要求终于说完了，我看着他长舒了一口气，他也看了看我，没有说话。

还没有离开教室的班主任提醒学生，“现在写字越来越多，注意你的写字姿势，不要因为这两天把你的眼睛彻底毁了！”

对于这段讲话内容，我原本想略去，因为与那些教育杂志上发表的美轮美奂的教师形象相比，语言太没有文采，而且显得唠唠叨叨。但是这毕竟是真实的课堂中的话语。它使我联想到我的工作经历，每个学期最后都有一个月左右时间的期末复习，每一天都是超负荷的劳动，一天下来，再也不想说话，连吃饭喝水的力气都没有了，而学生在大规模的复习中往往心浮气躁，这种短时间的“战前磨刀”的局面发生在很多学校的课堂中，很多人都在怀疑它的价值，但是每年仍旧上演类似的节目。

因为四年级7班有一位同学没有做完，而且很多学生在计算题上出现了错误，高志一脸阴沉地对8班的学生讲要求，“就60分钟时间，7班有一个同学做不完……”这时有两三个同学还没有回到自己的座位，高志大声对他们喊道：“回座位!”

一个小个子男生拿着数学练习册蹑手蹑脚地走到讲台前面，想补交作业，但是他可能没有意识到老师正在生气的节骨眼儿上。

“放这儿!”高志开始大声地说道，“怎么不明白呢？怎么不明白呢?”教室里并没有立刻安静下来，显然学生们还没有意识到老师因为上个班的表现已经生气了。

就在这时，高志也调整了策略，他稍微降低了一点声调，“我不着急，你们安静后再说!”又过了大约20秒钟，教室里慢慢安静了。

“卷子两面都写上姓名和学号，你不写姓名我没办法给你登成绩。”孩子们的心渐渐踏实下来开始做卷子。过了半分钟，高志接着说，“强调两点问题，抬头！这点时间耽误值得，抬头！第一，审题，……第二，看第一面，计算题第一大题，……翻过片来脱式计算能简算的要简算，……一道题4分，每一问出错都会导致整道题出错，重点检查这三道题……”高志又在重复在上一个班级提的要求。

“九点零九到十点零九，60分钟……”

时间一分一秒地过去了。离收卷子还有十五分钟左右的时候，高志开始巡视，在这个过程中，我一直坐在一个靠近前面窗户的角落。这时，高志走到我面对着的一个女生面前，看了看她的卷子，然后指着卷子上的一道应用题说：“我让把两个量都表示出来，为什么你表示一个（未知数），你凭什么表示一个啊?”

他站在我的椅子旁边，一脸严肃与茫然，又有几分无奈，我真的不知说什么好。

走在楼道里，高志拿着一摞卷子，一脸无奈的表情，我很能理解他的心情，我什么都没有说，我赶快拿出录音笔，把手放在他的肩膀上，静静地听他说话。这个时候，我很能理解他的感受，因为我也经历过。

“让学生改错，逮着机会就跑，犯懒，还跟你顶嘴：就不改，怎么着吧？考试没问题！你有什么辙？家长人家也不在乎！看着都不写！改错叫过来都不改！这你有什么辙，他就觉得自己没问题了！”高志泄愤似地说着。

3.2.7 我的观察：“烦恼”多于“快乐”

课堂中的教师情感体验虽然具有偶然性和随机性，但从一段时间来看，教师面对的学生是固定不变的，教师的教育理念、教学方法、班级管理方法相对稳定，因此教师的幸福体验具有稳定性、长期性，构成教师教育实践的长久的教育体验。因此它是一种基础性质的，起决定作用的因素。教师在课堂教学中的情感体验是构成教师幸福体验的重要组成部分。

教师的课堂情绪调节能力是影响教师工作状态的一个重要因素。教师课堂情绪调节能力具有多层次多维度的结构。从情绪调节的对象和被调节情绪的性质角度出发，它主要由教师课堂自我积极、消极情绪调节能力、教师对学生个体课堂积极情绪、消极情绪调节能力、教师对学生全体课堂积极情绪、消极情绪调节能力六个方面组成。（邱莉，2007）新近的研究发现：教师对积极情绪调节的能力要高于对消极情绪调节的能力，对学生个体和学生全体的课堂情绪调节能力要高于对自我课堂情绪调节能力。随着教师年龄、教龄的增长，教师课堂情绪调节能力呈持续增长的趋势。在性别方面，男教师的课堂自我积极情绪调节能力、对学生个体消极情绪调节能力都低于女教师。（邱莉，2007）

在2008—2009学年度，通过参与式观察，我耳闻目睹了高志课堂上的喜怒哀乐。我所发现的事实是高志的“烦恼”多于“快乐”。在与高志共同探讨的过程中，他总是向我提及“预设”与“生成”，高志曾经向我这样说道：“你要理解我为什么发火？你认为是重点的东西，他们却没有关注。”按照我的理解，高志课堂教学中的烦恼主要来自于他对教学、对学生的期望与现实之间的脱离或矛盾。

3.3 作研究之时

2009年2月18日星期三，在新学期开学的第三天，我又进入了求实小学。在之前的寒假中，我完成了关于教师幸福的文献梳理工作，并且写作了两篇文章。这时，对于我将要研究什么和怎么研究有了更清晰的认识。

第一节课的教学内容是“小数的认识及意义”。我注意到在本节课中，高志在40分钟的教学中，有22分钟都是站在多媒体的机柜前面，只有少数几次深入到学生身旁观察、参与学生的活动。两节课后，我们两个人来到批改室交流，我谈到了这些问题，他也开始向我表明他的想法。我们的交锋不是很激烈，但当他理直气壮地讲出他的想法时，我感到两种强大力量的冲击：一是作为一名一线教师强大的思考能力和思考的深度，它们常常被理论研究者和各级领导压抑或忽视；其次，我深陷于理论与现实的张力之中。经过一年半的研究生学习之后，我的视野得到了扩展，看问题的深度得到了提升，但是三年的工作经验又让我非常理解甚至赞同高志的一些想法，到底应该如何做？我的角色是什么？我到底应该倾向于哪一方？我一度陷入身份的危机。

高志可能并没有注意到我有时非常不自然的举动和话语。让我出乎意料的是，和我交流之后，高志异常地兴奋，脸上凝结着一种踌躇，又显示出一种自信。我回忆起我工作时的情景，自己独自摸索实验，听教研员讲教材分析，听专家的报告，但是从来没有人倾听我的想法，没有人帮助我解答我的困惑。那时的我是一个卑微者，没有丝毫的话语权。现在当我以一个研究者的身份和高志对话时，高志的主体意识和自信被唤醒了。他的喜悦、自信和快乐，也弥补了我曾经的缺憾。

这次之后，每当上完课后，我们都去批改室交流思想。慢慢地，这似乎成了一种习惯。每一次同组的老师见到我们从批改室里走出，都感到非常好奇，但又给了我们几丝鼓励的微笑，这些微笑我至今记忆犹新。

没过几天，我从网上购买了一只电子翻页笔送给了高志，我希望它能够帮助高志离开多媒体的鼠标，深入到学生中间去，更多地关注学生的状态。

3.3.1　一次尝试带来的甜头

2008年年底，北京H区教研中心发布了《2007—2008学年度小学五年级学生数学学科学业质量监测分析报告》，报告从总体、“内容领域”和“能力领域”对学生的数学学习及教师教学进行了评价，然后指出了成绩与存在的问题。

在学习完这篇报告之后，高志发现：当一个新问题出现在学生面前的时候，一部分学生的探究意识和愿望非常欠缺，是什么原因导致的这个局面？教师应该如何改进？高志进行了深入的思考，并进行了相关的实验。

高志的实验论文：

培养学生探究能力的实验研究（节选）①

一、自责没有练过，还是该自责没有培养过？

“这样的题目怎么没有练到呢”，这句话反映了很多老师的心理。没错，我们应该自责。因为学生的任何具有普遍性的问题中一定存在着老师的某种责任。但是我们自责的点不对。难道我们自责之后反思出的方式就是变本加厉地扩大训练面，加大训练

① 摘自高志的论文，个别字句稍作修改。在此表示感谢！

量吗？正如分析中的那样："可是练多少道题能碰上一道和试卷上一样的呢?"学生所欠缺的是面对新问题的时候去想办法解决的意识和能力。所以说我们该自责，我们该自责的不是没有练到过！而应该是自责没有培养过！没有有意识地培养学生面对新问题的时候去想办法解决问题的意识和能力。

二、培养学生探究能力的实验

那究竟我们所重视的学生主动思考、主动探究的意识和解决问题的能力要落实到课堂中应该如何去培养？那现在学生所暴露出的解决综合实践问题的能力不高是我们日常教学中哪个环节缺失或哪个地方做得不够所造成的呢？我们一线教师要从哪些地方努力才会对提高学生解决问题的能力有积极正向而且富有实效的作用呢？其实这些问题我们一直在思考。而且，我非常重视培养学生探索解决问题的能力。我始终坚信数学教学的目的应该是提高学生解决新问题、解决自己没见过的问题的能力。

我在这方面也进行了一些自己的尝试性的探索，我想从学生的角度去发现他们面对一个全新的问题时为什么会束手无策？到底是什么给他们解决问题带来了障碍？于是我做了这样的一个测试：

（一）测试目的

1. 学生是否具有主动选择策略探究问题的意识?

2. 1—4 年级的学习给学生留下了哪些解决问题的策略?

3. 学生是否能够针对具体问题选择合适的策略?

4. 学生是否掌握运用合适的策略去探索规律解决问题的方法?

（二）测试的实施

1. 进行测试的第一部分。

采用：问卷和观察法。

目的：先在没有任何提示的前提下，独立解决问题 1。考察能有多少学生有意识地主动选择策略去解决问题，同时有多少学生能够运用合理的策略独立解决这一问题。

问题1：按下面方式摆下去，摆100个三角形需要多少根小棒？

活动方式：学生独立思考尝试解决。(5分钟)

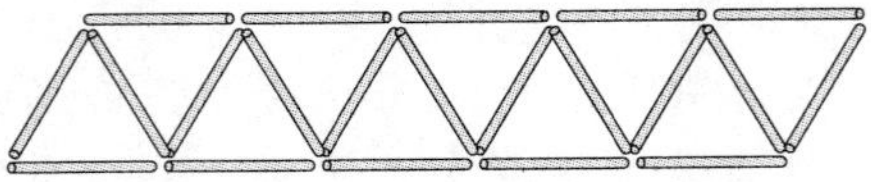

设计意图：退回到学生解决问题时思考角度和思考的起点。还原学生独立面对问题时的真实情景。如果按照顺序的方式"引领学生观察题目特点—选择解题策略—多种方法探究规律"，则是离开了学生的思维起点，引领学生的思维前进，避开了学生自主选择策略的思考过程，而这一过程正是培养学生学会选择合适的策略解决问题的重要环节。

2. 进行测试的第二部分。

目的：考察一，学生头脑中已经掌握了哪些解决问题的策略？

考察二，看学生面对具体问题时如何选择策略？

考察三，在得到策略提示后又有多少学生可以独立解决刚才的问题1？

3. 访谈。

目的：针对个别同学的方法具体了解策略选择方法和实施方法。

(三) 前测结果分析

1. 学生已了解的策略有哪些？

结论：

在所列出的策略中每一种都至少有80%的同学运用过。同时，每位同学的头脑中都已具备了一些常用的解决问题策略。

2. 两次测试结果比较：

<table>
<tr><th>阶　段</th><th>做对
人数</th><th>占全班
百分数</th><th colspan="2">做错人数</th><th colspan="2">占全班
百分数</th></tr>
<tr><td>第一次前测</td><td>14</td><td>33.3%</td><td colspan="2">28</td><td colspan="2">66.7%</td></tr>
<tr><td rowspan="2">第二次前测</td><td rowspan="2">24</td><td rowspan="2">57.1%</td><td>探索失败</td><td>束手无策</td><td rowspan="2">14.3%</td><td rowspan="2">28.6%</td></tr>
<tr><td>6</td><td>12</td></tr>
</table>

结论：

第一次测试在没有任何提示的前提下全班42人中有14人做对。第二次测试是教师提示之后，请学生选择合适的策略再解决问题1。其中有24人做对，比第一次增加了10个同学。通过访谈发现，这10位同学的确是受到了策略提示之后得到启发才想出解题方法的。可见，在同学中确实存在部分同学因缺乏主动探究解决问题策略的意识和选择合适策略的方法，而导致面对问题束手无策。可见，对于学生主动探究解决问题策略的意识和选择合适策略的方法的培养应作为教学中着重关注的重点。

同时注意到在第二次测试后，仍有18位同学没有正确解答，但其中的6位同学已通过合适的策略进行了方法正确的探索，只是结果多了1，认为最后一个三角形也用了3根。那么，仍有12位同学不能用合适的策略解决问题。可见，探究规律方法的学习依然是教学中绝不能忽视的重要环节。

三、反思教学

通过测试结果分析，我发现很多时候学生缺乏主动探究问题解决策略的意识是由于我们教学环节设计的不合理或环节缺失造成的。比如我们在讲解一些复杂问题时，通常会给学生的每一步思考都搭好脚手架，好让他们跳一跳自己都能够得着，又要考虑到班级中的学习较困难的学生，所以脚手架搭得就比较低，几乎多数学生都能脱离探究策略的环节直接解决了问题。或者，老师担心多数学生听不懂，就会带同学们一步一步地细致剖析。很明显这样的方式会很快让所有同学都学会这个问题，但却偏离了这一题给学生们带来的自主探究方面的机会。因为我认为只有当问题的困难程度超出了学生已有水平时，学生才会有机会去主动探究策略解决问题。

开门见山的方式，直接呈现问题。我想如果我们在面对这样的问题时能够给学生一个独立解决的时间和空间，不急于搭好脚手架，学生就会有机会自己去主动思考解决问题的方法。在这样的反复思考中探究问题的意识就会得到培养，解决问题的能力也会得到提高。

我们不仅要在自责中反思，同时也要反思我们的自责。是该自责没有练过还是该自责我们没有培养过！毕竟我们的思考决定我们的行为，我们的行为决定学生的思考！

通过这个案例，我知道高志一直在进行着思考，虽然这种思考有时是来自于上级布置的任务。但无论怎样，在一些方面，高志在进行着改革和实验。每当他和我说起他的这些想法的时候，他都是那么深沉、自信，这种深入地思考使他觉得教学并不是一件枯燥的事，或者说，他能从这些思考和改革中获得乐趣。虽然他没有直接说在探讨问题时有什么感受，但从每次谈话结束之后的面部表情，我可以看得出。

3.3.2 关于“创新”与“效率”的争论

2009年4月14日上午，连续听了高志的两节数学课，教学内容都是北师大版《数学》四年级下册“除数是小数”的除法[①]。课堂中，一位女生提出除数随着被除数扩大倍数，把小数除法完全转化为整数除法来计算。对于这样一个有价值的问题，高志并没有给那位女

① 针对此问题的讨论，已经公开发表，此处不作具体叙述。请参看：陈学金. 2009. 尊重创新还是追求效率［J］. 小学数学教师（12）.

生更多的时间去解释她的想法。对此，我们展开了对话。

高志很无奈，又有些遗憾："与上个班相比，这个班的教学进度慢了半节，我想提高教学效率，赶快弥补过来。"

但是，事情真的就这么简单吗？到底是什么原因阻止了师生之间的这段精彩的交流呢？表面上看，高志说得没错，由于学生没有完全表达清楚自己的思路，老师为了赶进度，追求教学效率，不得不草草结束了对话。但是，据我的观察，高志最大的教学特色就是尊重学生，能够运用多种策略调动学生多角度地提出问题和解决问题，他所教班级学生的思维非常活跃。

进一步交流得知，"课堂教学如何既能尊重学生的创新解答又不影响教学进度"这个问题长期困扰着高志，注重学生思维的培养，但会经常出现教学任务完不成的情况。那么如何看待这个问题呢？经过我和高志的共同探讨，达成一致的意见。

追求教学效率，是要在一定时间内让学生经历一定的数学思考或探究过程，使学生掌握一定的基础知识、基本技能，形成一定的基本数学思想，根本上是要提高学生的数学素养。鼓励学生发散思维，尊重学生的创新解答，从长远来看，也是为了培养学生的素质。所以，在本质上，追求教学效率和尊重学生创新目标指向是一致的，并非是矛盾的。

要解决数学课堂中"尊重创新"与"追求效率"的"矛盾"。第一，教师应对数学课堂教学的目标正确定位，抛弃教学中急功近利的思想，在注重基础知识和基本能力的同时，把培养学生的创新思维能力放在更加重要的位置。第二，教师可根据课堂的实际情况及时调整教学进度。

后来，高志又作了一个测试，他精心设计了10道计算题，在规定的时间内让学生做完，然后归纳学生出现错误的类型并分析原因，虽然教学成果很难去测量，但是他的这种研究是自发的，是在没有外力的要求下进行的，而且在做这项工作的时候，他很用心，也觉得很有意思。

3.3.3 “批判”我时的惬意

2009 年 5 月 21 日星期四，我们做了一件非常不同寻常的尝试，针对同一内容，我和高志分别在两个班级上课，然后再进行批判地交流。高志在四年级 8 班上了第一节课，我在四年级 7 班上了第二节课。教学内容完全相同。上完课后，我们就来到了批改室。我拿起高志的听课笔记看了看，发现上面写了若干条目，很让我振奋。随后，我们的交流开始了。

“那我可以批评你吗?”高志直截了当地开了口。我摆出一份虚心接受批评的态度。高志说起话来很严肃，“我认为你这节课的核心，最大的问题，除去你个人准备的原因，完全属于关注学生不够。不客气地说，如果每次我能关注 46 个人中的 80% 的话，今天你关注到了 25% 。也许你不承认，这是由于你今天这节课采用分组竞争的方式造成的。”

高志继续说，“这里涉及一个‘提问等待’的问题，你的‘提问等待’缺失。班里面有很多学生在第一道题还没有讲完的时候就早已经跟不上了。他们就在那里茫然、困惑着，就被别人拽着走。关注学生不仅要关注学生每个人的听讲状态，而且要关注学生思考的深度。”

高志说他一直在关注课堂上学生是否跟着老师思考。他认为他现在最欠缺的就是不了解学生，所以他经常问学生“你遇到的最大困惑是什么”，并把学生表达困惑作为评价学生的一部分。除了使用“教学前测”了解学生的困难之外，高志认为在课堂上要及时关注学生。学生真实的想法或困惑可能具有某种普遍性和整体性。

高志举了北大附小一节课为例，认为数学课堂应该是一种沉重的、实在的，学生的思维活动是活跃的、高涨的。他说他现在极力鼓励学生提炼问题，狠狠地批评那些嘲笑别人的人。

这是高志第一次评价我讲的课，而且没有留情面，我能感受到当时的尴尬。既然一个研究者也不一定能上好一节课，那为什么还要自以为是地在一线老师面前指手画脚呢？“我今天给你树立了一个靶子，然后请你来批判，让我看清自己，同时也让你看清自己。”我这样对高志说，同时也是在消解自己的不安。

“哈哈……这样的活动应该多进行几次，我喜欢！”高志非常开心地说，“今天我还有一个目的，就是想让你体验一下我的痛苦，省得你在评价我的时候总是不理解我的痛苦。哈哈……你总是给我讲理论知识。”

高志对我的研究方式表示了赞赏，并指出，“我就很看不起那些人站在上面说一些大言不惭的话。他们就没有思考这个问题——我们老师都赞成那样做，为什么课堂教学不是那样子呢？原因在哪？我们的声音，他们倾听过吗？”

最后，高志还建议我弄清楚研究指向哪里，“如果你一枪打到了中国教育体制问题，你的论文谁给你发表啊？我认为他们不会给你发表的。弄不好就是反社会的了。哈哈……我认为你要把这些点弄小，弄实，要不然给一线教师一些启发，有一些可操作性的东西。如果给校长这个级别看，或者是区教委，这就是另外的问题了。”

3.3.4 一次大赛的磨砺

在2008—2009学年度第二学期，高志代表求实小学参加了H区教师说课比赛活动。在第一轮比赛中，求实小学有两名数学老师胜出参加第二轮的笔试。高志在第二轮中顺利过关，最终被选进一个18人组成的小组，这个小组在暑假期间采用分散学习、集中讨论的方式学习，最后选出12人参加北京市青年数学教师基本功大赛。

2009年9月5日星期六下午，高志打电话联系我希望我能和他一起讨论一份教学设计，并告诉我关于这份教学设计的发言可能关系到他最终能否代表H区参加北京市青年数学教师基本功大赛。9月7日下午，我们还是在那间批改室进行了长达一个半小时的讨论。

2009年9月5日星期六下午三点，我按照约定来到了求实小学。走进楼道我就发现整栋楼已经彻底地加固和重新装修了，楼道两旁的墙壁上贴着有关中国古代历史与文化的图案。看来求实小学的改造工程已经完工了。

我走进二楼的三年级数学办公室，其实还是上学期的那个四年级数学办公室，只不过门牌换了。上学期的那个教研组的五位教师中，高志的师傅任三年级数学组组长，高志和X老师留了下来，从五年级转下来一名女教师，还有一位新毕业的女大学生。我刚一进门，那个刚毕业的新老师就认出了我，“你不是陈师兄吗？你还给我们上过两次课呢！”这样一来，办公室里一下子就显得和原来一样温馨了，因为都很熟悉。

我们没有多聊，我和高志来到批改室开始了对话。研究材料是一份“三角形的三边关系”的教学设计，要求利用探究学习的相关理论对下面案例的内容进行分析和评价。

对话片段：2009年9月7日，星期一　地点：批改室

高：这样的课，不仅要解决最重要的任务——“两边之和大于第三边”这样的知识的内容，还应该渗透给学生一些数学研究方法。这节课要渗透给学生一个完整的研究过程，面对一个问题，我怎样研究，怎么样去分析，课本当中涉及一个不完全归纳法，按照数学研究的线索去上这样一节课。给学生这些方面的经历。

陈：我有四点想法。第一，探究学习的目的。它是让学生经历一个过程，调动学生的主动性，学习思考问题的方法。探究学习的目的是什么？最重要的可能是要调动学生学习数学的主动性，要首先承认学生学习的主体地位，让学生在学习数学过程中经历这样一种体验，达到发现数学规律，形成一定的数学认识的目的。第二，关于探究学习的方式，我认为有两种：一是自主探究，在课堂当中，我们发现有许多学生很有想法，他不愿意和别人合作表现出一种独立性；二是合作的探究，就是几个学生凑在一起，把自己的想法表达出来，几个人的想法相互碰撞，启发，还可能刺激出新的想法，这也是一个对问题探索、求知的过程。第三，我想到的是，是不是所有的数学教学内容都适合用探究学习的方式？我认为，不是每一个知识点或教学内容都适合用探究学习的方式。因为，探究性学习必须是在学生具备一定的基础的前提下进行的，而且教学内容最好是可以从多个角度出发考虑的，能够给学生讨论空间的。第四，在探究过程中教师的作用问题。在探究学习中，教师是一个引领者、合作者，我觉得他不应该成为一个探究框架或研究框架的设计者。探究学习应该尊重学生思考问题的独特性和发散性，学生有他自己的生活经验，如果教师事先设计好一个研究思路或探究框架的话，就可能会禁锢学生的思想，不能达到探究学习的目的。（我说的时候，层次也不太清楚）你再说的时候，可以先把对探究学习理解说一说，然后再用这个理论去分析问题。

高：你先别往下说了。多了，就记不住了。我们先把这几个大点捋清楚了，到时我才能写，才能改。我只要说出一个亮点，就非常不错了。不用面面俱到。你给我启发最大的是对探究学习思考的维度，很有高度，但是你说的对吗？你说的没有问题，这个分析思路就很不错了，教研员的意思不在于分析一节课的好坏，而是想通过分析几个案例能够整理出来分析一系列案例的大的环节或过程，或者说整理出一个框架、一个维度。对于一个案例，我怎样来思考，是从细枝末节开始，还是从整体来考虑。

陈：我的观点是，抓最本质的东西，然后向外延伸。一个数学课的最终的目的是什么？就是，在知识上有所积累、更新或改进，在思维上经历数学思考的过程，学会一定的数学方法，最重要的也是最难的是形成一定的思维方式。

……

高：你的意思是说，教师教学的思考点应该是学生层面的改变，不是老师要学生怎么样，而是通过活动学生能够怎么样。关于探究学习，还有建构主义之类，为什么要选择它们？主要的目的就是要改变学习方式。我们现在的目标是改变灌输的教学方式，或者说改变接受学习一统天下的局面。

陈：我认为这还不是根本的。对于中国学生来说，创新思维和实践能力表现得较差。

高：大家希望倡导主动学习来改变这种局面，落实下来。探究学习是一个好的方式，所以我们采用它。

陈：任何理论都是指向实践的。

高：探究性学习在为我们所做的事情服务。这节课可能是按照探究式学习的样子设计的，但是它能不能达到很好的结果？如果不是，就违背了探究性学习的初衷，就不是探究性学习了，用不用就没有价值了（情绪激昂）。

陈：就是那种舍本求末的感觉。探究式学习就是一种方式，目的就是培育人。

高：你提出的第四个问题，就是说老师成了探究框架的设计者，在禁锢条件下学习，所以违背了探究性学习的根本目的。有了探究性学习的样子，但是没有做这样的事情。那回到我们的实际，面对一个四年级的孩子，老师不提要求，怎样落实这件事情呢？这节课的意图就是要使学生认识到“两边之和大于第三边”，让学生发散也好，做足这一点，但是又如何满足课堂时效性？还要考虑学生的现实，学生缺少研究经验，没有研究方法，所以这节课的目的不是以探索结果为目的，而是教如何来探索，如何来思考问题。方法、技能能不能一条一条地教？我有过这样的矛盾：很多东西不是强化的，而是渗透的，如果不给学生一个模式或结构，那学生又怎么能学会这样思考问题呢？给学生可能是一个框子，不给学生可能就真的不会，更别说以后会用。

……

陈：学生有想法没有说，没有区分可行不可行，这就不是探究，这只是低层次的工作。

高："探究"两个字，你看能不能这样理解：我们掐住了探究的脖子。为什么这么说呢？思考问题可能需要一个开放的环境，需要从几个方面去实践，但是老师就掐住学生思想的脖子了，只能从这个口走。教师要在这里开放一下，让学生从多个角度思考问题和表达见解，再引导学生到实验这个环节。在这里，我给它起个名字就是"不要过早地收"。这一下子就太牛了啊！哈哈……（情绪高涨，兴奋地大笑）

这次研讨很成功，高志感到收获很大，我也看出高志十分重视这次活动，并且有很多与我不同的想法。在这个过程中，高志一直很稳重，同时有一种充实的感觉。

虽然高志在这次研究中付出了很多，但还是没有进入 H 区最后的 12 个人的名单。9 月 11 日星期五下午 5 点 22 分，高志打来电话，由于我在图书馆学习没有及时接听电话。后来他发来短信说："我被淘汰了，没法去市里比赛了，你也不安慰我一下啊？"

"这不是早就在你的意料之中的吗？呵呵，你可以确定下一阶段的目标了。"我这样回复他。

事后，高志反思这次活动的整个过程，他认为虽然没能代表 H 区参加市里的比赛，但是他收获非常多。"毕竟是精英的老师在一起作研究，探讨问题。人外有人，天外有天。我还差得很多呢！"

3.3.5 我的理解：研究使高志幸福

随着社会的进步与发展，教育实践不断更新、拓展。另一方面，教师也有主动发展的需要，因此，“教师成为研究者”的呼声越来越高。但是，人们对于教师能否作研究，教师到底作怎样的研究还有很多不同的认识。

裴娣娜教授在《教育研究方法导论》中把研究分为四个水平：直觉观察水平、探索原因水平、迁移推广水平和理论研究水平（裴娣娜，1995：8）。按研究的目的、功能、作用，研究可以分为：基础研究、应用研究、发展研究、评价研究和预测研究。在这种对研究的划分中，我们很难准确找到小学教师作为研究者的影子。

如何看待“研究”这一概念是讨论小学教师能否作研究、怎样作研究的根本所在。“研究”这个词源于法语 rechercher（周游或调查），它是指为发现或确立事实及关系，而采取的一种周密的，有系统的，并且需要耐心的调查（C. M. Charles，2003：8）。《现代汉语词典》关于“研究”一词的解释为：探求事物的真相、性质、规律等；考虑或商讨（意见、问题）（中国社会科学院语言研究所词典编辑室，2002：1447）。而在很多人看来，“发现问题和解决问题的过程就是研究的过程”。也有很多一线教师认为，“在工作中，只要不安于现状，时刻思索钻研，并善于捕捉自己思想火花和智慧的灵感，研究便开始了。”①

事实上，21 世纪以前的国内理论研究者很少承认一线教师所蕴涵的研究能力并真正予以重视。事实上，用“作研究”来描述教师的有意识的思考与探索行为的时候，难免会以一种“同化”的思维去审视小学教师的工作，即用理论研究者的思路、方式、方法、要求等标准去看待小学教师的工作，这本身就是一种不平等。

① 参见：http://libseeker.bokee.com/2190811.html.

事实上，小学教师的研究不同于专业研究人员的研究。“专业研究人员侧重于理论创新和学科建设，着重用理论来解释实践，或者从实践中概括理论；而中小学教师偏重研究的实践效果和教师本人的素质提高，教育科研被看做改善教学过程和提高教师素质的重要途径”（陈桂生，等，2007）。小学教师所作的研究是基于教育现场的实践性研究，“基于实践教师群体中开展的真情境性研究”，“基于理论与实践对接的研究”，“过程反思性的研究”（王智秋，2007）。

也有研究者认为，一线教师的研究是行动研究，它有三个基本途径：一是教学实践中的“问题解决”；二是与其他教师或校外研究者的“合作研究”；三是“叙事研究”。小学教师研究过程是一个连续不断螺旋上升的过程，是一个“计划、行动、观察、反思”的过程，也可以理解为一个“问题、方法、观察、叙事”的过程。行动研究容易拒斥必要的理论、历史、传统以及权威，这使行动研究一直面临合法性危机……“与历史对话”成为行动研究方法论考虑的基本出路。“与历史对话”实质是建议行动研究返回历史、传统、权威，也就是“返回理论”，在“理论阅读”和“理论对话”中关照行动。（刘良华，2002：前言，11-12）

陈桂生教授结合自己的研究认为，以一线教师为主体的研究可以首先以“情况调查和案例研究”作为切入点，然后从“案例研究”到“问题研究”，再从“问题研究”到“实验研究”（陈桂生，等，2007）。

教师自愿进行的改变通常具有某种自发性，不似由外而内的变革那样具有强迫性。有观点认为，教师并不是因循守旧的群体，他们时刻都在改变。理查森（Richardson）和安德斯（Anders）指出，“他们重组课堂，开展不同的活动，试用不一样的课本，改变课程主题的次序，尝试不同的沟通技巧等”（操太圣，卢乃桂，2007：8）。

通过与高志的合作，我发现高志及其教研组同事所进行的活动正是基于教育现场的实践性研究。思考问题、讨论问题是高志非常喜欢做的事情，它也给高志带来了快乐。但是高志作研究的过程并不是一帆风顺的，他常常面临要被迫批判和改变过去的习惯和认识，要从权威者的理论中走出来探索一条属于自己的道路。

3.4 与教研组同事之交往

像北京的很多小学一样，求实小学实行教研组制，教同年级同学科的教师被安排在同一办公室内。在2008—2009学年，求实小学校本部的四年级数学教研组共有五位教师。组长W老师，也就是高志的师傅，是学校中为数不多的几名拥有“中学高级”职称的教师之一，组内的教师都非常尊重她。另外的三位女教师P、L、X都拥有小学高级职称。据高志介绍，X老师是组中最年长的教师，再过三四年就要退休了，她管理学生非常严格；P老师在郊区县城做过10年中学老师，从1998年开始做小学老师，家庭条件最优越，按理说，不工作家里人也不会有意见，但是她还是喜欢当教师，这样感觉很充实；L老师很爱思考问题，经常与高志共同探讨问题，L老师有一个女儿，就在求实小学三年级学习。

四年级数学办公室位于教学楼二层的东侧，走上二楼立刻就可以看到，四年级数学办公室并不大，南北长不超过5米，东西长不超过3米，整个办公室面积最多不会超过15平方米。办公室里面有一台公用的办公电脑（求实小学每名教师都已经配备了笔记本电脑），最主要的就是五位老师的办公桌椅了，还有两张学生课桌放在靠门的位置，分别用来放置报纸和电话（如图3所示）。

四年级办公室的对面是一个批改室，里面放着个书柜以及几张课桌椅，书柜里摆放着一些教育类书籍，但是我从没有看到过有老师翻看过。有几张桌子上经常堆放着很多数学试卷，这些卷子是供四年级10个班做练习用的。我曾经看过有老师在这个屋子里批改作业，也看到过教师单独为学生补课。每一次高志上完课后，我们两个人都把门关好在这个屋子里讨论问题。

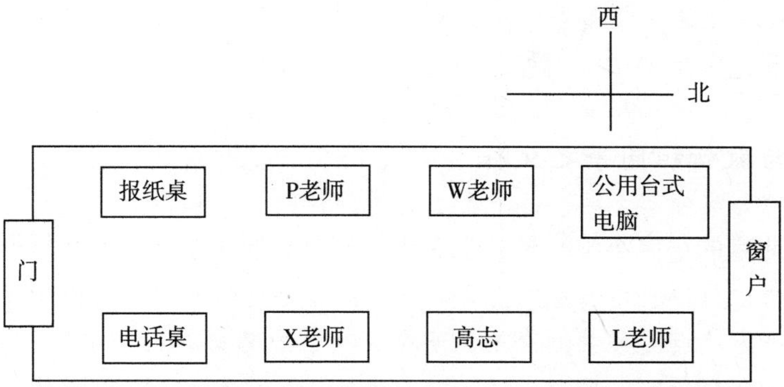

图3　求实小学四年级数学办公室平面示意图（2008—2009学年）

3.4.1　团结、分享的集体

在求实小学观察将近一年的时间中，我所看到的四年级数学教研组总是那么和谐、积极向上，其乐融融。

“教研组应该可以说是一个很快乐的地方”，“这也是学校中获得幸福的一个很重要的地方”，高志这样评价教研组。按照高志的理解，人总是在一定的小团体中生活的，如果在一个不和谐的团队，肯定会很痛苦。只有在一个和谐的团队，自己做事情不管做得怎样，才不会有那么大的痛苦的感觉。所以说，和谐团队的建设，对自己的工作、生活都是起积极作用的，因为环境是重要的，它能够决定平时工作中的一种基本的心理状态，你是怀着一种什么心情踏入到工作当中的呢？如果办公室不和谐，你是痛苦的，一进来你就不是正常人了，你就是痛苦的状态来的，痛苦地开始工作；如果工作关系很和谐，互相帮助，你是以一种愉悦的状态开始工作，就是这样一个区别。

高志认为和谐的教研组是需要经营的。

高志：办公室不是天生就是和谐的。需要每一个人的努力，首先要从自己做起。办公室的关系很微妙，不是同学关系，什么年龄阶段的都有，有业务水平强的，有稍微差一点的，你怎样做、态度是很重要的。如果你以竞争的方式看待，与每个人都竞争，把每个人都比过去，这对每一个人的成长都不利。办公室关系也会很不和谐。如果你把自己定位于通过自己的努力能够使大家共同提高，哪怕别人比过你，又怎么样？只要你把自己的东西和大家分享之后，每个人才会看到你的价值和作用，才能够做到互相帮助，这些是需要每一个人共同努力营造的。这是一个很复杂的东西。办公室既需要竞争，又需要合作。如果学校领导层面一味地强调竞争，就等于破坏了一个最有力的共同学习的组织。一个教师的成长，你再聪明，靠自己的能力，你可能看待问题总是局限于自己的某一方面，集体中肯定会有不同的想法，不同的想法碰撞才能促进人有更好的想法。

在高志所处的教研组里面，W 老师是高志的师傅，同时是四年级数学组组长。在高志看来，W 老师对整个教研组的和谐和成长起着至关重要的作用。

高志：从做事风格来看，她首先是一个善良的人，是一个乐于帮助别人的人。她这样做就会感染别人，她是营造这样一个和谐的氛围的主力，大家就按照这种共同的方式来做。换了一个不同的领导，如果她能够从自己本身那里，做好自己的事情就完了，不管大家，如果有这样一个组长的带领，可能其他的人就更不好做事情了，所以我认为组长起了很重大的作用。

从人性上来说，W 是很善良的；从工作上来说，是一个极度敬业，极度认真负责，甚至是苛求自己的人。在学校里，只要有一分钟，她就帮助学生学好，绝不放过，不能让自己歇着。从领导者的角度，很多事情她都亲力亲为，己所不欲勿施于人，很体谅大家。不仅是工作上体谅大家，生活中的点点滴滴。做组长工作不仅带好业务，也把生活上的处理好，工作上才有事半功倍的效果。举个例子，比如早晨哪个老师来晚了一点，她会主动给打饭；自己出卷子给学生做练习，别人不知道的，自己印完后主动发给大家，及时建议大家在哪方面要加强一些；工作上，经常听年轻人的课，和年轻老师一起准备课，一起分析，提出中肯的意见，然后做示范，亲力亲为地树立榜样，起到了带头作用。俗话说得好，“要想跑得快，全凭车头带”，我们大家都管她叫“火车头”。

3.4.2 “无知者”与“思考者”

高志在教研组中对自己的角色和定位非常清楚，而且不止一次向我袒露其中的奥秘：尊重其他老师，虚心向同事请教，分享自己的经验，不能自以为是。在办公室里，高志经常表现为一副“无知者”和“思考者”的角色。

2009年3月4日，星期三　地点：四年级数学办公室

行进在楼道间我感觉自己是一个小学生，仿佛自己又回到了童年。四年级数学办公室在二楼，每次穿过求实小学嘈杂的楼道我都会有这样的感觉。有的小孩子拖着行李式的书包费劲地迈着楼梯，有的小孩子背着大的书包。

我轻轻推开办公室的门走了进去，又随手把门关好。办公室里暖融融的，除了W老师外其他老师都在。高志坐在电脑旁边，正在翻看着教学课件，X老师正在翻看综合实践活动的教科书，L老师正在判作业。和他们打过招呼之后，我便坐在W老师的位子上帮助高志批改作业，没有多说什么。办公室里很温馨，比外面暖和得多，电脑中一直播放着轻缓的音乐。

一会儿，W老师推开门走了进来，我赶忙站起来和她打招呼：“W老师好！占您的地儿了！”W老师非常热情地说：“坐你的，坐你的。怪不得他又在准备新课呢！死活地要讲新课呢！”

“啊！”高志先打了一下岔，然后在一旁风趣地说：“给他学习的机会!"

我笑了笑，没有说什么。

"还给别人机会!" W老师略带讽刺地说，她看到高志在准备课件，就问:"这是从网上下载的那个吗?"

"这个小组活动怎么弄呢? 就让他们自己剪几个角啊?" 高志播放了一段"会说话"的课件，然后转过来一脸困惑地问W老师。

"不过，如果有的学生没有量角器呢?" W老师反问了一句。

"没有量角器不更好吗? 想别的方法啊!" 高志说。

"你这个设计不是要量吗? 这个表格不是要求量出每个内角的度数吗? 需要量啊。"

"哦，那得找书上一个呗!"

"让学生自己撕吧! 看看学生手里有没有三角形。" W老师建议道。

"那还得剪!" 高志翻开数学书，"25页不是有很多三角形吗?" 高志又问。

"还得剪下来，哪有工夫啊?" W老师反问道。

高志迟疑了几秒:"可以剪，也可以不剪。"

"噢，你打算让学生量，是吗?" W老师明白了高志的想法，又继续补充道，"如果没有量角器呢?"

"那就用别的方法呗! 有量角器的就去量，没有量角器的就去撕，想别的方法。" 这时，高志说话的声音比一开始时自信了许多。

……

"装傻充愣"，"谦虚求教"，这个"无知者"的形象使高志赢得了同事的喜欢与认可。高志还曾经提示我，在办公室要注意不要乱说话，不要未经同意就动他们的物品，不要总是表现自己。

3.4.3 研究者的故事：一次不可忍耐的爆发

事实上，从事叙事探究时，研究者始终会“挣扎”在与自己的冲突中。“不管是新手还是有经验的研究者都会带着观点、态度和对研究的思考方法开始研究。这些历史，这些研究的个人叙事可能在不同程度上与我们实际进行的研究边界一致，也可能跨过边界”（D. 简·克兰迪宁，F. 迈克尔·康纳利，2008：63）。

那是在我工作第三年的第一学期发生的事情。当时我教六年级，这是我所教过的第二个毕业班。在全校将近50名的教师之中，只有4名男教师，其中有一名体育老师，两名计算机老师，我是全校唯一的男班主任，既教语文，又教数学，同时还兼教写字和思想品德。

> 我还清晰地记得那是在2006年11月30日，那天下午的第一节我没有课，便在办公室里批改学生的作业。开始的时候办公室里只有我一个人，后来我们年级组长走了进来。年级组长是个女的，比我大八九岁，中师毕业，后来又自学了专科、本科。那些天，她的身体可能不太好，说话总是有气无力的。我和她打过招呼之后，就没有多说话，继续判我的作业。我们组的同事都不太喜欢她，都知道她喜欢在领导面前说同组老师的坏话。有一次在办公室（当时没有学生），当着很多同事的面，比我年长的一位女老师和我说了一句玩笑——“如果我没有结婚，我就追你了”，年级组长就把这件事告诉了校长，校长后来就在全体教师会上含沙射影地指出“教师说话要注意场合”。而我们同事认为这并没有什么。我还亲眼见过学生家长因为学生的问题找到年级组长和她吵架。
>
> 不知为什么，年级组长怪声怪气地和我说起话来：“小陈，你们班现在太乱了，原来刘老师教五年级的时候，可不是这样子……”

我没有多说什么，心里很不服气，我们班的成绩并不比她的班差，而且学生也很喜欢我，不像她的学生见了她像耗子见到猫一样。但我并没有顶撞她，心想她说说也就完了。

谁知她越说越起劲，继续慢条斯理地念叨着："你看你们班前些天学生把门踢坏了，这和你的管理是分不开的，对学生不能太好……"

我开始觉得时间过得太慢了，我想找借口离开办公室，但又没有地方可去，我的气越憋越大，但我还是忍着没有说话，我能感到我的脸在发热。

年级组长又给我出主意："对待某某、某某同学，你不能太客气，像我一样，抓住一次，绝对不能放过！狠狠地治他，下次就不敢了！"

……

组长那次说了很多的话，我一直在忍耐。第二节课前的5分钟是学生做眼睛保健操的时间。我提前了一会进入教室。当我走进教室的一刹那，正看到三个身高马大的男学生在讲台周围打闹，嘴里还说着脏话，而其他同学都在做操。

我没有说话，严肃地走到了讲台前。一个学生见到我之后，嘴里仍然带着脏字，不依不饶地追打着另外一个学生。

我再也忍不住了，开始对他们大声地吼。那个说脏话的学生还和我顶嘴，我拿起桌子上的书向坐在最后一排的那个男生砸去……

现在想起来，这件事的最大责任在于我当时没有调控好情绪，把在办公室里的消极情绪带到了课堂里。但是从侧面可以看出，一个糟糕的年级组长，一个不和谐的教研组能够给教师带来消极，甚至是痛苦的体验。我原来工作时所处的教研组的氛围与高志所在的教研组形成一种鲜明的对比。

3.4.4 我的理解：教研组提升高志的幸福

教研组是我国模仿苏联教学法小组建立的由各科教师组成的学科教学研究组织（陈家刚，2007）。它的主要目的和愿望在于便于任教相同学科的教师在一起共同研究制订教学计划，研究教材教法，组织开展教学改革，总结、交流和推广先进教学经验，等等。

有研究者批评指出，很多现行的教研组具有行政化倾向，教研职能不全面，教研活动的形式化，教研成果的功利性，现有组织的单一性，不能有效促进教师个人专业发展（陈家刚，2007）。还有研究者认为当前教研组“缺乏一种专业愿景”，“组员之间缺乏合作”，并指出建立学习型组织是教研组建设的一个重要发展方向（林浩，2007）。

我实际观察的高志的教研组日常的例行活动主要包括：教学经验的相互分享、人际间的相互关心、教学设计的讨论、教学难点的探讨等。我经常看到这样一种现象：一位老师先抛出一个问题，然后其他老师就这个问题发表自己的见解。通常的情况是，问题越具有挑战性、代表性、普遍性，教研组内教师参与讨论的数量越多，时间越长，激烈程度越强。当然，在教研组内，也经常听到有老师在抱怨：有的是抱怨学生成绩不理想，还有一类情况是，教师把自己在课堂教学上、在师生交往中、在批改作业中暴露出来的某些学生的不良表现公之于众。但是每当这种情况发生的时候，总会有老师提出更可气或者更可笑的事情出来，最先抱怨的老师的消极情绪会在这种情况下得到某种消解。

从我在高志的教研组的观察、经验和感受来看，高志的教研组给高志以很大的支持，其中既包括业务上的分享与合作，而且包括生活上的相互关心，相互支持。高志的教研组，在一定程度上具备了“教师学习体”或“教师共同体”的特征。

“教师共同体”、“教师学习共同体”的概念产生于20世纪80年代开始的美国教师教育改革运动。它是一种以教师自愿为前提，以分享（资源、技术、经验、价值观等）、互动、合作为核心，以学生学业成绩提高和教师发展为目标把教师联结在一起，互相交流、共同学习的学习型组织。在这个群体中，每个教师都是不断地学习者，都具有互动的意识、投入的热情，使每个成员在参与和互动中获得更大认知、情感、专业和人际社交上的发展。

克鲁斯（Kruse）等人认为专业共同体“应致力于促进学习以及教师、管理者之间互动，来最大限度地提高学校共同体中的教学水平和学生的学习成绩”。他们提出专业共同体要具有反思对话、关注学生学习、教师间的互动、合作、共同价值观和规范五个要素。（Sylvia M. Roberts，Eunice Z. Pruitt，2004：6-9）

路易斯（Louis）和克鲁斯还提出了对建立专业共同体至关重要的五个建构条件和五项人力/社会资源。其中五个建构条件是指：（1）为教师提供充足的时间见面，并交换想法；（2）在地域上安排教师们互相之间比较接近，以便于他们互相观察和互动；（3）保证教师的权利和学校自我管理的权力，这样教师就能自由地做他们认为对学生最有益的事情了；（4）建立学校范围的交流体制，包括专门为教学、学习和其他事务召开的日常会议；（5）采用诸如团队教学等需要教师们发挥他们技巧的教学方法。五项人力/社会资源包括：（1）支持那些乐于提高的教师，他们表现出愿意分析、反思、尝试新的教学方法；（2）信任并且尊重学习共同体中所有成员的能力；（3）管理者的支持；（4）使教师融入组织文化的社会化过程；（5）接受建立学习共同体所需知识和技能的机会。（Sylvia M. Roberts，Eunice Z. Pruitt，2004：6-9）

通过我的观察和感受，我认为高志的教研组具备了教师专业共同体的特征，具备了一定的条件。高志的教研组就是一个和谐向上积极进取的学习—实践共同体组织，这个组织为高志带来了快乐。

3.5　“是这样吗?”

通过两个学期的观察，我发现高志的学校生活状态呈现出历时性、周期性的特点，即在一段时间内，通常以一个学期为一个周期，高志的状态表现出从“轻松快乐—寻求发展—焦躁不安—休整”发展变化的特点。

3.5.1　综合影响的机制

基于我的理解，课堂教学、作研究和教研组的交往对高志的生活状态有非常重要的影响。这三者对高志的生活状态的影响作用如图4所示。

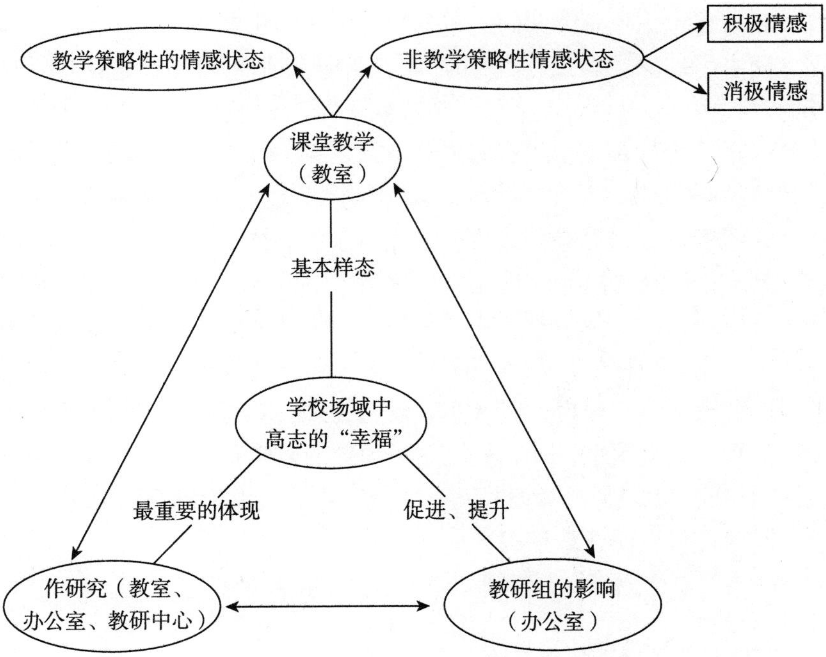

图4　课堂教学、作研究和教研组对高志幸福的影响

课堂教学是影响高志学校生活状态的重要因素，或者说，课堂教学中高志的表现是高志学校生活中的基本样态。根据我的观察，课堂教学中高志“不快乐”、“郁闷”、“发火”等消极情绪和状态更多一些。高志在课堂上的情绪或情感状态可以归结为两类。第一类是作为教学策略而出现的，这类表现具有工具性、修饰性、可控制性的特点。在这类情况下，高志的喜悦、面带笑容，甚至板起脸、大声提醒、发火等表现都是高志故意做出来的，目的在于引起学生的注意力，促进学生有效学习。第二类是非教学策略性的情绪或情感状态，它又可以分为积极的和消极的两类。当学生的学习状态达到预期的时候，高志由衷地表现出喜悦、兴奋、兴致勃勃的精神状态；当学生的表现不如预想得那么完美，学生由于未认真听讲而理解发生偏差时，或有学生故意扰乱课堂秩序时，高志则会表现出不高兴、郁闷，甚至发怒的情感状态。

我与高志合作研究期间，正是高志工作的第五和第六个年头，按高志同事的理解，高志正处于从一个青年教师向“专家型教师”转变的过程中。L 老师认为①，一个成熟的更有经验的教师，课堂内的意外因素（可能是学生没有完成作业或者个别学生故意捣乱，等等）对教师的影响可能不会太明显。这些教师可能会使用一些策略，抑制自己的消极情绪，等讲完课后再去处理这些事情。

高志作研究的过程是他在学校生活中最幸福的时刻。高志的研究分为两种形式，一种为公开的，另外一种为暗地里进行的，但这种划分并不是非常严格的。但无论哪种形式，作研究都能够给高志带来乐趣和成就感。究其原因，我认为，研究的过程就是一个反思和批判的过程。在研究过程中，高志能够超脱烦琐的教学和管理等工作，进入理性的层面来思考教学和教育问题，凸显了人作为理性存在物的价值，因此作研究使高志幸福。

在与教研组同事、区教研中心的教师共同研究的过程中，教研组、

① 整理自 2009 年 7 月 7 日对 L 老师的访谈录音。

区教研中心的教师一起交流，相互批判、学习，为个人搭建了一个展示自我、相互学习的平台，可以反思指导教学行为的教育理念，可以透视教学现象之后的本质，提升对教育的理解和思考问题的境界。从本质上这是一种发展完善自己的需要得到满足的表现，势必会给人一种积极向上，乐观和幸福的体验。教研组在一定程度上给高志的教育生活创造了一个温馨和谐的工作环境，它促进和提升了高志的幸福体验。

值得指出的是，课堂教学、作研究、教研组对高志生活状态的影响不是独立作用的，而是相互联系、相互作用的，可能会形成某种合力发挥作用。

3.5.2　可能的形成机制

基于我对高志学校生活的一年多的观察和体验，以及自身工作3年的经验，我提出教师幸福可能的形成机制（如图5所示）。

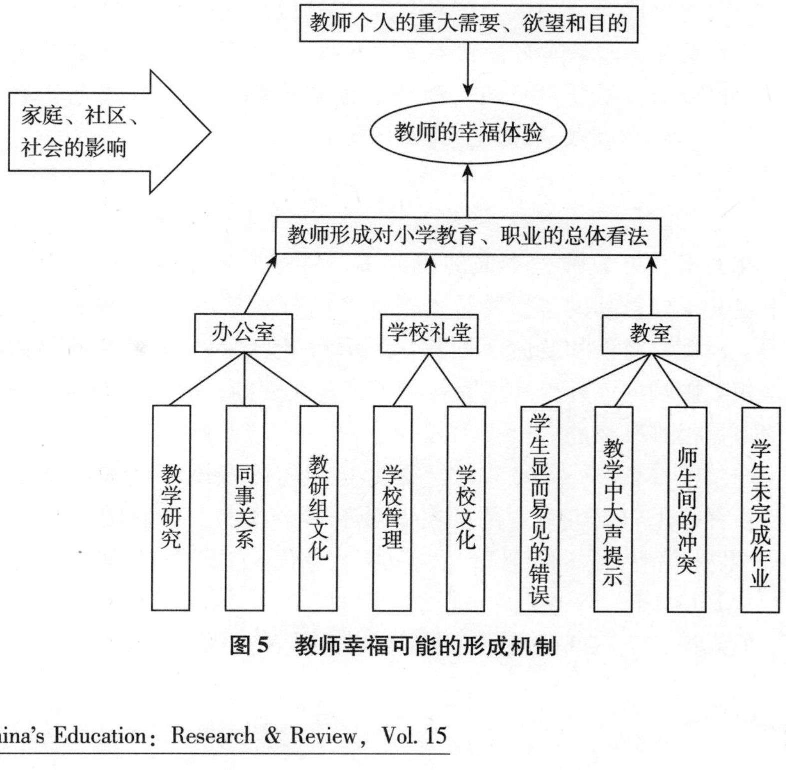

图5　教师幸福可能的形成机制

办公室、教室和学校礼堂是教师学校生活的最重要的场地。在入职最初的一至两年内，教师个体在课堂教学中经历的和体验到的（例如学生不带书和作业、师生间的冲突、教师大声喊话、学生不完成作业、学生出现显而易见的错误等），以及在办公室和会议室里经历的和体验到的（例如教研组文化氛围、同事关系、学校管理方式、教学交流等）事情对其形成对小学教育和教师职业的总体观点和根本看法有非常重要的影响；它与教师个人的重大需要、欲望和目的形成张力；教师是否幸福取决于这两种因素相互作用的结果。

第4部分　高志的幸福如何——与当事人的“交锋”

我不知道什么是幸福，但我知道什么是不幸福。

——高志如是说

最伟大和最美好的任务就是根据自己选择的模式构成他的生活，或者不用任何模式，而按照他自己的原则来构成自己的生活。（M. 兰德曼，2006：译者序言）

——［德］兰德曼

在关于“好教师”本质的研究中，科思根（Korthagen）用六个水平定义了好教师的本质特征，由外及内分别是：外界环境、行为，能力、信仰、身份和使命（如图6所示）。他认为，里层和外层的因素是相互影响的，外界环境和行为是容易改变的，而教师的身份认同和使命是很难改变的。

迪尔茨（Dilts，1990）曾经提出几个与洋葱圈模型相类似的问题：我在哪里（环境），我正在做什么（行为），我能做什么（能力），我相信什么（信念），我是谁（身份），我想要做什么（使命）。（Dilts，R.，1990）

如果说，第三部分是研究者通过参与式的观察获得合作教师的工

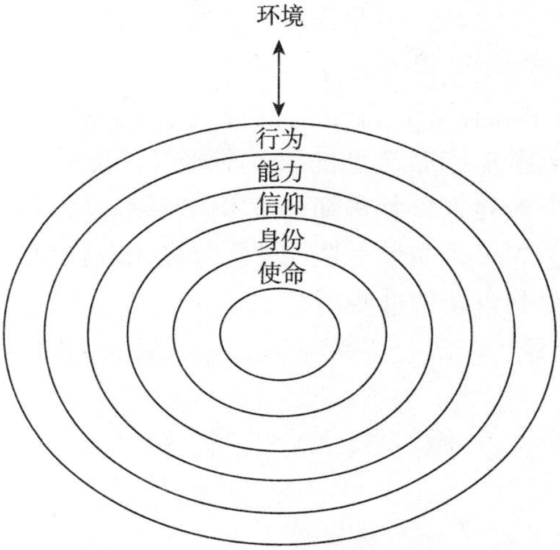

图 6　洋葱圈——个人专业发展水平的模型（Korthagen，2004：80）

作环境、行为、能力等外在的生活信息，并揣摩、推测其幸福状况，那么这一部分将主要呈现与合作教师的直接对话，明晰合作教师本人的内心世界。最后，研究者对这种现象进行分析。

2009 年 12 月 25 日星期五，在请高志阅读了论文初稿的情况下，对他进行了访谈。“我同意你的记录和分析，毕竟那都是你所亲眼看到的，亲耳听到的，而且你把录音材料都整理出来了。”高志对我描述的故事并没有提出疑义。针对我所提出的课堂教学、作研究以及教研组对他的学校生活的影响，他也表示赞同。对于我所提出的他的学校生活在每一学期中会出现开学初的“轻松”—学期中段的“尝试与创新”—期末考试阶段的“焦躁”—考试后到放假阶段的“休整”，这个历时性的变化，也得到了他的认可。但对于告知幸福的形成机制，他说：“有一定的道理，但是不同的人，可能会有不同的情况”。因此这个基于对高志的研究和我的经验提出的假设是否成立，还需要进一步的研究确认。

4.1 “我不幸福”

当涉及高志在学校里的生活是否幸福时，访谈进展得比较艰难。它不仅涉及一个人理想目标和价值追求的问题，而且还涉及个人隐私的问题。现在想起来，如果不是长时间与高志合作研究，高志可能根本不会敞开心扉和我谈论这些问题。

“整体上来说，应该是不幸福多一些，而天天的生活中又会让你忘了这些不幸。”当我问及高志如何评价自己在学校的生活状态时，高志低沉又有些无奈地对我说。他打了两个比方：

> “从学校楼道的装修来看，以前是那个样子，你也习惯了，你也没有觉得它怎么不好，到现在，外人进来说装修得很不错啊，挺好的，但你也习惯了，你也不会感觉什么真正的好，而你所希望的那种好的感觉就是在变的过程之中。比如我总想开上一个奥迪 A4，我喜欢那车，当你开上两年，你也并不一定喜欢，其实你只是在乎再一次转变新生活的感觉。变一种生活方式，体验一种不同生活，能够获得一种幸福，哪怕开始的时候会有些不适应，或者说感觉到并不是自己所追求的。但是，变化一下，变化这个过程很重要。”

“久居芝兰之室，不闻其香”，墨守成规往往使人失去幸福。从高志的回答中，我们可以看出他在追求变化，并认为不断的变化才能给人带来欣喜和快乐。我又追问了一句，既然你“不幸福多一些，为什么会忘了呢?”

> 高：我现在评价我自己是不幸的，你不可能天天带着这种不幸的心情去工作。工作起来你就开始做事了，你就忘了你怎么不幸了，但是你跳出这个圈子，离开这些场域和周围的这些人，反

思自己的人生，你会评价这是一个不及格的人生。你总是需要跳出去反思自己，你不能总是在环境中反思自己。知道吗？这件事很简单，你问问自己不就完了吗？

高：你现在用生活琐事来反映这个问题，只是一点一点的问题，但是它们联系起来，并不是那样一个串。我总是认为幸福是一个很大的事情。

……

陈：那你不幸福的原因是什么？

高：你今天看到嘻嘻哈哈也好，表现得很和谐也好，表扬学生啊，办公室里和谐啊，领导也表扬你，很开心啊，这些东西就幸福吗？太浅层次了吧！人在一种环境中必须有一种表象。但是说起幸福不幸福，只有自己能够知道。

陈：那你认为怎么就幸福了呢？我还得问这个。

高：我怎么样就能幸福了呢？这些东西都太深层次，抽象了。人没有幸福的时候。

在高志看来，幸福不是表面上的，而可能是一些“深层次的”、更抽象的东西。从中可以看出，高志目前有所追求，很可能不是眼前他所正在做的事情。对于学校所提供的条件，高志也感到满意。

陈：你对学校所提供的这些，你满意吗？你认为你能达到你的目标吗？

高：满意（这很出乎我的意料）。可我每天的工作还在继续啊。在学校里是满意的。迟疑了一会儿，想了一会儿，可以。

高：对一个二十七八岁的人来说，现在的工作状态，没什么不满意的，学校可以提供的都给你提供了，领导也还不错，办公室的氛围也很和谐，你没有什么可不幸的，对不对？现有的工作和现有的状态，就是这样，没什么不幸的。你要非说不幸，一定要跳出这个环境中，反思自己的人生，反思自己的努力，虽然，有些时候是阶段性的幸福或者不幸，但是整个的生活，往回看，还是没有太大的突破，等于没有进步，就是不幸福。就这个。

人是一个集过去记忆、当下事物、未来期望于一体的综合存在。在行动中反思当下、思考幸福是困难的：人经常忙于日常的例行活动，并陷于一种习惯化的思维定式，深刻反思自己的重大需要、欲望和生活目的并不能与忙于繁杂的日常事务的状态同在。

“日常世界是想当然的。它很少成为反思的主题，而它却建构和影响着人们的行动和思想的方式”（乔纳森·特纳，2001：14）。在高志看来，讨论幸福与否，要跳出自己目前所处的环境，还需要反思自己的人生和目标。高志认为自己“不幸”，更多的不是由于对自己目前现状的不满意，也不是对学校的不满意，而是源于未来的某种设想和期望。

4.2　困顿与超越

按照《辞海》的解释，困顿的含义为：疲惫，劳累；艰难窘迫（辞海编辑委员会，1989：2001）。我用“困顿与超越”来描述高志学校的生活状态，描述一个矛盾的过程。一个人追求幸福的过程，毋宁说需要不断地努力，朝着目标不断地奋进；“困顿”也并不意味着“不幸”，当一个人忙碌于日常繁忙的工作时，可能没有过多的时间去思考这个问题。一个人的幸福一定是他（她）重大的需要的满足或者目标的实现。但当一个人冷静下来思考这个问题，对自己人生进行规划的时候，又渴求一种超越。其实这可能就是高志的工作和生活的状态。

陈：我用困顿与超越来描述你的生活状态，这是我和你长期接触得到的一种认识，你怎么看待这个问题？

高：天天生活得很困顿，在困顿之中，如果不想的话，就没有什么不幸福，天天判作业，办公室交流、上课，下班回家，习惯了再痛苦也没什么感觉。

陈：其实有的时候也不见得是痛苦，因为没有时间思考这些问题。下学回家后长舒了一口气之后，一整天就这样过去了。

……

陈：我想用这个词来作为论文的主题，来描述你幸福的状态，你看这样合适吗？

高：你说不幸来自于困顿，幸福来自于超越。

高：我觉得你说的差不多，我觉得就是这个样子的，差不多。因为任何一个人在眼前，今天正在做的事情，他没有办法评价是痛苦还是不痛苦，他已经习惯了这样一直在做着。他冷静下来反思的时候，做这件事情和我的目标起到什么作用，有用没有用，还有目标应该怎么定。

陈：这个困顿主要表现在哪里呢？你好像没有什么太多的感觉。但是当你真正想起来的时候，可能就会有这方面的感觉。困顿有一种被限制的感觉，有一种超越的感觉，有一种主体的意识在里面，但并不是说每一时刻都在意识到这个问题。我在分析一下这两个字的意思。

高：行吧，可以。（有气无力的，内心被掏空的感觉）

4.3 分析与讨论

跨国的研究显示，平均而言，人们处于中等幸福水平，在10级的幸福问卷中，人们的平均幸福得分是6.75分（Alan Carr，2008：6）。高志的“困顿而超越”，符合人类幸福的普遍趋势。

幸福的感受是一个变化的过程，正如迪纳（Diener）教授所指出的那样，“主观幸福感既具有稳定性，又可能是变化的。一个人对持续变化的生活事件的评价是变化的，因此一个人的快乐的水平也因此而变化。但是同时，一个人的幸福也可能回归于一个平均的基准水平，这是由于这个人的性情和生活环境所导致的。因此，一个人短期的情感可能不断地变化，但是长期的主观幸福感可能是相当稳定的”（ED Diener，1994）。

高志的学校生活用“困顿与超越”来形容，可以从个人需要、人格特征、专业地位、社会性别、社会比较、社会支持以及社会发展转型的影响几个维度来理解（如图7所示）。

4.3.1 人格特征

幸福与人格特征存在紧密的联系。幸福的人通常外向而乐观、高度自尊并且内控。与之相比，不幸福的人们倾向于高神经质（Alan Carr，2008：38）。还有研究显示，与内倾者相比，外倾者更容易对愉快的刺激产生反应；与稳定的个体相比，神经质的个体更容易对不愉快的刺激产生反应（杨秀君，孔克勤，2003）。

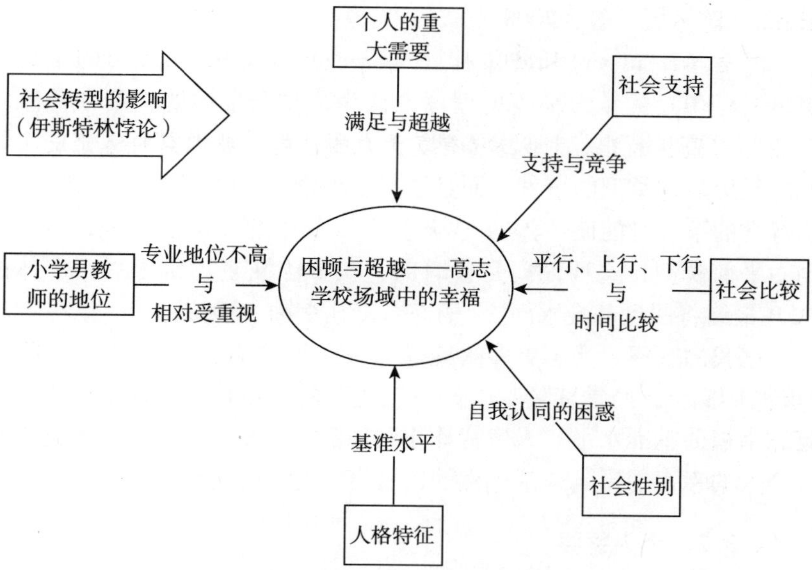

图7　高志“困顿与超越”的解释

以中国人“大七”人格结构①为基础的研究也证明了人格与幸福感存在关联。研究发现，人格的七个维度中，除了处世态度外，其他维度都与主观幸福感有显著相关；行事风格、善良和外向性三个维度是总体情感和主观幸福感的有效预测因子。行事风格可解释主观幸福感11.3%的变异，并与外向性可共同解释主观幸福感11.3%的变异，行事风格、外向性和善良可以共同解释主观幸福感21.7%的变异。（成彦等，2006）对初中学生的调查研究发现，在“大七”人格的各个维度中，外向性、处世态度、情绪性和行事风格这四个维度能有效地预测幸福感。“大七”人格是主观幸福感和心理幸福感的有力预测

① 根据北京大学王登峰等人的研究成果，中国人“大七”人格量表的维度有：外向性（合群、活跃、诙谐），才干（坚韧、决断、沉稳），善良（宽厚、利他、诚实），人际关系（温和、谨慎、委婉），情绪性（敏感、急躁、悲观），处世态度（淡泊、自信），行事风格（严谨、自制）。

指标。(陈咏媛，等，2008)

海蒂（Headey）和威尔林（Wearing）在1992年提出的主观幸福感（SWB）的动力平衡模型理论认为，每个个体的主观幸福感均有独特的基准水平，主观幸福感为人格所决定。具有某种人格的个体可能经历某种类型的事件，而且这些事件影响个体SWB的基准水平。不寻常的事件可能使个体的SWB高于或低于这一基准水平；但根据动力平衡模型，这种偏离是暂时的，当事件恢复正常之后，个体的SWB最终将回到基准水平。(杨秀君，孔克勤，2003)

据我的观察，高志更多的具有“善良”、“合群”、“善于交际”、“能抓住机会，经常冒险”、“喜欢变化”的人格特征，这可能影响了高志幸福的基准水平。人格特征相对稳定，不易发生改变，因此它对一个人的幸福的影响是基础性的，具有相对的稳定性。

4.3.2 个人需要

人具有比其他生物更高级的需要，这是由人的本质所决定的。人是一种双重生命的存在，既有“种生命”，又有“类生命”。种生命是“自然的生命，是物种所先在设定的本能生命，因此是自在的生命”，类生命是“自我创生的自为生命，它是社会历史积淀的文化、科学、智慧等在个体身上的反映，因此它是精神的生命、智慧的生命和价值的生命”（冯建军，2004：7)。人的类生命使人超越了有限性，在一定程度上人可以成为自己生命的主宰者。“人在本质上是不确定的，人的生活并不遵循一种被事先确定的过程，自然只完成了人的一半，另一半留给人自己去完成。”人的未完成性、不确定性造成了人无限的开放性和适应性，这正是人不同于动物并且优越于动物之处。(M. 兰德曼，2006：译者序言)

个人需要及满足对这个人的幸福体验发挥着极其重要的作用。需要是事物因其存在和发展而对某种东西的依赖性。(孙英，2004：8)在1954年出版的《动机与人格》一书中，马斯洛把人的需要从低到高分为：生理需要、安全需要、归属和爱的需要、尊重需要、认识和理解的需要、审美需要、自我实现需要（马斯洛，1987：40－62）。他认为人的需要是按迫切性的等级排列的，一种需要得到满足，另一种需要就会出现。人就是为了满足需要而不断工作的，需要是推动人的行为的动力。

“在人生过程中，有生理上的生长、成熟和衰老；有心理上的形成、发展和丰富；有事业上的选择、奋斗和成就。人生过程中的每个阶段，都有其多方面的内容和活动方式，因而也都有不同于其他阶段的特征。”（宋希仁，2003：41）人的不同时期存在着区别，每个阶段对于人生具有重大意义的需求可能也是根本不同的。

“教师为什么要发展”是影响教师专业发展最根本的和最难的问题之一。当谈到这个问题的时候，高志说：

> “先说别的老师，我告诉你，一些女老师就没有动力。呵呵，就是这样的。人家就想：今天我做好了这件事就是一个好老师；我做得好，兢兢业业地做，第一是对得起我的良心，第二，我现在做的事要和其他同事竞争，为了取得一个好的成绩。这些是主观的。还有什么吗？其他的老师就想：（抬高声调）我把我分内的事做到了，我对得起孩子们了，我就行了；我再怎么弄，我回到家里，上有老，下有小，我有什么工夫去做这些事情啊？你们作研究的人，下了班没事，回家轻轻松松，依然可以作研究。你知道我的状态吗？回到家，吃完饭，就想死。真的，往那一坐就什么都不想干了。什么‘回家备备课’，那样做嘴就起泡了，或者牙痛，嗓子肿。”

高志不止一次地向我坦言他的主动发展的动力比一些女教师高。这可能是小学男教师的一个普遍现象。据一项2003年的北京市小学教师的调查显示，女教师对教材内容持怀疑态度的比例低于男性教师，更多的女教师把参加教科研的动机归为上级安排的任务。在教科研中的自主意识明显低于男教师（欧群慧，2003）。

难道一些教师就不想提高自己的素质和思想境界吗？高志是这样认为，“很多人可能没有，或者不在乎”。他说：“这些都是大人要小孩儿的把戏。你给我评学科带头人，骨干教师的时候，我就在乎你多给我点钱。称号本身没有什么价值，当调动工作，跳级的时候有价值。我们发奖票给学生不也是这样吗？”但从人性的角度来看，从“人有脸，树有皮”这个观点出发来想，高志认为每个人都想发展自己，百分之九十以上的人都有这样的动力。从主观上说，有时间和精力做的可能只有百分之六七十；能把这件事坚持下来的也许能达到百分之十；事实上很多教师是坚持不下来的，能坚持下来的就更少，特级教师可能就是这里的百分之一、千分之一了。这些特级教师是怎么来的呢？有很多也是脱离一线教学之后成为的特级教师，几个是在一线成为特级教师的？①

高志在这段谈话中，并没有直接说出自己发展的动力，而是提出来他所理解的别的老师是怎样想的，但这并不代表他没有发展的动力。而恰恰相反，L老师和P老师也认为，像高志这样的有想法的男教师，更应该努力争取以后当主任甚至校长。

在不同的阶段，高志的重大需要不同。在谈到为什么从创新小学调到求实小学的时候，高志坦言由于求实小学的工资待遇更好，而那时买一套属于自己的房子安稳下来是他最重大的需要。当他结了婚，买了车之后，在事业上谋求更大的发展成为了他最重大的需要。他开始寻求不断地变化，寻求超越自己，甚至想当一名“领导”。

2009年3月下旬，发生了一件事情，这件事请让高志的心情起伏振荡了很长一段时间。事情是这样的：H区C小学是一所薄弱校，想从名校引入一名年轻的数学老师作为教学主任，C小学的副校长联系了高志的师傅，高志的师傅就推荐高志去试一试。高志去了C小学，和校长谈了20多分钟，和副校长谈的时间更长一些。两个校长

① 整理自2009年12月25日对高志的访谈录音。

向高志介绍了学校的问题和发展规划，高志也非常坦诚地表达了自己还年轻，缺乏教授五六年级的教学经验，不够成熟，等等。最后C小学校长让他在下周一给他答复能否新学期开始后就到C小学工作。

高志把这件事告诉了周围几个比较要好的朋友，让大家帮助分析去C小学当主任的利与弊。按照高志的理解，当主任锻炼的机会不是哪儿都有的，虽然C小学的各种条件比不过求实小学，但它毕竟是H区的，当了主任之后可以改变“生活方式”，而且并不一定总在那里工作，学习了新东西之后，可以再调整人生的“战略目标”。他认为最好的方式就是和求实小学说好了，在C小学干不好就回来，就算“支教”。

过了几天，高志告诉我他没有选择去C学校当主任。他把这件事向求实小学主管人事工作的副校长说了，后来J主任找到高志告诉他，学校领导研究决定可以放他走，但是签订的工作合同还没有到期，需要交纳1万多元的违约金。高志在权衡了利弊之后，最终选择放弃了这次可以当主任的机会。

这件事可以从侧面看出，争取在业务上获得更大的发展，能当上一定级别的领导是现阶段高志的重大愿望和目标。这个重大需要的未满足也是高志“困顿与超越”的一个重要原因。对高志的访谈，也证实了这个结论。

以下是2009年7月7日对高志的访谈录音材料。

> 陈：怎么能够让你感觉更加舒服，或者更好一些呢？
>
> 高：就是突破自己，成长了。不管是哪些方面，墨守成规就没有什么幸福可言，有变化，向好的方向发展，在进步，就会幸福了，可能最开始是物质方面的，以后——这些东西又是错综复杂的，又不是说在某一阶段就一定是物质的，精神物质，一直是缠绕在一起的，虽然说目标可能是在物质上多么幸福，但也不能排除精神的，高层次的精神上的也可能有啊。

陈：稍微低一点。你所理想中的状态？

高：你说我现在应该是什么样子的？我认为我30岁之前应该是一个中等以上的学校的主任，哪怕副主任，能够有一个副校长什么的人和你是意见相同的，大家能在一起做一点什么事情，得到认可，哪怕还没有成功，正在努力途中，你认为自己的前途也是光明的。家庭当中呢？必须解决家庭的所有问题，物质上得到保证，没有后顾之忧。

陈：但是，我觉得你现在做得不错啊？

高：谁啊？所以说这就是评判一个人幸福不幸福的问题，不能以量化来衡量，因为每个人的目标是不一样的，你要说你的目标是什么，没有达到就不幸福。如果目标定的低了，就会很快得到幸福，所以就是这把尺子造成的。

陈：如果要达成这些东西的话，你认为使自己努力奋斗的，还是一个什么样的结果？

高：当然是努力奋斗的。

陈：如果再这样发展会是一个什么局面，再往后想。

高：30岁、40岁就当校长，哪怕是副校长，在一个地方能够实现自己的价值。

高志曾不止一次地说过："我现在就能看到以后几十年要走的道路，那是非常恐怖的，我要改变生活方式。"这在一定意义上说，高志并不满足于现在的生活和工作状态，并追求一种"超越"。

4.3.3 专业地位

高志的“困顿与超越”的幸福状态，在深层次上，也与小学教师的职业地位有着某种联系。职业是个性的发挥、任务的实现和维持生活的连续性的人类活动（近藤大生，1989：12）。无疑，教师职业生活是教师作为一个人的活动的重要组成部分。教师职业对教师本人的生存、发展都具有极其重要的作用和意义。

从“专业”的视角来看待小学教师这个行业，那么“小学教师”还不完全具备专业的要求。一门职业能称之为“专业”，按照利伯曼的理解，应当满足如下的基本条件：（1）范围明确，垄断地从事于社会不可缺少的工作；（2）运用高度的理智性技术；（3）需要长期的专业教育；（4）从事者无论个人、集体均具有广泛的自律性；（5）专业的自律性范围内，直接负有作出判断、采取行为的责任；（6）非营利，以服务为动机；（7）形成了综合性的自治组织；（8）拥有应用方式具体化了的伦理纲领（M. Lieberman，1956：2-6）。

有学者从教师的实然状态来考查，“教师既不是国家干部或国家公务员，也不是真正意义上的专业人员或研究者”（王全林，2004）。事实上，在很多小学教师自己看来，教师的职业也不是一个“专业”。求实小学L老师就认为小学老师的技术含量或者专业含量低，“并不是所有人都可以干得了医生，但是很多人只要有些文化就可以做一个小学老师，并不是很出色的、差不多的老师，因此小学教师职业的技术含量就决定了它的社会地位。”①

2008年9月，新安晚报和新浪网联合针对“当代教师生存状态”所作的调查显示：有54.91%的被调查者认为教师是“普通工作者，和别的职业没有什么区别”②。事实表明，教师这个职业在我国还不能享有“专业”的地位。

---

① 整理自2009年7月7日对L老师的访谈录音。

② 参见：http://edu.sina.com.cn/l/2008-09-02/0918146537.shtml

教师专业化运动在我国已经被倡导了很多年，但事实上小学教师的专业地位一直“悬而未决”，未获得社会的广泛认可。事实上，在与政府、理论研究者、学校管理者以及和学生家长的关系上，无论出于历史的机缘巧合，还是由于现实的茫然推动，小学教师的“专业权威”一再面临挑战，小学教师“专业化”的道路举步维艰。

据一次新近的关于北京市小学教师专业化发展的研究显示，在8 942个有效数据中，男教师所占的比例为17.5%（高宝英，等，2009），从中可以看出北京小学男教师的稀缺。但是另一方面，由于小学男教师在数量上相对较少，大多数小学都非常重视男教师的培养，因此男教师会有更多发展的机会。高志的同事P老师也是这样认为的，“小学男教师在学校里可能会感到没有用武之地，有点施展不开的感觉。但是，从另一个角度讲，在小学校中，男教师人数少，因此是学校的‘宝’，学生喜欢，领导也重视，发展空间大。”

小学教师专业地位不高与男教师在小学相对受重视，这也是高志“困顿与超越”的一个原因。

4.3.4 社会性别

社会性别（gender）是与自然性别或生理性别（sex）相对应的概念。所谓社会性别，是指两性在社会文化的建构下形成的性别特征和差异，即社会文化形成的对男女差异的理解，以及在社会文化中形成的属于男性或女性的群体特征和行为方式。（郑新蓉，2005：38）

社会性别是由社会文化形成的有关男女角色分工、社会期望和行为规范等的综合体现，是通过社会学习得到的与男女两性生物性别相关的一套规范的期待和行为（郑新蓉，2005：38）。在当代中国的大城市，大多数的小学教师由女性来担当，并形成了一种普遍的价值观念。因此，在一定程度上，男性选择做小学教师会面临一些舆论的影响，导致自己社会角色的困惑。高志和我都遇到过此种情况。

社会心理学的理论认为，“当我们是一个大团体中的某个小团体的一部分时，我们经常会意识到自己的社会身份；当我们的社会团体占多数时，可能我们就不大考虑它”（戴维·迈尔斯，2006：31）。在大多数小学教师是女性的情况下，一个男教师肯定会经常反思他的地位与身份，而这种思考会在一定程度上影响幸福。

美国加利福尼亚州立大学霍夫曼（Hofeman）教授曾对不同民族美国人的性别自信（Gender Self-Confidence，包括性别的自我界定和性别自我接受）与主观幸福感的关系进行了研究，结果发现：性别的自我界定与主观幸福感虽然没有关系，而与性别的自我悦纳存在正相关（Rose Marie Hofeman，2006）。

人的自我理解对个体的幸福有非常重要的影响。一个人认为自己是什么，要做什么，要成为什么样的人，怎么去生活，都取决于人对自我的理解。一个人只有认为在做自己想做的事情的时候才会感到幸福。

4.3.5 社会比较

> “其实，你要说这个人永远是不幸福的，你想过这个问题吗？因为人到达一个高水平之后，就会有另一个目标，对吗？幸福和不幸福又来源于比较和环境。同样一件事情，比如说学生考同样的分，为什么会有幸福和不幸福呢？来源于比较，他们班更高，你可能就不幸福，你考得很低，但比她们高，你也会得到一些安慰。在这个环境中，你可比的就是这个环境，跳出这个环境，你可比的就太多了。”——高志如是说

1954年，费斯汀格（Festinger）第一次提出了社会比较的理论。所谓社会比较，就是把自己的处境和地位（包括能力、观点、身体健康状况等）与他人进行比较的过程；这一过程包括认知、情感和行为等不同的成分；社会比较的类型包括平行比较、上行比较和下行比较。社会比较的目的在于自我评价、自我完善和自我满足。（邢淑芬，俞国良，2005）

人们通过不同的社会比较来确定自己所处的位置，评价自己的现状，规划设计自己的将来。当与不如自己的人比较时，人们通常感到幸福；当与高于自己的人比较时，往往会不甘心，不满意，甚至郁闷。这在高志身上也有一定的体现。P老师这样评价高志的生活状态：

> “我觉得他的感觉不错，我们的环境啊，包括他在这儿工作也挺顺心的，但是这不一定就是他的目标，刚才和他谈话的时候他还在夸你呢，说你们这些同学里边有考出去的，有自己干的，然后觉得你们这几个都比较有个性。他就觉得自己怎么就还在这儿干呢，但实际上他的想法，他是不是觉得这样不好也不太清楚。”①

事实上，一个人不仅和别人进行比较，而且还把现在的生活与自己的昨天和未来的规划进行比较。1977年阿尔伯特（Albert）通过对费斯汀格的社会比较理论的概念转换，建立了时间比较理论（Temporal Comparison Theory，TCT），它指的是同一个人的比较，而不是人与人之间的比较；它强调时间性，是对不同时间里不同自我描述的比较（孙炯雯，郑全全，2004）。当与过去的状况进行比较时，高志感到满意；当憧憬未来时，往往有一种不甘心、不平静的感觉。

高志给我讲过这样一个故事。那是当他到求实小学送交转校手续的时候，他刚一进校门，正好看到一个五十多岁的男老师正在领着一群二年级的孩子在做活动。按照高志的话说，“我的心一下子就凉了，”“难道我到这么大岁数时也是这样吗？”

下面的一段访谈也可以证明时间比较影响了高志的幸福体验。

① 整理自2009年7月7日对P老师的录音。

陈：你现在很矛盾啊！

高：这不矛盾，天天做这些事情，并没有给你带来什么不幸，但是向远一想，就没有什么前途和光明了。

陈：在一个时间维度上来看，站在现在看各个方面已经很不错了，或者说各个方面都还可以，但是向后想，总是这个样子，就没有什么意思了。

高：虽然天天都干这个工作，今天干还可以，二十七八岁还行，30 岁以后再干就是失败，你觉得呢？

陈：就是说你是站在时间的维度上看。

高：因为我觉得我也没有怎么特别努力，然后就干得不错，所以你还有什么可埋怨的啊？从外部环境来说，没有什么可埋怨的，完全是自己的问题，就没什么幸福和不幸的了。

高志还不止一次告诉我不想再当老师了，想自己开个辅导班，或者开个服装店之类的做点买卖。从这些细节中，可以看出，高志对自己未来的某种担忧，这在一定程度上也可以解释他“困顿与超越”的生活状态。

4.3.6 社会支持

大量的生物学研究表明，社会支持可以提升一个人的身体健康水平，而社会孤立会损害精神健康（Berkman，Lisa F.，Thomas Glass，2000：137-173）。社会支持对幸福的影响有三种效果：直接的效果，即社会支持直接提升个人幸福体验；间接的效果，社会支持可以减少个人的消极生活事件的发生或降低对消极事件中压力或紧张的评价水平；交互作用的效果，即社会支持可以缓冲压力对个人的不良影响（Roger E. Mitchell，Andrew G. Billings，Rudolf H. Moos，1982）。

有研究发现，无论在人际支持、支持源的广泛性上男性都比女性占优势，在社会支持的利用度上却显著地低于女性。对支持源的具体分析发现，女性获得的支持大多来自家庭、朋友，男性除了这些支持来源外，同事、工作单位、官方组织、社会团体等其他来源方面显著地多于女性。研究进一步分析这种差异与社会对性别角色的期望有关，社会期望男性更多地涉入工作和家庭之外的社会关系，却较多地把女性局限在家庭、朋友等狭小范围的社会联系中。（辛自强，池丽萍，2001）

从功能或方式角度来进行划分，社会支持可以分为情感性支持、工具性支持、资讯性支持等。（张羽，邢占军，2007）情感性支持是指向他人提供鼓励，表示关心与爱意，面对困难时伴随左右，使人感到温暖；工具性支持指提供财力帮助、物质资源或具体建议指导等；资讯性支持指向个体传达赞扬或肯定的讯息，从而提高个体的自信心，又被称为信任支持。

和谐、积极、向上的教研组同事关系，与学校教学主任、区教研员的良好关系是高志重要的社会关系。它们对高志的幸福感具有重要的社会支持作用。社会支持可以给人提供物质上、信息上的帮助，而且可以增加人的喜悦感、归属感、控制感，提高自尊、自信等，当面临紧急事件时，可以减缓或缓解应激反应（郑雪，2004：164）。但是，社会支持的同时，也是一种社会比较的过程，社会支持的来源也可能促使当事人产生新的欲望与追求，从而产生不幸福的感觉。

4.3.7 社会转型的影响

个人的幸福体验与社会经济发展、政治和文化背景等密不可分。学校场域内教师的幸福体验不可避免地被刻上了时代的烙印。

中国自实行改革开放政策以来，经济快速发展，国家的综合国力和国际地位都显著提高。中国经济社会发展取得的巨大成就，世界为之瞩目，国人更是有目共睹。对于国家综合实力、国际地位的显著提升，特别是对于自身生活水平的大幅改善，人民群众的满意程度总体上也是不断上升的。

然而，人们的幸福感却并未像经济社会发展那样持续上升，更没有像GDP、外贸等经济指标那样高速增长，相反，近年来甚至呈现诸多下降的苗头和趋势："心烦"、"郁闷"等位居使用频率最高的社会流行语之列，抑郁、焦虑、孤独成为日趋常见的心理状态，压力、失眠、亚健康也成为城市贵族们的新麻烦。①

国民幸福感不随经济发展而持续上升，甚至出现逆向下行，是世界范围内的普遍现象。美国南加州大学经济学教授理查德·伊斯特林（R. Easterlin）是最早对主观快乐进行理论研究的当代经济学家，他在1974年的著作《经济增长可以在多大程度上提高人们的快乐》中提出了所谓的伊斯特林悖论（Easterlin paradox）：收入和快乐之间不存在显著的正向关系（王天哲，2007）。虽然用以满足基本需求的经济能力很重要，但额外的收入不一定使国民感到更加幸福。也就是说，这里存在一个临界点，从这个点开始拥有更多金钱不会提高幸福水平。中国目前正处于甚或超越这一临界点，经济成长和收入提高并不意味着幸福感的增强。

还有研究表明，一个国家人均国民生产总值从1 000美元到3 000美元之间，正是经济、社会结构发生深刻变革，各种社会矛盾集中与爆发的时期。快速发展的中国恰好处在这一发展区间，社会的急剧转型和矛盾的错综复杂，正是国民幸福感与经济社会发展逆向而行的时代背景。

综上所述，高志"困顿与超越"的幸福状态是多种因素综合作用的结果。这些因素是否发生作用，以及作用的大小在不同时间、不同情境、不同心境条件下往往是不同的。马克思辩证唯物主义认为，

① 张智新．让更多国民远离郁闷拥抱幸福[EB/OL]. http://news.sina.com.cn/pl/2008-12-09/161416813550.shtml

内因（事物的内部矛盾）是事物发展的根本原因，外因（事物的外部联系）是事物发展的第二位的原因；内因是事物变化的根据，外因是事物变化的条件；外因通过内因而起作用。在影响高志幸福状态的因素中，人格特征和个人需要属于内因，其余则属于外因。人格特征相对来说稳定、不易发生改变，因此，个人需要对一个人的幸福影响至关重要，其他因素要通过这个因素才能发生作用。

第5部分　结　　论

> 凡物各由其道而得其德，即是凡物皆有其自然之性。苟顺其自然之性，则幸福当下即是，不须外求。（冯友兰，2005：25）
>
> ——冯友兰
>
> 我们实际上总是在根据未必完全真实的原始材料生成未必完全可靠的研究结果，并总是在根据未必完全可靠的研究成果提出未必完全合理的研究结论。（吴康宁，2008：17）
>
> ——吴康宁

5.1　本研究的主要结论

5.1.1　高志学校场域内的幸福状况

作为一名小学青年男教师，高志自认为在学校中“不幸福多一些”，甚至感到“不幸福”。但是这种不幸福并不是来自于他对学校和职业的某种不满意，而主要源于个人发展需要的未满足。小学教师烦琐而缺少创造的教育生活使其很少停下来思考“是否幸福”这个问题。

高志的幸福受诸多因素影响，追求幸福是一个创造与享受的过程。人在成长的不同阶段，所处的环境和影响因素不同，人生的重大需要、目的和欲望也随之变化，因此人的幸福状态在具有相对稳定性的同时，又具有历时性、阶段性的特点。高志的学校幸福体验在一段时期内（通常是以一个学期为周期）表现出“轻松快乐—寻求发展—焦躁不安—调整”的变化趋势和情感特征。

高志学校场域内的幸福状态可以用“困顿与超越”来描述。人格特征、个人需要、专业地位、社会性别、社会比较、社会支持以及宏观的社会变革可以解释高志的这种复杂而矛盾的生活状态。

5.1.2 课堂教学、作研究、教研组对高志幸福的影响

课堂教学、作研究、教研组对高志的学校生活状态具有重要影响。

课堂教学也是影响高志幸福的关键因素。思考和研究的结果要在课堂内试验，教学目标要在课堂内达成，多种因素使课堂成为一个矛盾的冲突地。在课堂教学中，高志体验到的不快乐、不幸福多一些，这与他作为一个向“熟手教师”或“专家型教师”转换的角色有关，也与他的教学理念、调控课程的策略和方法有关。在思考与研究的过程中，高志的思想和业务水平都能得到提升，思考问题和作研究是高志感觉在学校中最有意义、最幸福的时刻。高志所在的教研组给予了他很强的业务支持和情感支持，对他的幸福体验有促进作用。

除此之外，小学新教师最初工作的一至两年内可能是形成教师学校场域内幸福的关键阶段。课堂教学中发生的事情、办公室内的人际交往、礼堂内发生的故事可以综合起来，并从整体上影响教师个体形成对小学教师职业和小学教育的根本看法，加之家庭、社区、社会以及个人的重大需要和目的，从而形成较为稳定的学校场域内的幸福体验。这个结论还需要进一步验证。

5.2 小学男教师如何能够幸福

国内研究者从社会、教育变革和个人三个方面探析了教师幸福缺

失的原因。从社会的角度而言，在社会深刻变革的大背景之下，教师扮演的角色多重化、面临的生存压力增大，教师个人的价值观与教师角色价值观发生冲突的可能性增大，导致教师对职业产生困惑，甚至倦怠（黄正夫，吴学军，2007）。从学校教育的角度而言，教育改革遇到种种困难和阻力，陈旧烦琐的管理方式，社会对学校教育本身的质疑，教师应当履行的义务和承担的责任越来越多，在不断涌现的各种矛盾面前，部分教师感到负担越来越沉重，心理压力加大，从而产生职业困惑以至倦怠（陶西平，2007）。从教师个人角度而言，"谋生手段"作为教师职业观是教师职业幸福感缺失的内部根源（柳海民，林丹，2008）。"教育不是牺牲而是享受，不是重复而是创造，不是谋生的手段而是生活本身"（刘次林，2000），研究者认为，如果把教师职业仅看做一种安家立命的谋生手段，那么就很难体验到作为教师的幸福。

人生活在世界上，立足于社会中，需要有基本的生存保障，并进而追求一定的社会地位，这往往都是通过从事特定的职业来实现的，教师是一种特殊形态的职业。有学者依据马克思、恩格斯对不同社会状态下人的自由程度不同而经历的生存、享受、发展三个层次的划分，将教师的职业存在状态分为"谋生和养家糊口的生存型"、"体验人生和品味幸福的享受型"和"服务社会和完善自我的发展型"三类（王枬，2000）。又有学者指出教师在学校日常教育实践中可以分为适应生存、体验生活、享受生命三种不同状态（张向众，2008）。

生命意义上的教育，是从人的生命实践高度，用动态生成的观点认识课堂教学、班级生活和学校管理变革。教师和学生每个人都是作为"具体的个人"，带着自己的全部身心和状态、经验进入其中，投身于自己的生命实践过程中。这些都被认为是师生人生中的一段重要的生命经历，是他们生命的有意义的构成，对于参与其中的教师和学生都具有个体生命价值。因此，生命意义上的教育除了关注"育人"的工具价值外，更加关注"育己"的生命价值。（张

向众，2008）

研究者已经认识到，教师实现幸福既需要外部的条件，又需要教师个体的努力。外部条件主要是指社会提供给教师的生活工作所必需的物质、环境等客观条件。内部条件主要是指实现教师幸福要求教师自身必须具备的条件。教师幸福的实现需要多种条件的有机结合。必要的物质、环境条件是实现教师幸福的前提，辛勤的劳动、高尚的师德、渊博的知识、科学的教育理念、非凡的能力、高超的教学艺术水平是实现教师幸福的保证。（陈艳华，2003）

5.2.1 外部保障

从管理层面来看，“政府应该明确在教育方面的责任，要为教师的专业成长构建动力机制、打造保障系统、完善显示系统”（黄正夫，吴学军，2007）。还有研究从伦理学的角度出发，认为政府制定教师教育政策应以追求公平、人道、理性为价值取向（王小红，2008）。从学校层面来看，学校的管理要以人为本，要为教师的专业发展创造有利条件，为每一名教师搭建“幸福场”。

5.2.2 内在努力

拓展能力可以使教师幸福。在相同的外部条件下，既然有些人比另一些人更容易体验到幸福，幸福便可以被看做是一种能力。檀传宝把教师幸福的实现问题归结为教师幸福能力及其培养的问题。他认为，教师幸福的实现需要两个方面的前提条件，即狭义幸福能力和广义幸福能力（或技术性能力）。狭义的幸福能力是指主体必须具有健康向上的人生观、价值观和具有品味人生意义的价值性条件。广义幸福能力的培养要求教师具有良好的知识结构、高超的教育能力和审美的素养。（檀传宝，2002）

提升“德性”，可以使教师幸福。德性通常被认为是人的一种内在品性，是道德力量的表现形式。教师德性和教师道德本质上是一致的，教师德性是已经内化并通过行为表现出来的教师道德，并通过教育良心、教育善和教育理解力表现出来。教师德性与教师幸福在教育中存在共生关系。因此，提升德性可以提高教师幸福感。（黎琼锋，2008a）

转变对职业的观念——变“谋生手段”为“生活方式”，可以使教师幸福。教师职业不仅是一种“谋生手段”，更是一种“生活方式”。内含于“生活方式”之中的“谋生手段”其实只是教师职业幸福感的一个组成部分和片段，绝非全部，把工作仅视为“谋生手段”，是对教师职业的狭隘、片面的理解。教师转变职业观，有助于提升幸福感。（柳海民，林丹，2008）

“成为研究者”可以使教师幸福。“如果你想让教师的劳动能够给教师带来乐趣，使天天上课不至于变成一种单调乏味的义务，那你就应当引导每一位教师走上从事研究的这条幸福道路上来。”研究者经常引用苏联著名教育家苏霍姆林斯基的话来暗示成为研究者可以给教师带来幸福，并列举了教师成为研究者的有利条件：教师所特有的专业工作场所为教师成为研究者提供了可能，课堂就是教师天然的实验室，鲜活的教育场景、生动的教育实践过程是教师进行研究的丰富资源。当教师把“研究者”作为自己的角色，便会更多地关注教育现象及其意义，并乐于对经验进行反思，能够对自己的教学进行更多的改进和创造，教师的生活也会因此变得更加充实。（黎琼锋，2008b）

按照我的理解，促进专业发展可以有效提升高志的幸福。一方面，高志追求幸福需要自己的努力。这就要求高志树立崇高的教育理想，“不断追求、不断超越当下自己”，“成为优质自己”（刘慧，2005：128-172），把自己的理想落实到每一个课堂教学中、每一次研究与反思中。这个过程会遇到困难与挫折，需要有毅力、有决心坚持下去。正像某位教师所说的那样，“人总得在活在当下的同时，借助精神力量去对抗现实的残酷；人总得在活在当下的同时，让自己从现实的纷扰中脱离出来，放飞心灵去呼吸新鲜自由的空气；人总得在活在当下的同时，脚踏实地孜孜以求让生命活得纯粹而高贵”（朱永新，2009：代序）。

另一方面，高志工作的学校应该从关怀教师生命价值和人生幸福的立场出发，充分分析高志目前的需要，为他的成长和发展创造有利条件。在我对一名工作仅半年的研究生学历的小学男教师的访谈中，当我问到“怎样你就能更加幸福”的时候，他立刻回答了三条，“第一，工资再高点；第二，学生听话点；第三，再找一个女朋友。”① 这个刚参加工作的新教师，由于家庭背景、生活等方面的原因对工资有着较高的要求；由于缺乏管理的经验，所以他才渴望学生听话；对于一个研究生毕业将近30岁的年轻人来说，恋爱、婚姻问题无疑也是一种他目前的重大需要。事实上，不同的小学男教师，一个男教师在不同的阶段，他们的重大需要往往不同。学校和社会应该更加关注男教师的成长、发展和幸福。

5.3 对研究过程、方法的反思

5.3.1 对研究过程的反思

进入研究生学习以后，我的角色从“小学教师”又重新转变为“学生”。我感受到了在我身上发生着的巨大改变。工作的3年时时刻刻谨慎小心，一方面要保证学生的安全，促进学生学习进步，另一方面要提防校领导、学生家长挑毛病，提防同事说三道四，因此形成了一种唯唯诺诺，胆小怕事的行为方式。

在我的印象中，小学校就像一个立体的结构，处在最底层的是学生，教师于中间，上面还有学校领导、学区领导、教委领导等。重新进入大学后，没有任何束缚，开始学习和思考教育的前沿问题，思维方式和行为方式发生了改变，如果说工作的思维是“实践的”、“被

① 整理自2009年12月31日对C老师的访谈。

压抑的"，那么研究生的学习应该算做"理想的"、"自由的"。但是，现在的思维并没有完全取代工作时的思维。在研究中，尤其是重新走进小学的场域，我经常能够体验到两种思维方式的撞击。我一边和求实小学的老师说我所理解的教育应该是什么样子的，或者谈论某某专家、教授对某个问题的看法，一边又对现实非常感慨，"我工作的时候不也这样吗"、"上面管理者就看这个啊"。于是，我经常陷入一种矛盾，我知道这种矛盾需要澄明。我必须把这种矛盾揭示出来，因为它一直影响着我的研究，影响我对教育现象的解释。

从某个意义来说，我所遭遇的就是理论研究者所说的"应然"与"实然"的冲突，或者说这是"理论"与"实践"之间的张力。我经常处于这种"冲突"或"紧张"之中，但我并不认为它是一件坏事，正是我的这种双重经历或体验，可能才能得出较为公正的解释和说明。

每当我一个人坐在一个安静的角落中思考在小学的所见所闻的时候，我都会感到一种苍白、空洞与无力。而当我走近学校，进入到办公室和课堂，看到学生嬉戏玩要以及老师们的忙碌的身影，我总会有很多灵感迸发出来，尤其在与高志交流的过程中，我感受到一种强大的力量。这种力量是来自一个有尊严的主体，丝毫不比所谓的理论研究者差，也就是在这个时候，我意识到小学教师长期在"权威"的统治之下，很少有话语权的窘境，我也感受到了来自一线教师的智慧和创造力，并由衷地敬佩他们。每一次有了新的想法，我都会兴奋地赶快记在笔记本上，争取记录下更多的细节。当我回到学校的时候，我会带着兴奋的心情认真地把它们整理出来。当研究思路越来越清晰的时候，一种要立刻到小学的冲动便会油然而生。而在真实教育情境中有所收获的时候，我又会期待赶快回到学校把故事整理出来。我就是在这两种张力的牵拉中度过了我的美好的研究生活。

我由衷地喜爱这种研究方法，并且从这种范式的研究中获益颇丰。伴随着这个研究的展开，我又先后阅读了康纳利的《叙事探究：

质的研究中的经验和故事》、多尔的《后现代课程观》、马克斯·范梅南的《生活体验研究》、阿普尔的《文化政治与教育》、卡斯皮肯（Carspecken）的《教育研究的批判民俗志》，以及心理学、人类学、哲学史等大量书籍。研究至此，我感到我的精神得到了极大的充盈。

通过此项研究，我还深深地意识到：教师幸福以及对教师幸福的研究都不是空洞的，它需要实实在在地承载，作为一个研究者，其根本是真正把研究对象——教师当做“平等的人”来看待，只有深入到学校场域，只有深入到教师和学生中间，才能得出“实践性的理论”。“没有调查就没有发言权”，研究者不能再对一线教师妄加评论和指责了。近年来，我国教育学界的研究大多属于理论演绎的模式，而缺乏归纳的思维①，教育的实践性迫切要求研究者更多地采用“自下而上”的研究思路。

5.3.2 对研究结果的反思

第一，对高志学校场域内的幸福影响因素的解释可能存在某种局限。

人的幸福与重要的人际关系、生活环境的品质、参加体育锻炼、工作实践、休闲娱乐有关（Alan Carr，2008：19）。但是，由于不可能时时刻刻与合作教师生活在一起，因此，高志个人的休闲娱乐、家庭生活就很少纳入到我的研究视野中来，这些方面可能也会对他的幸福体验有影响。

第二，本研究的结论可能反映出城市小学男教师幸福的某些共性，而农村小学男教师的幸福状况可能与此不同。本研究的研究对象（合作教师）是北京H区优质小学的一名青年男教师，因此本研究又可以算做“个案研究”。由于高志这个样本来自城市小学，

① 此观点来自首都师范大学郜舒竹教授对我的教诲。

因此其幸福状况及影响因素的作用机制可能具有一定的城市小学男教师的一般特征。但是事实上，北京城区范围极广，经济发展也存在差异，教育之间存在着不平衡性，因此本研究并不寻求结论的推广。另外，由于农村与城市学校之间存在很大差异（诸如办学条件、生源质量、教师的社会地位，等等），因此，北京农村小学男教师的幸福状况可能与城市小学的男教师存在迥然不同的情况，需要进一步研究。

第三，对于小学男教师幸福的理论研究还需要在深入实践中继续深化和改造。质的研究的根本任务是对教育现象提出解释性的理解，因此它因袭一种解释学的传统。但是“解释”不是解释行为的目的，“解释”是“去蔽”，是揭开隐藏的“真理”，而且解释总为某种“改变”构筑蓝图，“改变”自然也会反过来确认和修改“解释”。（汝信，2008：总序）

5.4 尾声

2009年9月中旬，高志换了一个新的手机号，改用全球通业务，还开通了飞信业务，他的飞信签名为“务本，开放，辩证”。他说这样可以方便和家长、同事的联系。

2009年12月31日，高志、J主任和我一同共进午餐。饭间，我向J主任介绍了我的研究工作和部分成果。J主任当时正在考虑在接下来的学期中在学校中组建一个以高志等人为核心成员的大数学教研组，人数初步定为6至8人，采取自愿报名的方式，针对数学教学实践中的问题展开研究。这个时候，我长舒了一口气。一定程度上，我历时一年有余的研究有意无意中给了高志以积极的影响。至少在这一点上，我可以认定我的研究是有价值的。

2010年3月初，求实小学全校范围内的“数学教研组”和“语文教研组”已经组建成功，并开始了研究的尝试。

参考文献

中文部分

辞海编辑委员会. 辞海［M］. 上海辞书出版社，1989.
Alan Carr. 2008. 积极心理学——关于人类幸福和力量的科学［M］. 闫慧敏，译. 北京：中国轻工业出版社.
C. M. Charles. 2003. 教育研究导论［M］. 张莉莉，等，译. 北京：中国轻工业出版社.
D. 简·克兰迪宁，F. 迈克尔·康纳利. 2008. 叙事探究：质的研究中的经验和故事［M］. 张园，译. 北京：北京大学出版社.
Joanne M. Arhar，Mary Louise Holly，Wendy C. Kaste. 2002. 教师行动研究——教师发现之旅［M］. 黄宇，等，译. 北京：中国轻工业出版社.
M. Lieberman. 1956. Education as a Profession［M］//金忠明. 2008. 教师教育的历史、理论与实践. 上海：上海教育出版社.
M. 兰德曼. 2006. 哲学人类学［M］. 阎嘉，译. 贵阳：贵阳人民出版社.
S. E. 斯通普夫，J. 菲泽. 2009. 西方哲学史：从苏格拉底到萨特及其后［M］. 修订第8版. 匡宏，邓晓芒，等，译. 北京：世界图书出版公司.
Sylvia M. Roberts，Eunice Z. Pruitt. 2004. 学习型学校的专业发展——合作活动与策略［M］. 赵丽，等，译. 北京：中国轻工业出版社.
操太圣，卢乃桂. 2007. 伙伴协作与教师赋权［M］. 北京：教育科学出版社.
陈桂生，等. 2007. 寻找教师的研究方式［J］. 上海教育科研（5）：32-37.
陈家刚. 2007. 从教研组走向合作型教研组织［J］. 辽宁教育研究（2）：32-35.
陈向明. 2000. 质的研究方法与社会科学研究［M］. 北京：教育科学出版社.
陈向明. 2003. 在行动中学作质的研究［M］. 北京：教育科学出版社.
陈学金，邓艳红. 2009. 近年来国内教师幸福感的研究述评［J］. 教育导刊（3）：25-28.
陈学金. 2009. 尊重创新还是追求效率［J］. 小学数学教师（12）：38-42.
陈艳华. 2003. 谈教师的幸福［J］. 济南大学学报（1）：78-81.

陈咏媛，等. 2008. 初中生“大七”人格与幸福感的结构模型研究［J］. 中国特殊教育（8）：86-91.
成彦，等. 2006. 中国人人格特征对其幸福观念的影响［J］. 青海师范大学学报（哲学社会科学版）（6）：121-125.
程雯. 2008. 教师幸福研究综述［J］. 当代教育论坛（8）：106-107.
戴维·迈尔斯. 2006. 社会心理学［M］. 第8版. 侯玉波，等，译. 北京：人民邮电出版社.
邓艳红，陈学金. 2009. 论教师幸福研究之转向［J］. 首都师范大学学报（社会科学版）（5）：62-65.
冯建军. 2004. 生命与教育［M］. 北京：教育科学出版社.
冯建军. 2007. 论教师的幸福与专业幸福［G］//中国教育学会教育学分会教育基本理论专业委员会第十一届学术年会教育与幸福论文集. 西安：陕西师范大学：262-271.
冯友兰. 2005. 人生哲学［M］. 北京：生活·读书·新知三联书店.
高宝英，等. 2009. 新课程背景下北京市小学教师专业化发展现状的研究［J］. 首都师范大学学报（社会科学版）（1）：86-93.
高延春. 2006. 谈教师幸福的特点及其实现［J］. 教育与职业（5）：71-73.
哈经雄，滕星. 2001. 民族教育学通论［M］. 北京：教育科学出版社.
黄正夫，吴学军. 2007. 论教师职业幸福感的缺失与重建［J］. 河西学院学报（3）：79-82.
黄正平. 2003. 幸福感：师德修养的理想境界和目标追求［J］. 当代教育论坛（10）：79-81.
金忠明. 2008. 教师教育的历史、理论与实践［M］. 上海：上海教育出版社.
近藤大生，等. 1989. 职业与教育——职业指导论［M］. 宇欣，等，译. 北京：春秋出版社.
黎琼锋.（2008a）. 论教师德性与教育幸福的共生关系［J］. 中国德育（2）：25-29.
黎琼锋.（2008b）. 教师德性与教育幸福［J］. 思想理论教育（3）：19-23.
林浩. 2007. 学习型教研组与教师专业发展［J］. 江西教育（2）：26-27.
刘次林. 2000. 教师的幸福［J］. 教育研究（5）：21-25.
刘慧. 2005. 生命德育论［M］. 北京：人民教育出版社.
刘良华. 2002. 校本行动研究［M］. 成都：四川教育出版社.

柳海民，林丹. 2008. “生活方式”成为教师职业观：教师职业幸福感的真正来源［J］. 中国教师（1）：9-11.
马克思，恩格斯. 1979. 马克思恩格斯全集（第42卷）［M］. 北京：人民出版社.
马斯洛. 1987. 动机与人格［M］. 许金声，等，译. 北京：华夏出版社.
马维娜. 2008. 学校场域的研究困惑与寻求的可能解释［G］//吴康宁. 教育与社会：实践—反思—建构. 桂林：广西师范大学出版社：83-93.
迈克尔. W. 阿普尔. 2005. 文化政治与教育［M］. 阎光才，等，译. 北京：教育科学出版社.
苗元江. 2003. 心理学视野中的幸福——幸福感理论与测评研究［D］. 南京：南京师范大学教育科学学院.
苗元江，龚继峰. 2007. 超越主观幸福感［J］. 内蒙古师范大学学报（哲学社会科学版）（5）：15-20.
欧群慧. 2003. 北京市小学教师教育科学研究的态度及现状［J］. 教育科学研究（4）：17-20.
裴娣娜. 1995. 教育研究方法导论［M］. 合肥：安徽教育出版社.
乔纳森·特纳. 2001. 社会学理论的结构［M］. 第6版，下. 邱泽奇，译. 北京：华夏出版社.
邱莉. 2007. 教师课堂情绪调节能力的研究［D］. 上海：上海师范大学教育学院.
邱林. 2006. 人格特质影响情感幸福感的机制［D］. 广州：华南师范大学教育科学学院.
汝信. 2008. 看哪，克尔凯郭尔这个人［M］. 郑州：河南大学出版社.
沈又红，黎钰林. 2008. 教师幸福：一种基于师德的心性能力［J］. 湖南师范大学教育科学学报（5）：66-69.
宋希仁. 2003. 人生哲学导论［M］. 太原：山西教育出版社.
孙炯雯，郑全全. 2004. 在社会比较和时间比较中的自我认识［J］. 心理科学进展（2）：240-245.
孙英. 2004. 幸福论［M］. 北京：人民出版社.
檀传宝. 2002. 论教师的幸福［J］. 教育科学（2）：39-43.
陶西平. 2007. 教师的幸福感［M］. 基础教育参考（8）：1.
王枬. 2000. 论教师职业的内在价值［J］. 教育研究（9）：60-65.

王全林. 2004. 教师究竟是谁［J］. 教师教育研究（5）：27–31.
王天哲. 2007. 收入与快乐真的不存在显著的正向关系吗［J］. 经济理论与经济管理（5）：17–18.
王小红. 2008. 关涉教师幸福教师教育政策的伦理诉求［J］. 现代教育论丛（1）：82–84.
王智秋. 2007. 小学教育专业人才培养模式的研究与探索［J］. 教育研究（5）：25–30.
威廉·维尔斯曼. 1997. 教育研究方法导论［M］. 袁振国，译. 北京：教育科学出版社.
吴康宁. 2008. 在假设的世界中生存——关于人的一个假设［G］//吴康宁. 教育与社会：实践—反思—建构. 桂林：广西师范大学出版社：3–18.
夏建中. 1997. 文化人类学理论流派［M］. 北京：中国人民大学出版社.
辛自强，池丽萍. 2001. 快乐感与社会支持的关系［J］. 心理学报（5）：442–447.
邢淑芬，俞国良. 2005. 社会比较研究的现状与发展趋势［J］. 心理科学进展（1）：78–84.
邢占军. 2005. 测量幸福——主观幸福感测量研究［M］. 北京：人民出版社.
许琼华. 2005. 教师职业幸福感从哪里来［J］. 教育科学研究（6）：15–16.
杨广军. 2006. 符号的批判——消费社会"课堂场域"的"形上"分析［D］. 上海：华东师范大学教育科学学院.
杨钦芬，叶瑞烽. 2007. 教师幸福的阐释及创造［J］. 江西教育科研（9）：12–15.
杨小微，张天宝. 2007. 教学论［M］. 北京：人民教育出版社.
杨秀君，孔克勤. 2003. 主观幸福感与人格关系的研究［J］. 心理科学（1）：121–123.
叶澜. 1997. 让课堂焕发出生命活力［J］. 教育参考（4）：3–8.
张向众. 2008. 人在学校日常教育实践中的共同成长——一种教育学意义上的幸福观［J］. 教育科学研究（7）：5–8.
张羽，邢占军. 2007. 社会支持与主观幸福感关系研究综述［J］. 心理科学（6）：1436–1438.
郑新蓉. 2005. 性别与教育［M］. 北京：教育科学出版社.
郑雪. 2004. 幸福心理学［M］. 广州：暨南大学出版社.

中国社会科学院语言研究所词典编辑室. 2002. 现代汉语词典［M］. 北京：商务印书馆.
钟启泉，张华. 2003. 在东西方对话中寻找教育意义［M］//威廉·F. 派纳，威廉·M. 雷诺兹，帕特里克·斯莱特里，彼得·M. 陶伯曼. 2003. 理解课程——历史与当代课程话语研究导论. 北京：教育科学出版社，主编寄语.
朱永新. 2009. 新教育［M］. 桂林：漓江出版社.
佐藤学. 2003. 课程与教师［M］. 钟启泉，译. 北京：教育科学出版社.

外文部分

Berkman, Lisa F. and Thomas Glass. 2000. Social Integration, Social Networks, Social Support, and Health [A]. in Lisa F. Berkman and Ichiro Kawachi, eds. Social Epidemiology [C]. Oxford: Oxford University Press. 137-173. in Richard A. Easterlin. 2003. Building a Better Theory of Well-Being [J]. IZA Discussion Paper Series. 742.
Dilts, R. 1990. Changing beliefs systems [M]. Capitola, CA: Meta-publications. in Schepens, A., Aelterman, A. & Vlerick, P. 2009. Student Teachers' Professional Identity Formation: Between Being Born as a Teacher and Becoming One [J]. Educational Studies. Vol. 35, No 2. 361-378.
ED Diener. 1994. Assessing Subjective Well-Being: Progress and Opportunities [J]. in Social Indicators Research, 31: 103-157.
Elizabeth Holmes. 2005. Teacher Well-being—Looking after yourself and your career in the classroom [M]. London: Routledge Falmer.
Fred A. J. Korthagen. 2004. In search of the essence of a good teacher: towards a more holistic approach in teacher education [J]. Teaching and Teacher Education, Volume 20, Issue 1, January, Pages 77-97.
Grundy, S. 1982. Three Modes of Action Research [J]. Curriculum Perspectives, 2, (3): 23-34.
John L. Romano, Kyla Wahlstrom. 2000. Professional stress and well-being of K-12 teachers in alternative educational settings: a leadership agenda [J]. INT. J. Leadership in Education, Vol. 3, No. 2, 121-135.
Richard A. Easterlin. 2003. Building a Better Theory of Well-Being [J]. IZA

Discussion Paper Series. n. 742.

Roger E. Mitchell, Andrew G. Billings and Rudolf H. Moos. 1982. Social Support and Well-Being: Implications for Prevention Programs [J]. Journal of Primary Prevention, 3 (2), Winter, 77-98.

Rose Marie Hofeman. 2006. How Is Gender Self-Confidence Related to Subjective Weil-Being [J]. Journal of Humanistic Counseling, Education and Development, Fall, Volume, 45: 186-197.

《中国教育：研究与评论》

国际性中国教育研究集刊

教育科学出版社，北京

作者须知

编辑宗旨

这份国际性集刊的基本宗旨乃是致力于中国教育的学术研究事业，并为制定中国教育政策提供参考。本刊还将致力于为提高对于中国教育变迁及其国际关系的认识、思考以及分析的水平提供一个有益的中介和共享的学术论坛。期望加强和拓宽国内外学者在中国教育理论与实践发展多方面研究领域的交流与对话。汇聚中外学者的研究智慧，共同推进中国教育的发展，拓展中国教育在国际教育社会中的发展空间及作用。

出版特点

主要发表：以中国本土教育变革实践为主要研究对象的重要学术力作，国家重点资助和国际合作等项目为主的大中型教育研究报告及其评论，以及有关中国教育理论与实践的专题研究和综合评论。着重反映中国教育理论与实践发展特点的最新学术研究成果与进展。并以当代中国教育的发展为重点，经纬中国教育传统与现实关系的学术研究。努力确立其强调科学性、实践性、前沿性和综合性的特色与风格。

读者对象

我们的读者对象包括：（1）中国教育以及相关领域的学者和研究人员；（2）中小学、学院、大学以及国内外其他教育机构的教学人员；（3）教育决策人员，以及其他对制定教育（包括公立、民办）政策有影响的人员；（4）对中国教育感兴趣的人员。因此，本集刊的适合阅读对象主要是教育专业人员以及有关专业人士。

投稿指引

投稿时，应向主编丁钢教授投寄3份论文打印稿，寄往中国上海，200062，华东师范大学教育科学学院，同时通过E-mail以附加Word文本方式将电子版发往 dinggang@ ecnu. edu. cn。

来稿接受基于其是未发表过和没有提供其他出版的原始稿件。

本期刊只接受中英文两种投稿。作者需注意本期刊所面向的对象包括国际国内读者，因此不要使用其他语言，同时，所有关于地区性的术语均需清楚界定。英文稿一经采用，本刊编委会负责翻译。

学术论文或研究报告需使用宋体或 Times New Roman 12 号字撰写，应使用8×11 英寸或 A4 纸打印，页边空白不少于 1. 5 英寸或 5 厘米。长度包括例证、图表、资料和表格以及相关文字说明，总计字数一般在 3 万到 5 万字。研究报告的评论文章一般不少于 5 000 字，可在 1 万字左右。论文注释采用脚注，文后附参考文献。

作者在撰写提交论文时，可以参考美国心理学会出版手册（1994 年第 4 版）。

论文首页须标明论文标题、作者姓名、所在单位以及通讯地址。

所有论文均应附有中、英文内容摘要，字数一般不超过 150 字。

为方便联系，作者还应写上通讯地址、电话及传真号码，以及E-mail地址。如果是合作论文，那么第一作者即是联系人。

来稿收到，即复回札。来稿评阅采用国际惯例匿名制，过程约2—3个月。如果被评阅者推荐，编辑部将会与作者联系。如不拟采用，也会将原稿退还作者。

编委会有权对来稿作必要的编辑处理，并会与作者联系。

编辑联系　由丁钢负责，地址：中国上海，200062，华东师范大学教育科学学院（E-mail:dinggang@ecnu.edu.cn）

业务联系　包括订购、邮费、广告，以及零购，均由教育科学出版社（中国北京，100101，朝阳区安慧北里安园甲 9 号，电话：010-64989009）负责。

《中国教育：研究与评论》由教育科学出版社不定期出版。

CHINA'S EDUCATION: RESEARCH & REVIEW

The International Referred Journal of Chinese Education Studies
Educational Science Publishing House, Beijing

NOTES FOR CONTRIBUTORS

Purpose

The main purpose of this international refereed journal is dedicated to academic research on China's education and analysis to assist in policy making and planning in education in China. The journal also provides a vehicle and sharing forum for increasing awareness, consideration and analysis of practice, theory and issues in education change within China and her connection with international communities. It promotes the interchange of ideas on educational issues, and comparative studies both within the regions of China and between China and world, and pushes educational development in China.

Features

The Journal invited submission of academic papers and research reports on educational change and experience in China among indigenous and global knowledge, and they must be established on basis of rich and deeply research experiences and important project-based research. The topics focus on contemporary development and front research and progress in China's education, as well as set a connection with educational tradition and global education.

Readership

The targeted readership comprises : (1) scholars and researchers who study in education in China and other related fields; (2) staffs of schools, colleges, universities and other educational institutions in China and abroad; (3) policy makers, and those who influence educational policy, in both public and private sectors; and (4) persons who have an interest in education in Chinese Education. The journal therefore aims primarily at an professional readership.

Guidelines for Submitting Manuscripts

Three copies of each manuscript should be sent to the Chief Editor The Journal, Prof. Ding Gang, College of Education Science, East China Normal University, Shanghai, 200062, P. R. C.. Alternatively, manuscripts can be submitted electronically to dinggang@ ecnu. edu. cn as E-mail attachments in Word format.

Manuscripts are accepted for consideration that they are original, not been published or offered for publication.

The Journal will accept papers written in English or Chinese. Contributors should be aware that the Journal is intended for an international and Chinese audience, and national colloquialisms and idiomatic usr of language should be avoided. Terms used for local contexts should be clearly explained.

Manuscripts must be typed (using Times New Roman font size 12) on one side of an 8 dy 11 inch or A4 page only, and double-spaced with 1. 5 inch or 5 cm margins. Total length of the manuscript, including illustrations, tables, figures, and charts, giving word number equivalents, should normally be of the order of 30 000 to 50 000 words. Review articles can be around 10 000 words. Footnotes to the text and reference at the end of manuscript.

Authors should use the *Publication Manual of the American Psychological Asso-ciation* (4th ed. , 1994) as a guide for preparing manuscripts for submission. The title page should carry the title, the authors' names and affiliations and correspondence addresses.

All manuscripts must include an abstract (English & Chinese) containing a maximum number of 150 words.

Contributors should provide full postal address, telephone and fax numbers as well as E-mail address to facilitate communication. For joint authorship, the first author would be the contact person.

Manuscripts will receive two to three blind reviews, the review process normally takes three months to conclude.

The editors reserve the right to edit manuscripts. Contributors will be contacted if substantial revision is recommended.

Copyright Policy

It is a condition of publication that authors vest copyright in their articles, including abstracts, in CERR (China's Education: Research & Review).

The views expressed in the papers or reports are those of the authors and do not necessarily reflect the position of the Journal and Education Science Publishing House.

It is the responsibility of the author (s) to obtain written permission for a quotation from unpublished material, or for all quotations in excess of 250 words in one extract or 500 words in total from any work still in copyright, and for the reprinting of illustrations or tables from unpublished or copyrighted material.

Editorial correspondence, should be addressed to the Chief Editor, Ding Gang, College of Education Science, East China Normal University, Shanghai, 200062, P. R. C.. (E-mail: dinggang@ ecnu. edu. cn)

Business correspondence, including orders and subscription to the mailing list, advertisements, back numbers and offprints, should be sent to the Publication Officer, Educational Science Publishing House, Jia No. 9, Anyuan Anhuibeili, Chaoyang District, Beijing, 100101, P. R. China.

China's Education: Research & Review is published at irregular intervals by ESPH.

出 版 人　所广一
责任编辑　刘明堂　韦　禾
版式设计　贾艳凤
责任校对　贾静芳
责任印制　曲凤玲

图书在版编目（CIP）数据

中国教育：研究与评论．第15辑/丁钢主编．—北京：教育科学出版社，2012.6
ISBN 978-7-5041-6386-8

Ⅰ．①中…　Ⅱ．①丁…　Ⅲ．①教育—中国—文集　Ⅳ．①G52-53

中国版本图书馆CIP数据核字(2012)第077610号

中国教育：研究与评论（第15辑）
ZHONGGUO JIAOYU：YANJIU YU PINGLUN

出版发行	教育科学出版社		
社　址	北京·朝阳区安慧北里安园甲9号	市场部电话	010-64989009
邮　编	100101	编辑部电话	010-64989419
传　真	010-64891796	网　址	http://www.esph.com.cn
经　销	各地新华书店		
制　作	北京鑫华印前科技有限公司		
印　刷	北京中科印刷有限公司		
开　本	170毫米×247毫米　16开	版　次	2012年6月第1版
印　张	17.75	印　次	2012年6月第1次印刷
字　数	240千	定　价	45.00元